CAMINHAR COM JESUS

Ao longo do tempo litúrgico

Conheça nossos clubes

Conheça nosso site

@editoraquadrante
@editoraquadrante
@quadranteeditora
Quadrante

ÁLVARO DEL PORTILLO

CAMINHAR COM JESUS

Ao longo do tempo litúrgico

2ª edição

São Paulo
2024

Copyright © Fundación Studium, 2014

Título original
Caminar con Jesús

Capa
Gabriela Haeitmann

Dados Internacionais de Catalogação na Publicação (CIP)

Portillo, Álvaro del
　　Caminhar com Jesus: ao longo do tempo litúrgico / Álvaro del Portillo – 2ª ed. – São Paulo : Quadrante, 2024.

　　ISBN: 978-85-7465-589-5

　　1. Sermões I. Título II. Série

　　　　　　　　　　　　　　　　　　　　　CDD-252

Índice para catálogo sistemático:
1. Sermões : Cristianismo 252

Todos os direitos reservados a
QUADRANTE EDITORA
Rua Bernardo da Veiga, 47 - Tel.: 3873-2270
CEP 01252-020 - São Paulo - SP
www.quadrante.com.br / atendimento@quadrante.com.br

Sumário

Nota do Editor 7

Apresentação 11

Advento
À espera do Senhor 15

Natal
Lições de Belém 73

Quaresma
Tempo de conversão e de penitência 123

Semana Santa
Acompanhar Jesus na paixão 169

Páscoa
A fonte da verdadeira alegria 225

Tempo Comum
Santificar a vida corrente 277

Nota do Editor

Álvaro del Portillo y Diez de Sollano nasceu em Madri, no dia 11 de março de 1914, e faleceu em Roma, em 23 de março de 1994, poucas horas após retornar de uma peregrinação à Terra Santa. A sua trajetória terrena, em quase oitenta anos de vida, está caracterizada por uma fidelidade sem rupturas à vocação cristã. Educado no seio de uma família de profunda piedade, o seu encontro com São Josemaria Escrivá imprimiu um rumo decisivo à sua existência.

Dom Álvaro era uma pessoa dotada de uma inteligência excepcional e de uma vontade sem fissuras. Engenheiro e doutor em Engenharia, doutor em História e doutor em Direito Canônico, pôs todas as suas energias e todos os seus talentos a serviço da missão que Deus lhe confiou. De fato, desde que pediu a admissão no Opus Dei, em 7 de julho de 1935, e especialmente desde o final do ano de

1939, tornou-se o mais firme apoio para o Fundador da Obra, primeiro como leigo e depois como sacerdote. Em setembro de 1975, após o falecimento de São Josemaria, foi eleito por unanimidade para sucedê-lo à frente do Opus Dei. Em 28 de novembro de 1982, com a ereção do Opus Dei em Prelazia pessoal, São João Paulo II nomeou-o Prelado e, em 6 de janeiro de 1991, conferiu-lhe a ordenação episcopal.

Pastores e fiéis de todo o mundo tiveram-no em grande estima, como testemunha a fama de santidade de que gozou já em vida e que se manifestou por ocasião do seu falecimento. Bento XVI reconheceu que ele praticara as virtudes teologais e cardeais em grau heroico (*Decreto* da Congregação para as Causas dos Santos, 28/06/2012) e o Papa Francisco aprovou o milagre requerido para a sua elevação aos altares (*Idem,* 05/07/2013). A cerimônia da sua beatificação será realizada em Madri, em 27 de setembro de 2014.

Nestas páginas, pretendo destacar alguns dos seus ensinamentos espirituais como Pastor à frente do Opus Dei. São textos de forte caráter ascético, com os quais D. Álvaro oferece orientações práticas para melhorarmos a nossa vida cristã. O fato de ser sucessor de São Josemaria e seu filho fidelíssimo explica as constantes referências que faz a esse santo sacerdote e as citações dos seus escritos nestas cartas pastorais. D. Álvaro pretende transmitir a mensagem do Fundador aplicando-a às necessidades do momento, mas sem introduzir nela a menor alteração. Além das numerosas homilias, meditações e encontros familiares de caráter espiritual com um incontável número de pessoas, desenvolveu uma extensa atividade mediante as cartas pastorais dirigidas aos fiéis do Opus Dei. Ao escrever como Prelado, que as pessoas da Obra chamam com toda a simplicidade de «o Padre», é lógico que se dirija a elas com a expressão «meus filhos» e «minhas filhas», que manifesta as peculiares relações de paternidade e de filiação que há no Opus Dei, reflexo daquelas que há na Igreja, «família de Deus sobre a terra» (Concílio Vaticano II, *Lumen gentium*, 6 e 28).

Estas páginas serão de interesse também para um público amplo, pois contêm ensinamentos universais procedentes do Evangelho e, portanto, podem ser úteis a todos os cristãos. Essa foi a razão que me moveu na seleção dos textos. Para dar unidade ao livro, escolhi alguns escritos nos quais D. Álvaro trata especialmente dos diversos tempos litúrgicos nas suas cartas pastorais.

Finalizo com uma advertência: como o leitor verá, D. Álvaro refere-se a São Josemaria como «nosso Padre» ou «nosso Fundador». A explicação é simples, se se considera que o Opus Dei é uma família de caráter sobrenatural. Além disso, quando D. Álvaro faleceu, o Fundador do Opus Dei ainda não tinha sido canonizado. Isso aconteceu no ano de 2002, sendo D. Javier Echevarría bispo e Prelado do Opus Dei. A ele dirijo o meu agradecimento pelo seu estímulo para realizar este trabalho que – assim espero – contribuirá para dar a conhecer melhor a figura e os ensinamentos do futuro Bem-aventurado Álvaro del Portillo.

José Antonio Loarte
Roma, 13 de maio de 2014
Festa de Nossa Senhora de Fátima

Apresentação

Sempre é uma grande alegria para mim falar ou escrever sobre Mons. Álvaro del Portillo, o meu predecessor à frente do Opus Dei, mas hoje faço-o com especial gratidão ao Senhor. Dedico estas linhas a apresentar um livro com alguns textos espirituais colhidos da sua pregação; deu-me um contentamento particular redigi-las justamente no ano do centenário do seu nascimento – que se completou no passado dia 11 de março –, e que coincide, além disso, com o da sua beatificação, no dia 27 de setembro.

A figura deste *servo bom e fiel* (Mt 25, 21) é um exemplo da prática das virtudes nas circunstâncias da existência cotidiana. Com efeito, D. Álvaro foi um cristão, um sacerdote, um bispo que encarnou fidelissimamente o espírito do Opus Dei. Assim se reconhece no decreto com o qual a Santa Sé proclamou que havia praticado todas as virtudes em grau heroico.

«O Servo de Deus foi exemplo de caridade e de fidelidade para todos os cristãos. Encarnou e realizou integralmente e sem exceções o espírito do Opus Dei, que chama os cristãos a buscar a plenitude do amor a Deus e ao próximo através dos deveres e tarefas que fazem parte do nosso dia a dia [...]. Bem se pode dizer que essa é a descrição mais exata da atividade desenvolvida pelo Servo de Deus como engenheiro, como sacerdote e, finalmente, como Bispo. Em todas as suas atividades, entregava-se por inteiro, convencido de que participava da missão salvífica da Igreja mediante o cumprimento dos deveres de cada dia» (*Decreto* da Congregação para as Causas dos Santos, 28/06/2012).

Se fosse necessário destacar alguma virtude na vida de D. Álvaro, seria sem dúvida a da fidelidade, como o manifestou o decreto acima lembrado, e como se reconhece na oração com a qual milhares de pessoas recorrem à sua intercessão no mundo inteiro: «Deus, Pai misericordioso, que concedestes ao Bem-aventurado Álvaro, Bispo, a graça de ser, com a ajuda da Virgem Maria, Pastor exemplar no serviço à Igreja e fidelíssimo filho e sucessor de São Josemaria...»

D. Álvaro é muito conhecido pelas suas contribuições ao Direito Canônico. Desenvolveu uma rica doutrina em temas referentes ao laicato e ao sacerdócio ministerial, que influiu significativamente na redação de vários documentos do Concílio Vaticano II e do Código de Direito Canônico atualmente em vigor. Os seus livros *Fiéis e leigos na Igreja* e *Escritos sobre o sacerdócio* são marcos de referência para os estudiosos desses temas.

Como Prelado da Prelazia pessoal do Opus Dei, Álvaro del Portillo dedicou-se plenamente à sua tarefa pastoral. Pregou frequentemente a Palavra de Deus por meio de homilias e meditações, e difundiu a doutrina cristã de muitos outros modos. Nas numerosas reuniões que manteve com milhares de pessoas de todas as idades e condições – verdadeiros encontros de família –, sabia adaptar-se às circunstâncias de cada um e às necessidades dos tempos. Foram muitas as horas que dedicou à tarefa evangelizadora, durante os dezenove anos do seu serviço pastoral como Prelado do Opus Dei.

Além dessa intensa atividade, D. Álvaro redigiu um bom número de cartas pastorais dirigidas aos fiéis da Prelazia. Ele preferia chamá-las *cartas de família*, porque utilizava uma linguagem simples e prática, que todos podiam compreender, independentemente da formação profissional ou cultural que tivessem recebido. Nessas cartas, tratava dos mais diversos aspectos da conduta cristã, sempre atento a que os leitores pudessem tirar uma aplicação prática para a existência cotidiana. É quase evidente dizer que, embora estejam dirigidas principalmente aos fiéis do Opus Dei, leigos e sacerdotes, também as pessoas que não pertencem à Prelazia podem beneficiar-se dos conselhos e sugestões de D. Álvaro, que têm a sua raiz no Evangelho.

Dentre os variados temas espirituais abordados nessas cartas, o editor escolheu textos referentes ao ano litúrgico. Esse era um dos temas preferidos de D. Álvaro na sua pregação e nas suas cartas pastorais, pois tornou próprio o conselho de São Josemaria: caminhar com Cristo ao ritmo da liturgia. Estas páginas conservam toda a sua atualidade – foram omitidas apenas algumas frases, ligadas ao momento histórico em que foram escritas – e podem ajudar o leitor a reviver, ano após ano, os acontecimentos da passagem de Cristo pela terra, que a Igreja apresenta na liturgia.

Rogo a Deus, por intercessão da Santíssima Virgem Maria, recorrendo também a D. Álvaro, que estas páginas produzam muitos frutos espirituais nos leitores, ajudando-os a santificar-se na existência cotidiana, ao vivê-la – como D. Álvaro – com uma fidelidade extraordinária.

† Javier Echevarría, Prelado do Opus Dei
Roma, 1º de maio de 2014
Memória litúrgica de São José Operário

Advento
À espera do Senhor

Apesar dos nossos defeitos, o Senhor espera-nos em Belém. Limpeza para recebê-lo na Comunhão eucarística.

1º de dezembro de 1988[1]

Acaba de começar o Advento e, uma vez mais, a Santa Igreja mostra-nos na liturgia o modo de percorrer com fruto estas semanas que precedem a Natividade do Senhor. *Ó Deus todo-poderoso, concedei a vossos fiéis o ardente desejo de possuir o reino celeste, para que, acorrendo com as nossas boas obras ao encontro do Cristo que vem, sejamos reunidos à sua direita na comunidade dos justos*[2].

Ao longo destes dias, voltaremos a escutar as vozes dos Profetas que, há séculos, anunciaram a vinda do Redentor. Reviveremos com alegria a expectativa e a esperança de to-

---

(1) Quase todos os textos aqui recolhidos são datados dos dias primeiros porque as mencionadas cartas pastorais eram publicadas sempre no primeiro dia de cada mês. (N. do E.)
(2) Missal Romano, 1º Domingo do Advento (Oração Coleta).

dos os justos da antiga Lei, a fé dos que presenciaram mais de perto tão grande acontecimento – São José, João Batista, Isabel, Zacarias – e, de modo especialíssimo e único, a humildade, a fé e o amor de Maria, que com a sua entrega tornou possível a Encarnação do Filho de Deus.

Minhas filhas e meus filhos, vamos ao encontro do Redentor do mundo. Ponhamo-nos a caminho mais uma vez, com renovado amor nos nossos corações, com luz nova nos nossos olhos, com mais vigor nas nossas almas, fortalecidas com o alimento diário da Sagrada Eucaristia. Lancemos fora os fardos – as nossas pequenas concessões ao comodismo, ao egoísmo, ao amor-próprio – que talvez tornem menos leve o nosso passo e retardem a nossa ida para Deus. Com a ajuda do Espírito Santo, podemos! Devemos fazê-lo com a intercessão da nossa doce Mãe Maria, que do Céu nos traz, neste Advento, uma nova graça para renovarmos a nossa entrega a fundo.

O convite de olhar para a Virgem Maria, de ponderar na nossa oração os sentimentos de que transbordava o seu coração, de procurar imitá-la constantemente é uma recomendação do Magistério da Igreja[3] que se reveste de uma atualidade particular nestas semanas. A atitude e as respostas de Maria Santíssima – já antes do anúncio do Arcanjo e, principalmente, durante os meses transcorridos entre a Encarnação e o Nascimento do Salvador – são a melhor escola para que nós, os cristãos, nos preparemos para o nascimento espiritual de Cristo nas nossas almas, que Deus deseja renovar em cada Natal. Demos graças por este dom infinito à Santíssima Trindade, e também agradeçamos ao

---

(3) Cf. Concílio Vaticano II, Const. dogm. *Lumen gentium*, nn. 63 e 65.

nosso Padre pela sua fiel e heroica correspondência, com a qual nos ajudou a descobrir a felicidade incomparável – até mesmo do ponto de vista humano – de deixarmos Cristo nascer nas nossas vidas, de pertencermos tão intimamente à Família de Nazaré.

Neste Advento, oxalá o Senhor nos conceda – assim o peço, cheio de confiança – encarnar de tal forma o espírito da sua Mãe Santíssima que se cumpra em nós aquela afirmação de um Padre da Igreja, que o nosso Fundador[4] considerou muitas vezes, com tanta alegria: «Que a alma de Maria esteja em cada um de vós para louvardes o Senhor; que o espírito de Maria esteja em cada um de vós para vos alegrardes em Deus. Segundo a carne, uma só é a Mãe de Cristo; segundo a fé, Cristo é fruto de todos nós»[5].

A solenidade da Imaculada Conceição, que celebraremos no dia 8 de dezembro, é outro esplêndido pórtico do Advento. Detenhamo-nos a considerar a figura puríssima de Nossa Senhora, concebida sem mancha de pecado original em atenção aos méritos de Cristo, cheia de todas as graças e virtudes. Para ajudar-nos a fazer propósitos eficazes, o nosso Fundador nos convidava a examinar a nossa consciência. «É assim que Jesus Cristo ama a sua Mãe», dizia há muitos anos, depois de enumerar as graças e privilégios com que a Bondade divina enriqueceu Maria. E continuava: «E

---

[4] Sempre que D. Álvaro escreve «nosso Fundador» ou «nosso Padre», refere-se a São Josemaria Escrivá. Quando escreveu estas cartas, o Fundador do Opus Dei ainda não tinha sido declarado santo pela Igreja; a canonização ocorreu em 6 de outubro de 2002. Por fidelidade ao texto, deixamos a expressão original. (N. do E.)

[5] Santo Ambrósio, *Exposição do Evangelho segundo Lucas*, II, 26; cf. *Amigos de Deus*, n. 281.

tu, como honras a Senhora? Que lhe ofereces? Quantas jaculatórias lhe diriges ao longo do dia? Como consegues dominar as tuas pequenas misérias, recordando que és filho de uma mãe *tota pulchra*, puríssima, imaculada?»[6]

Dentre as principais características do tempo litúrgico em que nos encontramos, está o convite imperioso a purificar-nos dos nossos pecados e a preparar uma morada digna para Jesus nas nossas almas. Como o nosso Padre nos pedia nestas datas, devemos caminhar durante a etapa do Advento «tentando construir com o coração um presépio para o nosso Deus»[7]. Embora sejamos tão pouca coisa, o Senhor não se recusa a abrigar-se nos nossos pobres corações se dispusermos tudo com carinho, da melhor maneira que pudermos. Há vinte séculos, quando veio ao mundo, que comodidades encontrou em Belém? Nasceu numa gruta paupérrima, porque *não havia lugar para eles na pousada*[8], mas rodeado do imenso amor de Maria e de José, que limpariam e arrumariam o melhor possível aquele estábulo para que recebesse a Deus. Mas, acima de tudo, viviam uma vigilância amorosa que os levava a rejeitar toda imperfeição, por menor que fosse, e a corresponder à graça com todo o seu ser, de modo que nem o mais tênue distanciamento os separasse desse Deus que se entregava a eles feito Criança.

Embora estejamos cheios de defeitos e de misérias, Ele também não nos rejeita, se lutamos cada dia e procura-

---

(6) São Josemaria, *Notas de uma meditação*, 25/12/1953 (AGP, biblioteca, P01, II-1978, pág. 8). A sigla AGP designa o Arquivo Geral da Prelazia.

(7) São Josemaria, *Notas de uma meditação*, 25/12/1973 (AGP, biblioteca, P09, pág.199).

(8) Lc 2, 7.

mos conservar bem limpas as nossas almas. Por isso, como é lógico, e de modo especial nestes dias, cuidaremos da Confissão: do exame de consciência, da dor pelas nossas ofensas, dos propósitos! E, junto com a recepção frutuosa do sacramento da Penitência, cuidaremos da penitência generosa pelos nossos pecados e pelos do mundo inteiro; ofereceremos ao Senhor com alegria as contrariedades e as pequenas mortificações que a vida cotidiana traz consigo, bem como o lógico cansaço de um trabalho profissional exigente... Minhas filhas e meus filhos, esforcemo-nos por cumprir com amor aquilo que mais agrada a Jesus em cada instante, por meio de uma luta operativa.

Tudo isso é possível – vocês têm a mesma experiência que eu – graças às virtudes que o próprio Deus infundiu nas nossas almas com o Batismo – a fé, a esperança e a caridade –, que são virtudes teologais que crescem em nós especialmente mediante a recepção da Eucaristia. Cada vinda de Jesus à nossa alma e ao nosso corpo, na Sagrada Comunhão, significa uma nova semeadura, abundante, dessas sementes divinas destinadas a dar fruto de vida eterna na contemplação e na alegria da Santíssima Trindade. O nosso Padre confiou-nos aquilo que dizia a Jesus Sacramentado nos seus «delírios de amor» a Ele, transbordando de reverência e adoração: «*Bem-vindo!*» E mantinha uma atitude vigilante para crescer em finuras de amor para com esse «nosso Deus, Pérola preciosíssima, que se digna descer até esta esterqueira que sou eu».

Permita-me, minha filha, meu filho, que lhe pergunte: como você se prepara para receber a Sagrada Comunhão cada dia? Seguindo os conselhos do nosso Padre, você procura ter «limpeza nos teus sentidos, um por um;

adorno nas tuas potências, uma por uma; luz em toda a tua alma»[9]? Recorre à sua Mãe – à nossa Mãe – para suplicar-lhe ardentemente que o ajude a receber o Senhor com aquela pureza, humildade e devoção com que Ela o acolheu no seu corpo e na sua alma puríssimos?

Já na iminência do Natal, a última semana do Advento convida-nos a aprofundar nos propósitos e desejos que preenchiam o ânimo de Nossa Senhora. As leituras evangélicas incitam-nos a considerar a fé e a humildade de Maria, a sua pureza sem mancha, a sua entrega absoluta e sem demoras ao Senhor, a sua rendida obediência, o seu espírito de serviço...: virtudes que todos nós, os cristãos, devemos esforçar-nos em praticar, se de verdade queremos que as nossas almas, tal como a de Nossa Senhora, se tornem *habitação da divindade, inundada pela luz do Espírito Santo*[10].

Meus filhos, poderíamos passar horas e horas aprofundando nas lições que descobrimos na atitude constante da nossa Mãe. O Santo Evangelho nos mostra como ela é rica de conteúdo divino! Mas são cada uma e cada um de vocês, nos seus momentos de oração durante o tempo litúrgico que agora começa, que devem – devemos – comparar a sua existência cotidiana com a de Nossa Senhora, a fim de aprender dEla a dispor-se do melhor modo possível para o Natal.

Neste caminho que tem a sua meta em Belém, não se esqueçam de São José, nosso Pai e Senhor. Seguindo o nosso Fundador, que tanto carinho teve e tem pelo Santo Patriarca, aproximem-se dele, peçam-lhe que os ensine a relacionar-se com a sua Esposa Imaculada com um amor

---

(9) Josemaria Escrivá, *Forja*, Quadrante, São Paulo, 4ª ed., 2016, n. 834.
(10) Missal Romano, Missa de 20 de dezembro (oração coleta).

transbordante de ternura e de respeito, de delicadeza e de confiança. Esse homem justo[11], em quem Deus se apoiou para levar a termo o seu desígnio redentor, ensinar-nos-á a conversar com a Virgem Maria com mais intimidade; e, na companhia de Maria e de José, chegaremos à Noite Santa com a impaciência sobrenatural e humana de acolher o Menino Deus nos nossos corações.

E que diremos a Jesus, quando o virmos deitado sobre as palhas do presépio? Procuraremos «encobrir o silêncio indiferente dos que não o conhecem ou não o amam entoando canções de Natal, essas músicas populares que crianças e adultos cantam em todos os países de velha tradição cristã»[12]. Cada um fará essa confidência de um modo muito pessoal, com as palavras e os afetos que saírem do seu coração; mas todos nós pediremos pela Igreja, pelo mundo, pelas almas, com o afã ardente de que os frutos da Redenção – que Ele trouxe em plenitude à terra há já tanto tempo – se estendam mais e mais por todo o mundo.

No Natal, o nosso Fundador sabia introduzir-se no presépio de Belém como um personagem mais. Por vezes, imaginava que era um pastorzinho que se aproximava de Jesus com confiança, oferecendo-lhe um pequeno presente; outras vezes, escolhia o lugar daquele outro que, de joelhos perante o Menino Deus, só sabe adorar; e até mesmo ocupava o lugar da mula e do boi, que, com o seu alento, contribuíram para dar calor ao Recém-nascido; ou o de um cãozinho fiel que fica de guarda junto do

---

(11) Cf. Missal Romano, Missa de 18 de dezembro (Evangelho: Mt 1, 18-24).
(12) São Josemaria, *Notas de uma meditação*, 25/12/1973 (AGP, biblioteca, P09, pág. 200).

presépio... Eram as *pequenas loucuras* de uma alma enamorada; e cada um de nós bem pode seguir esse exemplo, recordando o conselho do nosso Padre: «Ao vos relacionardes com Jesus, não sintais vergonha, não segureis o afeto. O coração é louco, e essas loucuras de amor à maneira divina fazem-nos muito bem, porque terminam em propósitos de melhora, de reforma, de purificação da vida pessoal. Se não fosse assim, não serviriam para nada»[13].

Minhas filhas e meus filhos, que essa intimidade com o nosso Deus e nosso Rei que acaba de nascer os ajude a intensificar as suas orações pelas minhas intenções. Peçam-lhe com confiança que nos escute. Recorro à intercessão do nosso queridíssimo Fundador, que tanto amou a Sagrada Família – a *Trindade da terra* –, para que as suas filhas e os seus filhos no Opus Dei, as pessoas que se beneficiam do trabalho apostólico da Prelazia, os cristãos e todos os homens de boa vontade queiram dar guarida a Cristo nas suas almas, Àquele que vem ao nosso encontro para acolher-nos muito dentro do seu Coração, e para apresentar-nos a Deus Pai pela ação do Espírito Santo.

O tempo do Advento nos leva a ir ao encontro de Cristo, cuidando especialmente da dor pelas nossas faltas. Apostolado da Confissão

1º de dezembro de 1993

Deus *quer que todos os homens se salvem e cheguem ao conhecimento da verdade*[14]; para isso, concede-nos todas

---

(13) *Ibidem.*
(14) 1 Tim 2, 4.

as graças necessárias. Espera somente que perseveremos no seu serviço, que não nos cansemos de lutar para estabelecer o *reino da verdade e da vida, reino da santidade e da graça, reino da justiça, do amor e da paz*[15], que Jesus Cristo já instaurou na terra com a sua Paixão, Morte e Ressurreição. Pensem em que recebemos o encargo de estendê-lo até o último recanto do mundo, como fiéis servidores seus: *oportet illum regnare!*[16] – é preciso que Ele reine!

Na presente etapa da história, até que o Senhor retorne como Juiz de vivos e defuntos, o reino de Deus nasce e se desenvolve no interior das almas. Cristo anseia imperar em cada um de nós com a sua graça; deseja que a sua Verdade se firme nas nossas inteligências e que o seu Amor governe os nossos corações. E o único obstáculo para o cumprimento desses desígnios é o pecado. Por isso, uma parte essencialíssima da tarefa que foi confiada a nós, os cristãos, consiste em extirparmos dos nossos corações e dos corações dos outros essa barreira enorme, capaz de anular a eficácia da redenção operada por Jesus Cristo.

Estas considerações, que a recente solenidade de Cristo Rei reavivou com força nas nossas almas, ganham especial atualidade agora que nos preparamos para celebrar a Imaculada Conceição de Nossa Senhora. Convido-os a saboreá-las na oração pessoal que fizerem. Nossa Senhora, justamente por não ter sofrido nem a menor mancha de pecado, nem original nem pessoal, mostra-se a nós como

---

(15) Missal Romano, Solenidade de Jesus Cristo Rei do Universo (Prefácio).
(16) 1 Cor 15, 25.

uma criatura singular e santíssima, na qual Deus se compraz acima de tudo: é *a cheia de graça*, a *bendita entre todas as mulheres*, a que goza de uma intimidade única e singular com o Deus três vezes Santo[17]. Deus Nosso Senhor cumulou-a de todas as riquezas sobrenaturais desde o primeiro instante da sua vida natural, em previsão dos méritos de Cristo e em função da sua maternidade divina. Por isso, ante o convite que o Arcanjo São Gabriel lhe transmite da parte de Deus, sai dos lábios da nossa Mãe uma resposta pronta e decidida, que se manterá e se renovará incessantemente na sua caminhada terrena: *Fiat mihi secundum verbum tuum*[18], «faça-se em mim segundo a tua palavra». A extraordinária pureza de alma de Maria torna-a capaz de ouvir a voz de Deus e de segui-la até as últimas consequências.

Para que as pessoas que se relacionam conosco escutem as moções de Deus, que chama todos à santidade, é preciso que vivam habitualmente em estado de graça. Por isso, o apostolado da Confissão tem uma importância particular. Só quando existe uma amizade habitual com o Senhor – amizade que se fundamenta no dom da graça santificante –, é que as almas estão em condições de perceber o convite que Jesus Cristo nos dirige: *Se alguém quiser vir após mim...*[19]

O pecado significa sempre escravidão. Seguir Cristo é liberdade. Na sua recente encíclica *Veritatis splendor*, o Santo Padre recorda, com palavras de Santo Agostinho,

---

(17) Lc 1, 38 e 42.
(18) Lc 1, 38.
(19) Mt 16, 24.

que a libertação espiritual começa quando «estamos isentos de crimes [...], como seriam o homicídio, o adultério, a fornicação, o roubo, a fraude, o sacrilégio e pecados como estes. Quando alguém já não é culpável destes crimes (e nenhum cristão deve cometê-los), é que começa a levantar os olhos para a liberdade; mas isso é apenas o início da liberdade, não a liberdade perfeita...»[20].

Caminhar habitualmente na graça de Deus é a condição prévia e necessária para que os homens e as mulheres, impelidos pelo vento da graça, empreendam o voo ascensional que os levará até as alturas do amor de Deus. «É necessária uma sensibilidade especial para as coisas de Deus, uma purificação. Decerto Deus também se dá a conhecer a pecadores: Saulo, Balaão... No entanto, normalmente, Deus Nosso Senhor quer que as criaturas – pela sua entrega, pelo seu amor – tenham uma especial capacidade para conhecer essas manifestações extraordinárias»[21].

Minhas filhas e meus filhos, vocês compreendem cada vez com mais profundidade que importância transcendente tem cuidar muito bem da Confissão sacramental, da dor pelos pecados, dos propósitos, da satisfação? Percebem como é essencial para um apostolado fecundo e para o proselitismo que as suas amigas, os seus amigos, frequentem habitualmente essa fonte de graça e de perdão que a Igreja concede abundantemente? E como o prose-

---

(20) Santo Agostinho, *Tratado sobre o Evangelho de São João*, 41, 10 (cit. por São João Paulo II, Encíclica *Veritatis splendor*, 6/08/1993, n. 13).
(21) São Josemaria, *Notas de uma meditação*, 25/06/1958 (AGP, biblioteca, P01, X-1961, págs. 72-73).

litismo[22] se baseia no exemplo – como Jesus, que *coepit facere et docere*[23], começou a fazer e a ensinar –, cuidam semanalmente desse meio preciosíssimo de santificação? Evitam os atrasos? Formulam propósitos mais sinceros de contrição e de conversão?

A solenidade da Imaculada Conceição, já próxima, nos oferece uma excelente ocasião para dar um forte impulso a estes aspectos básicos do apostolado! Peçam à Mãe de Deus que consiga graças abundantes para nós, de modo que muitas pessoas sejam estimuladas a aproximar-se de Deus, da Igreja e da Obra, e estejam em condições de escutar o assobio amoroso do Bom Pastor, que as chama a ter uma grande intimidade com Ele.

Minhas filhas e meus filhos, cabe a nós ir à frente. Nestas semanas do Advento, procuremos que a nossa luta pela santidade melhore, que a levemos a cabo cada vez com mais garbo. Cristo vem ao nosso encontro mais uma vez. Imaginam – como o nosso Padre nos convidava a considerar – as conversas de Maria e de José na iminência do nascimento de Jesus? Quantas delicadezas procurariam ter – e teriam de fato – com o Filho que ia nascer! Que fome santa de oferecer-lhe a acolhida mais carinhosa

---

(22) O termo «proselitismo» foi usado durante séculos na Igreja – que o recolheu da tradição judaico-cristã – como sinônimo de atividade missionária. Só recentemente, devido a abusos ocorridos na prática de certas seitas não católicas, adquiriu um significado pejorativo, passando a ser entendido como o uso de coação ou engano para atrair alguém às próprias ideias. São Josemaria e D. Álvaro usam esta palavra no seu significado positivo, inseridos na tradição milenar do cristianismo católico. Na Igreja, e nessa parte da Igreja que é o Opus Dei, o respeito e a defesa da liberdade de cada pessoa é um elemento essencial do seu modo de proceder. (N. do E.)

(23) At 1,1.

possível! E que dor a do Santo Patriarca quando, ao entrar em Belém, encontrou todas as portas fechadas, porque *não havia lugar para eles na pousada*[24]! O Verbo eterno de Deus vem ao mundo, depois de tantos séculos de espera, e são poucos os que encontra preparados. *Veio ao que era seu, e os seus não o receberam*[25], comenta São João, com certa tristeza, no prólogo do seu Evangelho.

Minhas filhas e meus filhos, estas realidades devem incitar-nos a manifestar mais amor ao Senhor. Também agora muitas pessoas desconhecem Jesus Cristo; ignoram os imensos benefícios da sua encarnação redentora, não sabem que nasceu para morrer por todos nós e assim resgatar-nos da escravidão do pecado. Reajamos nós, em primeiro lugar, perante o perigo de *nos acostumarmos* a este excesso do amor de Deus. Não permitamos que o desamparo de Belém se renove nos nossos corações! Com palavras que o nosso Fundador repetiu inúmeras vezes, também nós podemos rezar: «*Afasta, Senhor, de mim o que me afaste de ti!*» Peço à Santíssima Trindade que essa aspiração seja o programa constante da nossa conduta.

O que nos afasta de Jesus é o orgulho, a preguiça, a sensualidade, a inveja...: todas as baixezas que refervem no nosso interior e que, em última instância, se reduzem a um amor-próprio desordenado. Nestas semanas, lutemos de verdade, meus filhos, a fim de preparar uma boa hospedagem para o Senhor! Não se pode imaginar uma pobreza maior que a dEle no presépio de Belém; e, no entanto, sentiu-se à vontade sobre aquelas palhas, que

---

(24) Lc 2, 7.
(25) Jo 1, 11.

foram o seu primeiro berço, porque estava rodeado do imenso carinho de Maria e de José.

Nestes dias e sempre, fomentemos muito a dor pelos nossos pecados. Assim, quando o Senhor vier a nós no Natal, encontrará o nosso coração cheio de amor, suave e macio como aquele pobre berço de Belém. Ficaremos cheios da alegria serena e profunda do Natal, sinal distintivo dos filhos de Deus, porque – como nos dizia o nosso queridíssimo Padre – «se quereis ser felizes, sede santos; se quereis ser mais felizes, sede mais santos; se quereis ser muito felizes, sede muito santos [...]. Meus filhos, a santidade traz consigo – não o esqueçais – a felicidade na terra, até mesmo no meio de todas as contradições»[26].

Difundir a doutrina da Igreja sobre o fim último do homem, cuidando especialmente da formação da consciência

1º de novembro de 1993

Ao escrever-lhes, penso com alegria que a Igreja dedica o mês de novembro aos seus filhos que já deixaram este mundo. Convida-nos a recorrer à intercessão daqueles que já contemplam o Rosto de Deus – são bem-aventurados por causa dessa visão e dessa alegria –, e recorda-nos o dever de oferecer sufrágios pelos que se purificam no purgatório, antes de serem admitidos no Céu.

Com as celebrações litúrgicas dos dois primeiros dias deste mês, esta boa Mãe, a Igreja, que sempre vela pelos

---

(26) São Josemaria, *Notas de uma meditação*, 25/12/1968 (AGP, biblioteca, P06, vol. 1, pág. 206).

seus, deseja chamar a nossa atenção mais uma vez para o sentido último da nossa existência, que jamais devemos perder de vista: estamos chamados a ser santos, isto é, a identificar-nos eternamente com Deus, participando da glória celestial. Se atingirmos esse fim, com a graça divina, chegaremos à perfeição suma que o Senhor estabeleceu para nós; caso contrário, os nossos anos terrenos perderiam todo o seu sentido: seriam um fracasso, um enorme e definitivo fracasso. Porque, como afirma Jesus Cristo, *de que serve ao homem ganhar o mundo inteiro se vier a perder a sua alma?*[27]

Minhas filhas e meus filhos, todo o nosso apostolado resume-se em fazer ressoar estas palavras nos ouvidos dos que convivem conosco, sem excluir ninguém. É uma missão particularmente urgente nos nossos dias, porque muitos, embriagados pela ânsia de um prazer temporal, agarram-se aos bens daqui de baixo e esquecem que o nosso coração deve estar firmemente dirigido para o Céu: *Afeiçoai-vos às coisas lá do alto, e não às da terra*[28].

Na sua recente Carta encíclica sobre algumas questões fundamentais do ensinamento moral católico, o Romano Pontífice[29] analisa profundamente a situação atual da sociedade. Permitam-me uma digressão, que considero ineludível. Por meio de vários canais, confirmaram-me como o Santo Padre, a Hierarquia, conta esperançosamente com a luta pela santidade dos homens e das mulheres do Opus

---

(27) Mt 16, 26.
(28) Col 3, 2.
(29) São João Paulo II, na Encíclica *Veritatis splendor*, de 6/08/1993. (N. do E.)

Dei. Parece que o Senhor nos mostra claramente que estamos muito obrigados a responder, a toda hora, com plenitude de entrega. Com essa manifestação de confiança, pede-nos que revisemos a nossa entrega pessoal, a fim de arrancarmos resolutamente qualquer sintoma de tibieza ou de aburguesamento. Assim, examinemo-nos com delicadeza.

Como terão observado, nesse documento do seu Magistério o Papa sublinha o forte contraste entre a aspiração à felicidade eterna, que se encontra em todo coração humano, e a tendência de tantas almas de voltar-se apenas para as criaturas, esquecendo-se do seu Criador. Não é a minha intenção glosar aqui essa Encíclica, que todos nós, fiéis da Prelazia, devemos conhecer e meditar, mas valer-me do seu conteúdo para expor alguns pontos de especial importância da nossa tarefa apostólica.

Em primeiro lugar, reparem na pergunta do jovem rico do Evangelho, que o Santo Padre comenta longamente: *Que devo fazer para conseguir a vida eterna?*[30] O Vigário de Cristo põe em evidência que se trata de «uma pergunta essencial e inescapável para a vida de todo homem, pois se refere ao bem moral que se deve praticar e à vida eterna»[31]. Essa afirmação tem uma importância singular à hora do apostolado, porque no coração de qualquer homem, de qualquer mulher, por muito afastado de Deus que esteja, está presente – semeado ali pelo próprio Deus – um profundo desejo de eternidade, que não é possível saciar aqui embaixo. Nessa aspiração, constantemente alimentada pelos secretos e esplêndidos impulsos da graça, sempre encontraremos um ponto de apoio

---

(30) Mt 19, 16.
(31) São João Paulo II, Enc. *Veritatis splendor*, n. 8.

para entusiasmar as almas, para aproximá-las aos poucos – como que por um plano inclinado – da amizade com o Senhor. Por vezes, o caminho será longo, mas devemos rejeitar as impaciências, com a certeza de que Deus conta com a nossa colaboração – permeada de oração, de bom exemplo, de palavras oportunas – para atrairmos os corações a Ele.

Por outro lado, não esqueçamos que, no momento atual – sem pessimismo –, assistimos a um profundo obscurecimento dos espíritos, e que tem uma manifestação clara: a ignorância, não só das verdades sobrenaturais, mas das próprias verdades religiosas naturais, aquelas que a reta razão humana – sempre sustentada por Deus – poderia chegar a conhecer por si mesma. Por isso, como é atual o apostolado da doutrina! Como é necessário! Devemos sentir verdadeira fome de propagar os ensinamentos do Magistério; agora, em concreto, esses aspectos que o Santo Padre desenvolve na sua encíclica.

Como é tradição na Obra, em muitíssimos lugares serão organizados cursos e palestras que sirvam de alto-falante para a doutrina do Romano Pontífice. É um trabalho imprescindível; quanto mais pessoas participarem dessas reuniões, melhor será. No entanto, não basta a doutrina para que as almas mudem. Requer-se que cada um a interiorize, de modo que se conforme com esses critérios nos seus pensamentos, juízos e decisões. É o que São Paulo nos lembra: *Não vos conformeis com este mundo, mas transformai-vos pela renovação do vosso espírito, para que possais discernir qual é a vontade de Deus, o que é bom, o que lhe agrada e o que é perfeito*[32]. É preciso que haja *uma transformação radical* no

---

(32) Rm, 12, 2.

modo de abordar e julgar as realidades terrenas e, mais ainda, do próprio espírito da criatura humana, até que consiga coincidir completamente com o desígnio divino que Jesus Cristo nos manifestou: *Tende entre vós os mesmos sentimentos que teve Cristo Jesus*[33].

Nesta tarefa, tem um papel fundamental a formação da consciência, que – como lembra o Papa – deve ser arauto de Deus e como que o seu mensageiro no íntimo de cada um, de modo a cumprir perfeitamente a sua missão de ser «testemunho do próprio Deus, cuja voz e cujo juízo penetram na intimidade do homem até as raízes da sua alma, convidando-o à obediência *fortiter et suaviter*, de modo forte e suave»[34]. Na ausência de uma consciência reta e verdadeira, que acolha os impulsos do Espírito Santo sem distorções nem interpretações subjetivas, não poderemos conseguir uma vida interior firme nem iluminar o mundo com a luz de Cristo. Uma pessoa com a consciência mal formada não pode ser apóstolo de forma alguma; mais ainda, correria o perigo gravíssimo de tornar-se o *pseudoapóstolo* que nosso Padre descreve em *Forja*, com todas as suas tristes consequências[35].

Minhas filhas e meus filhos, esmeremo-nos por ter uma consciência cada dia mais reta, tirando proveito dos meios de formação que a Obra nos proporciona e pedindo conselho sempre que for necessário. Ajudemos também os nossos amigos e conhecidos. Ao longo do dia, surgem muitas ocasiões para que os ajudemos a formar bem a sua

---

(33) Fil 2, 5.
(34) São João Paulo II, Enc. *Veritatis splendor*, n. 8.
(35) Cf. Josemaria Escrivá, *Forja*, n. 1019.

consciência; basta abrir os olhos, basta termos a alma tensa, ferida de amor a Deus, para detectar momentos em que convém que expliquemos um critério de ação, que recomendemos a leitura de um bom livro, que ofereçamos a sugestão oportuna..., sempre com afeto, com paciência, sem dar a impressão de sermos os promotores da verdade, porque essa Verdade que nos preenche não é nossa, mas de Deus, e o Senhor confiou-a à sua Igreja. Afinal, «é preciso educar, dedicar a cada alma o tempo que seja necessário, com a paciência de um monge medieval que enche de iluminuras, folha a folha, um códice; temos de ajudar as pessoas a tornar-se maiores de idade, a formar a sua consciência, de maneira que cada uma delas sinta a sua liberdade pessoal e a sua consequente responsabilidade»[36].

Na Encíclica, o Santo Padre refere-se a alguns pontos básicos do ensinamento moral da Igreja, como a proibição, *sempre e em todo momento*, de realizar ações intrinsecamente más. Embora essas exigências sejam de senso comum e estejam claramente enunciadas nos Mandamentos da Lei de Deus, são muitas as pessoas que as desconhecem. Sem esquecer a existência de casos em que uma deformação tão grande da consciência encontra a sua origem numa vontade desviada, que rejeita positivamente as normas ditadas por Deus, na grande maioria dos casos essa deformação nutre-se de uma ignorância completa das verdades morais fundamentais. Essas pobres pessoas não encontraram ninguém que lhes mostrasse a verdade ou, pior ainda, assimilaram ideias erradas. Só Deus conhece os corações. Por isso, o nosso

---

[36] São Josemaria, *Carta*, 8/08/1956, n. 38.

Fundador escreveu: «No dia do juízo, serão muitas as almas que responderão a Deus como respondeu o paralítico da piscina – *hominem non habeo*[37], não houve ninguém que me ajudasse –, ou como responderam aqueles operários sem trabalho à pergunta do dono da vinha: *Nemo nos conduxit*[38], não nos chamaram para trabalhar. Ainda que seus erros sejam culpáveis e a sua perseverança no mal seja consciente, no fundo dessas almas há uma ignorância profunda, que só Deus poderá medir»[39].

Minha filha, meu filho, você compreende a importância do seu apostolado de amizade e confidência? Você pode levar a luz de Cristo a tantas pessoas, de modo que ilumine os olhos da sua alma e os abra às realidades perenes! Como eu lhes recordava no início, pensem que em cada criatura humana, mesmo que esteja muito mergulhada no erro, sempre se esconde pelo menos o rescaldo dessas verdades naturais, que a graça está sempre pronta a reavivar servindo-se do exemplo singelo de vocês, da sua palavra oportuna, do seu sorriso amigável. Você tem consciência de que não pode ser apóstolo se não acudir aos diversos meios de formação da Obra com fome de aprender? Está apenas fisicamente presente – seria uma grande tristeza! –, ou luta para usar intensamente todas as suas potências e os seus sentidos? Fomenta na sua alma o desejo constante de aprender para servir?

Para que esta grande aventura humana e sobrenatural da reevangelização da sociedade, em que estamos empe-

---

(37) Jo 5, 7.
(38) Mt 20, 7.
(39) São Josemaria, *Carta,* 16/07/1933, n. 24.

nhados junto com tantos outros cristãos, produza os frutos que o Santo Padre espera, é imprescindível recorrer, cheios de confiança, aos auxílios sobrenaturais: a oração, o sacrifício, a devoção à Santíssima Virgem, a intercessão do nosso Padre. Neste mês de novembro, recorramos também às benditas almas do purgatório e aos santos do Céu, unidos a nós pelos laços da mesma comunhão em Cristo e no Espírito Santo. Deste modo, a Igreja, nos seus três estados ou situações – triunfante, padecente e militante –, cumprirá a missão que o Senhor lhe confiou para a salvação de toda a terra.

O demónio procura afastar as almas da consideração do seu destino eterno. No nosso apostolado, recordemos aos homens a realidade das verdades eternas

1º de novembro de 1990

Com muita frequência, penso – e dou graças ao Senhor de que seja assim – que todas as pessoas que passaram junto do nosso Padre tocaram com as mãos a sua constante visão sobrenatural. A sua insistência em que nunca perdêssemos esse ponto de mira foi permanente, porque estamos chamados a adorar a Santíssima Trindade no Céu eternamente. Daí o seu ensinamento perseverante, animando-nos a manter uma relação intensa com as três Pessoas divinas já nesta terra.

Sim, meus filhos, estamos destinados a desfrutar de Deus por toda a eternidade; é isso o que dá valor e sentido a toda a existência humana. «A nossa esperança», pregava Santo Agostinho aos fiéis, «não se baseia só no tempo presente, nem neste mundo, nem na felicidade com que se cegam os homens que se esquecem de Deus. O primeiro que uma alma cristã deve saber e defender é que não viemos à Igreja para desfrutar dos bens daqui de baixo, mas para atingir aquele outro bem, que Deus já nos prometeu, mas do qual os homens ainda não podem fazer ideia»[40].

Essa felicidade que o Senhor dispôs para os seus filhos fiéis resume-se – como sabemos claramente, graças à fé que Deus nos dá – na posse e no gozo da Santíssima Trindade; uma bem-aventurança que – como o nosso santo Fundador gostava de dizer, saboreando as palavras – será «*para sempre, para sempre, para sempre*». Assim, é imprescindível que isto ressoe nas nossas almas de modo habitual e que o recordemos constantemente aos outros. Por que, tal como o Senhor nos admoesta no Evangelho, *de que serve ao homem ganhar o mundo inteiro se vier a perder a sua alma? Ou que poderá dar o homem em troca da sua alma?*[41]

Numa das suas últimas cartas, o nosso Fundador abordava esta verdade fundamental e assinalava que «a existência temporal – tanto das pessoas como da sociedade – só é importante, estritamente, como etapa rumo à eternidade. Por isso, é só relativamente importante, e não é um bem absoluto»[42]. A nossa Mãe, a Igreja, com pedagogia sobrenatural, dedica o mês que agora começamos ao piedoso costume de relacionar-nos com todos os fiéis defuntos: os que já reinam com Cristo no Céu e os que, no purgatório,

---

(40) Santo Agostinho, *Sermão 127*, 1.
(41) Mt 16, 26.
(42) São Josemaria, *Carta*, 17/06/1973, n. 12.

se preparam para desfrutar de Deus eternamente. Também o faz, entre outros motivos, para que nós, que ainda peregrinamos na terra, metidos nos afãs de cada dia, não nos desencaminhemos, mas mantenhamos o olhar bem fixo no fim último a que estamos destinados.

Meus filhos, a nossa dor pessoal deve ser muito grande ao comprovarmos que, por vezes, ficamos obcecados com as tarefas daqui de baixo, em vez de procurarmos Deus exclusivamente. Junto com essa dor, também nos causa uma grande pena o panorama de milhões e milhões de pessoas – e, mais triste ainda, de muitos cristãos – que andam pela vida sem rumo nem meta, *como poeira levada pelo vento*[43], alheios ao desígnio misericordioso do nosso Pai-Deus, que quer que todos os homens se salvem[44], mas que, ao mesmo tempo, conta com a cooperação livre de cada um de nós. Reflitamos com frequência nestas certezas básicas, que são como que a estrela-guia da nossa peregrinação terrena. Devemos gastar cada um dos nossos dias com a firme convicção de que de Deus viemos e para Deus vamos, esforçando-nos por viver – como assinalava o nosso queridíssimo Padre – «*na terra e no Céu*» ao mesmo tempo, mergulhados a fundo num trabalho profissional exigente, nos mil incidentes do ambiente familiar e social que procuramos santificar, mas com o olhar fixo no Céu, onde a Santíssima Trindade nos aguarda.

Sempre – e concretamente nas circunstâncias atuais – «as verdades eternas devem estar firmemente assentadas

---

(43) Sl 1, 4.
(44) Cf. 1 Tim 2, 4.

na nossa alma, orientando a nossa conduta»[45]. Minhas filhas e meus filhos, cabe a cada um de nós trazer essas verdades definitivas ao ouvido do amigo, do parente, do colega de trabalho, daquela pessoa que, por algum motivo, a Providência divina põe ao nosso lado, talvez apenas por um tempo curto. É preciso que lutemos para ser fiéis à graça imerecida da vocação que recebemos; e assim, com a ajuda divina, procuremos despertar todos do sonho em que muitos – como nós, antes de sermos chamados por Deus – se encontram, de modo a conseguir que levantem os olhos acima do horizonte imediato e caduco até fixá-los na única coisa definitiva: a eternidade para a qual nos dirigimos. Vamos dizê-lo do modo mais oportuno em cada caso, mas *todas* as almas que passem ao nosso lado devem ficar alertadas.

«Cada um de nós deve ser *quasi lucerna lucens in caliginoso loco* (2 Pe 1, 19), como um farol aceso, cheio da luz de Deus, nessas trevas que nos rodeiam»[46]. Prolongando o eco destas palavras do nosso Padre, devemos pensar a fundo: sou de verdade, em todos os lugares, esse *farol aceso* de que o nosso Fundador falava, ou permito às vezes que a luz da vocação não ilumine o ambiente que frequento? Deixo-me levar pela covardia ou pelos respeitos humanos[47]? Porque não basta que conservemos essa divina

---

(45) São Josemaria, *Carta,* 28/03/1973, n. 5.

(46) *Idem,* n. 18.

(47) Costuma-se chamar, nas obras de espiritualidade, «respeitos humanos» à vergonha ou ao receio que alguns cristãos podem experimentar em dar a conhecer a sua fé, por apego à própria imagem, por medo das reações negativas que possa suscitar no seu ambiente, ou até por um desejo pouco sensato de não contrariar os parentes e os amigos. (N. do E.)

luz na nossa alma: devemos comunicá-la aos que nos rodeiam. Escutai o conselho que os primeiros cristãos transmitiam uns aos outros, o zelo santo daqueles homens e daquelas mulheres, que tanto tocou o nosso Padre: «Não vivais solitários, voltados só para vós mesmos, como se já estivésseis justificados»[48]. Por isso – como comentava o nosso Fundador –, «agradeçamos a nossa vocação de cristãos comuns com obras, mas com a luz de Deus dentro de nós, para que possamos difundi-la e assim indicar o caminho do Céu»[49].

O nosso Padre alertou-nos para uma realidade muito triste, mas sempre atual: «É forte e bem estimulada pelo diabo a pressão que todo homem padece para afastá-lo da consideração do seu destino eterno»[50]. Assim, é extremamente urgente que meditemos pessoalmente nestas verdades fundamentais – a morte, o juízo, o inferno, a glória – e que nos empenhemos em que sejam meditadas por muitas pessoas que vivem como se estivessem *instaladas* nesta terra para sempre. As ocasiões podem ser frequentes ao longo deste mês, pois, em muitos lugares, o pensamento dos parentes defuntos torna-se algo particularmente vivo. Procuremos não perder as oportunidades que se nos ofereçam! Procuremos levar muitas almas, *pessoalmente*, a enfrentarem cara a cara o seu próprio destino e as suas próprias responsabilidades sob o olhar de Deus, ajudando-as a retificar, a se decidirem por uma profunda conversão na conduta. Se vocês o fizerem com um tom positivo – sempre

---

(48) *Epístola de Barnabé*, IV, 10.
(49) São Josemaria, *Carta*, 28/03/1973, n. 18.
(50) *Idem*, n. 10.

devemos agir assim, porque *Deus é Amor*[51] –, como uma consequência natural do seu afeto por elas, a graça divina servir-se-á do exemplo e das conversas de vocês para tocá-las. Muitas vezes, trata-se de pessoas às quais ninguém falou destes temas transcendentais, porque, infelizmente, como repetia o nosso Padre, «Satanás continua com o seu triste trabalho, incansável, induzindo ao mal e difundindo a indiferença no mundo»[52].

Meus filhos, bem sei que esta é uma tarefa enorme que o Senhor quis confiar-nos; mas é uma *preciosa e divina aventura*. As almas estão tão absorvidas pelas coisas materiais, em tantos países! Justamente por isso, devemos ter a preocupação de «deixar a marca de Deus, com caridade, com carinho, com clareza de doutrina»[53], em todas as pessoas que encontrarmos. Em primeiro lugar, em nós mesmos: se não estivéssemos vigilantes, se não nos esforçássemos dia após dia para retificar a intenção no trabalho, se não mortificássemos os nossos sentidos e potências, se não rezássemos muito, cairíamos no mal tanto ou mais do que qualquer outro, e o nosso apostolado pessoal seria vão e estéril. Para evitar isso, «é preciso aumentar a nossa visão sobrenatural que, antes de mais nada, significa vivermos continuamente com os olhos postos na eternidade para a qual nos dirigimos, sem nos deixarmos deslumbrar pelas miragens daquilo que é temporal»[54]. Convido-os a considerar na oração, com profundidade e

---

(51) 1 Jo 4, 8.
(52) São Josemaria, *Carta,* 28/03/1973, n. 18.
(53) *Ibidem.*
(54) São Josemaria, *Carta,* 17/06/1973, n. 3.

com calma, as passagens do Evangelho nas quais o Senhor dedica os seus ensinamentos às verdades eternas. Poderão ajudá-los muito as considerações do nosso Padre sobre esses temas em *Caminho*, *Sulco* e *Forja*, de onde vocês poderão tirar também tantas ideias novas, incisivas, para a sua tarefa apostólica.

Comunhão dos Santos: união com a Igreja do Céu e do purgatório

1º de novembro de 1984

Escrevo-lhes neste dia, de imenso júbilo no Céu e na terra, em que a Santa Madre Igreja se regozija ao festejar tantos milhões de filhos seus que já conseguiram a eterna bem-aventurança e se alegram contemplando Deus face a face[55]. Também nós estamos cheios de alegria, pois entre os santos que louvam a Trindade vemos o nosso queridíssimo Padre, tantas filhas e filhos seus na Obra e inúmeras pessoas que conhecemos e amamos na terra. Para aumentar a nossa satisfação, contribui muito a certeza de que, pela misericórdia infinita do Senhor, outras muitas almas alcançarão a felicidade eterna nestes próximos dias, uma vez purificadas das suas faltas e pecados.

Ao fazer-lhes estas considerações, que tanto consolo trazem ao meu coração, tenho bem presente a amabilíssima figura do nosso Fundador e a sua antiga devoção às suas «boas amigas, as almas do purgatório»[56], como gostava de repetir. Lembro-me concretamente do entusiasmo

---

(55) Cf. 1 Cor 13, 12.
(56) Josemaria Escrivá, *Caminho*, Quadrante, São Paulo, 11ª ed., 2016, n. 571.

com que falava deste tema: tinha a esperança de que o Senhor – acolhendo os abundantes sufrágios que a Igreja oferece sempre pelos defuntos, e especialmente neste mês – concedesse uma «anistia geral» a todas as almas do purgatório. Peço a Deus o mesmo entusiasmo humano e sobrenatural, cheio de fé e de obras, para cada um de vocês e para mim, com o anelo de que cada uma e cada um de nós também procure a *amizade* com esses aliados tão queridos e tão poderosos.

Essa piedade firme e viçosa que o nosso queridíssimo Padre nos transmitiu é manifestação prática de uma das verdades mais consoladoras que a Igreja nos ensina: o dogma da Comunhão dos Santos. Saber que todos nós, os cristãos, fazemos parte do Corpo Místico de Jesus Cristo é fonte de grande alegria e segurança. Meditem na certeza de que, pela caridade, estamos intimamente unidos à nossa divina Cabeça e entre nós; que, entre os membros deste Corpo místico, existe uma real comunicação de bens; e que essa união perdura para além da morte...

Essa comunhão adquire especial intensidade entre aqueles que caminham unidos, *in radice caritatis*, pela mesma vocação e pelos mesmos fins; portanto, atua com particular vigor entre os filhos de Deus no seu Opus Dei. Por isso, o nosso Padre convidava-nos a viver «uma particular Comunhão dos Santos. Assim, tanto à hora da luta interior como à hora do trabalho profissional, cada um de nós sentirá a alegria e a força de não estar sozinho»[57].

Minha filha, meu filho, considere atentamente a grandeza da sua vocação divina e a responsabilidade da sua

---

(57) *Idem*, n. 545.

resposta: a sua oração e o seu sacrifício, as suas tarefas profissionais e familiares, a sua vida inteira ultrapassa – deve ultrapassar! – o âmbito concreto em que você atua, para fazer com que a sua vitalidade seja sentida nos pontos nevrálgicos da Igreja e da sociedade civil. Do nosso lugar de trabalho – no escritório e no campo, no lar, na fábrica e na cátedra universitária, em todo lugar –, se cumprimos os nossos deveres com alegria e se somos fiéis à nossa vocação, se nos exigimos na nossa piedade de todos os dias, ajudamos o Papa na sua missão de governar a Igreja, fortalecendo tantos cristãos que se encontram injustamente perseguidos por causa da fé, fomentando a paz e a concórdia entre as nações, impulsionando o apostolado; assim, realizamos uma semeadura de paz e de alegria nos ambientes mais diversos. Isto não é algo maravilhoso, que devemos agradecer a Deus cada dia?

A meditação frequente da Comunhão dos Santos leva-nos ao otimismo na luta ascética e na tarefa apostólica, a sentir-nos fortes com a fortaleza dos outros e a fomentar – insisto – o sentido de responsabilidade que cada um de nós deve ter na Obra. «Na nossa vida, se somos fiéis à vocação», escrevia o nosso Padre, «permanecemos sempre unidos aos santos do Paraíso, às almas que se purificam no purgatório e a todos os vossos irmãos que ainda lutam na terra. Além disso – e isto é um grande consolo para mim, porque é uma manifestação admirável da continuidade da Igreja Santa –, podeis unir-vos à oração de todos os cristãos de qualquer época: os que nos precederam, os que agora vivem, os que virão nos séculos futuros. Assim, sentindo essa maravilha da Comunhão dos Santos, que é um cântico interminável de louvor a Deus, embora não sintais vontade ou passeis por dificuldades – secos! –, rezareis com esforço, mas com mais confiança»[58].

Quando se encontrava fisicamente entre nós, o nosso Fundador vivia admiravelmente a Comunhão dos Santos. O Santo Sacrifício era sempre, dia após dia, o centro e a raiz de toda a sua vida interior; e em cada uma das suas Missas encontravam-se a Igreja triunfante, a Igreja padecente e a Igreja militante. Rezava pelos vivos e pelos defuntos – começando sempre pelo Papa e pelos bispos –, por todos os fiéis da Igreja; pelos seus filhos e pelos parentes e amigos dos seus filhos, pelos benfeitores da Obra e pelos que procuraram fazer-nos algum mal, pelos cristãos e pelos não cristãos; por todos sem exceção, com coração universal. E recorria à intercessão da Santíssima Virgem, dos anjos e dos santos do Céu. Assim, enviava «sangue arterial» a toda parte, com abundância, animando-nos a todos a ser bons e fiéis.

Agora participa da Comunhão dos Santos de um modo ainda mais eficaz. Ao ver a Deus face a face, ao estar muito perto da Santíssima Virgem e de São José, secundado por tantas irmãs e tantos irmãos nossos que já estão no Céu, quando nosso Padre reza por cada um de nós, toda essa coroa de filhas e de filhos seus dirá *amém* à sua oração, fortalecendo, sublinhando essa súplica. E, como ensina o adágio, *muitos améns ao Céu chegam*; quanta força e quanta eficácia perante Deus Nosso Senhor! Meus filhos, não sejamos lentos em aproveitar essa quantidade

---

(58) São Josemaria, *Notas de uma reunião familiar*, setembro de 1973 (AGP, biblioteca, P01, X-1973, pág. 31).

de graças que o nosso Fundador nos envia constantemente, antes façamo-nos cada dia *mais rezadores*.

Minhas filhas e meus filhos, também eu percebo que a Comunhão dos Santos é uma das minhas grandes riquezas. Não me esqueço de que, cada dia, dos pontos mais distantes do mundo, dezenas de milhares de pessoas oferecem o Santo Sacrifício e a Sagrada Comunhão bem unidos às intenções da minha Missa, rezam o terço e inúmeras jaculatórias, oferecem seu trabalho profissional e as contrariedades da vida por este seu Padre. Sou consciente de que, na terra, poucas pessoas contam com um suporte tão grande de orações e de sacrifícios; quando penso nisto, sinto-me confundido e, ao mesmo tempo, imensamente agradecido a Deus e ao nosso Padre, a cuja incessante oração se deve este grande milagre da Obra. Podem estar certos de que me esforço para administrar bem esse caudal: cada manhã, ponho-o na patena, junto da Hóstia Santa, junto do Sangue do meu Senhor, e rogo ao nosso queridíssimo Fundador que se encarregue de aplicá-lo onde for mais necessário. Naturalmente, as necessidades da Igreja e dos meus filhos ocupam sempre o primeiro lugar: a santidade pessoal de vocês, o bom andamento do labor apostólico. E se me chegam notícias de uma ou de um de vocês que está mais necessitado desse apoio, seja pela razão que for, procuro desviar para essa minha filha ou para esse meu filho uma parte desse imenso volume de oração que recebo.

Façam vocês a mesma coisa, pondo em movimento constantemente essa realidade divina da Comunhão dos Santos. Rezem uns pelos outros, especialmente se perceberem que alguém se encontra mais necessitado. Ajudem-se entre si a ser fiéis de verdade. Dirijam-se cada dia a Nossa Senhora com muitas orações *saxum*[59]. Cuidem sobretudo do dia de guarda[60], que é um costume muito santo; sem dúvida, foi uma iluminação dada por Deus ao nosso Padre para que nos ajudemos mutuamente na Obra, a fim de caminharmos todos juntos até a vida eterna. Não se permitam a leviandade de afrouxar o ritmo, porque – tenham plena certeza disto! – cada uma das ações de vocês, ou tem transcendência divina, ou secunda a triste tarefa do inimigo de Deus.

Minhas filhas e meus filhos, a única coisa que importa é que cheguemos ao Céu. Esta é a meta de todas as nossas aspirações, o fim de todos os nossos passos, a luz que deve iluminar sempre a nossa caminhada terrena. Não percam nunca de vista que estamos de passagem na terra: *Não temos aqui morada permanente*[61], diz o escritor sagrado. Vários milhares de filhas e de filhos meus já deram o *grande salto* e – pela misericórdia infinita do Senhor e como prêmio pela sua luta na terra – são imensamente felizes no Céu. Esse momento chegará para todos nós, e devemos preparar-nos para ele através da nossa luta diária, sem angústias, porque é um salto para os braços do Amor. Mas

---

(59) Referência ao *Lembrai-vos*, oração atribuída a São Bernardo. São Josemaria recomendava que os membros da Obra a usassem para rezar uns pelos outros, ao menos uma vez por dia; e chamava-lhe «*saxum*», «rocha», porque dá a fortaleza da rocha na tarefa da santificação pessoal e no trabalho apostólico. (N. do E.)

(60) O *dia de guarda* é um costume que os membros do Opus Dei cultivam, e que consiste em manter especial vigilância espiritual um dia por semana, ajudando os outros por meio da oração e do sacrifício mais intensos que nos outros dias. (N. do E.)

(61) Hb 13, 14.

não esqueçam a exclamação que tantas vezes saía dos lábios do nosso Padre: «*Tempus breve est!*», é breve o tempo de que dispomos para amar, para ganhar essa felicidade eterna a que aspiramos. Não o desaproveitemos! Meus filhos, como se morre bem no Opus Dei quando se procura viver os deveres cristãos com lealdade! Por isso, desejo que vocês se perguntem frequentemente: Sou Opus Dei de verdade? Estou empenhado em fazer o Opus Dei?

A Rainha do Céu ocupa um lugar singular no Corpo místico de Cristo. Recorram a Ela para tudo, peçam a sua intercessão maternal e todo-poderosa, confiem-lhe as suas obras de fidelidade, até mesmo as mais pequenas, para que, perfumadas pela suas mãos, sejam agradáveis à Santíssima Trindade.

Sentido cristão da morte. Urgir as almas a encararem de frente as verdades eternas
2 de novembro de 1985

Ao retomar a minha conversa com vocês, neste mês que a piedade cristã dedica aos fiéis defuntos, vêm-me à memória umas palavras inspiradas que devem ressoar diariamente nos seus corações, como um brado de alerta: *Non habemus hic manentem civitatem!*[62], não temos morada permanente na terra, mas estamos aqui *de passagem*, a caminho da vida eterna.

Entre outras muitas considerações, o nosso Padre escreveu – quando era sacerdote jovem – umas palavras que tocaram milhares de almas e também nos tocarão a nós,

---
(62) Hb 13, 14.

ajudando-nos a dispor-nos melhor para esse encontro pessoal com Deus no momento da morte: «Já viste, numa tarde triste de outono, caírem as folhas mortas? Assim caem todos os dias as almas na eternidade»[63]. São inúmeros os homens e mulheres que, cada dia, prestam contas perante o tribunal do nosso Supremo Juiz, e cada ano são mais os membros da nossa família – somos família numerosa, graças a Deus – que dão *o salto* para a vida eterna. Minha filha, meu filho: com sentido de eternidade, não perca de vista que, «um dia, a folha caída serás tu»[64]. Assim, vivamos como se cada dia que começa fosse o último da nossa existência terrena!

No Opus Dei, não temos medo de falar da morte. Sim, a Obra é para nós «o melhor lugar para viver e o melhor lugar para morrer», como tantas vezes repetiu o nosso Fundador! O Senhor chamar-nos-á no momento mais oportuno, como o jardineiro que corta as flores do seu jardim quando estão mais belas. Mas não sabemos quando isso acontecerá. Se o soubéssemos, que empenho poríamos em converter o nosso dia em oração constante, ininterrupta! Com que amor assistiríamos à Santa Missa! Quanta retidão haveria no nosso trabalho! Como nos preocuparíamos com os nossos irmãos e com todas as almas...! Pois assim, filhos, deve transcorrer cada um dos momentos da nossa existência.

Pela misericórdia de Deus, consta-nos que a única coisa importante, em última análise, é chegar ao Céu. E, no Opus Dei, temos um caminho claro para conse-

---
(63) Josemaria Escrivá, *Caminho*, n. 736.
(64) *Ibidem*.

gui-lo: as nossas Normas, os nossos Costumes[65], a fidelidade ao nosso espírito, a serviço da Igreja Santa e de todas as almas. Mas muitas pessoas – parentes, amigos, colegas – andam pela vida *sine spe nec metu*, sem temor de Deus e sem esperança, sem se deterem nunca para pensar nesse mundo, o definitivo, que se encontra para além dos olhos da carne. Minhas filhas e meus filhos, não podemos deixá-los na ignorância de algo que é tão essencial para a sua salvação eterna!

Ao longo da história, e especialmente agora, quando o materialismo tenta apagar até o mais elementar sentido cristão – e até humano – das consciências, é imprescindível recordarmos às pessoas que elas têm uma alma imortal, que Deus é justo Juiz de vivos e de mortos, que há um prêmio ou uma punição eternos. Que existe o Céu... e também o Inferno! «Uma afirmação», escreveu nosso Padre, «que para ti é sem dúvida um lugar-comum». E acrescentava: «Vou-te repetir: há inferno! Vê se me serves de eco, oportunamente, ao ouvido daquele companheiro... e daquele outro»[66].

Meu filho: você procura fazer eco às palavras do nosso Padre? Sabe situar as almas diante de Deus, com delicadeza, mas com valentia, de modo que sejam conscientes dos seus deveres e das suas responsabilidades pessoais? Nas

---

(65) «Normas» e «Costumes» são as práticas de piedade vividas pelos fiéis do Opus Dei; com exceção das Preces, que são uma oração própria dos membros dessa família sobrenatural, todas podem igualmente ser vividas – e o foram tradicionalmente – por qualquer cristão. A título de exemplo, mencionemos: oração mental de manhã e à tarde; a Santa Missa, vivida diariamente; leitura do Evangelho e de algum livro espiritual; exame de consciência, todos os dias à noite; confissão sacramental, uma vez por semana etc. (N. do E.)

(66) Josemaria Escrivá, *Caminho*, n. 749.

suas conversas apostólicas, você procura chegar ao essencial *quanto antes* – à necessidade de estar na graça de Deus e, portanto, de recorrer à Confissão com frequência –, ou, pelo contrário, você se alonga em aspectos secundários, simplesmente porque lhe falta audácia, afã de almas, e, em suma, amor a Deus? Se assim for, reaja logo, filho da minha alma; pede ao nosso Padre que lhe consiga do Senhor mais valentia, mais sentido de responsabilidade, mais *garra apostólica*.

O cristão que se sabe filho de Deus é movido acima de tudo pelo amor; mas não podemos esquecer a justiça de Deus – os seus justos juízos! –, que vislumbramos com a graça do Espírito Santo e que devem ajudar-nos a orientar o rumo da nossa vida e a respeitar – a amar! – a lei de Deus. Por isso, embora quase ninguém fale das verdades eternas – porque é um tema inquietante, que obriga as pessoas a refletir sobre o sentido da própria existência –, você e eu não podemos deixá-los de lado no nosso apostolado pessoal nem nos meios de formação dos trabalhos de São Rafael e de São Gabriel[67].

Trazer à conversa as realidades últimas faz parte da catequese mais elementar, porque é recordar às pessoas que o único mal verdadeiro sobre a terra é o pecado, capaz de privar uma alma, por toda a eternidade, da visão de Deus e da imensa alegria de amá-lo. Todas as outras coisas que as pessoas chamam de males – a doença, a pobreza, as dificuldades materiais... – são boas ou ruins na medida em que nos servem ou não para alcançarmos

---

(67) No Opus Dei, são confiados a estes dois arcanjos o trabalho apostólico com a juventude (São Rafael) e com os adultos (São Gabriel).

o Céu. Em resumo, «não esqueças, meu filho, que para ti, na terra, só há um mal que deverás temer e evitar com a graça divina: o pecado»[68].

A meditação das verdades eternas, tão própria deste mês de novembro, nos ajudará a retificar o andamento da nossa caminhada terrena, a aproveitar melhor o tempo, a não nos deixarmos absorver pelos cuidados e pelas necessidades da terra e a não permitir que o nosso coração se apegue a qualquer coisa daqui de baixo, a fomentar o horror ao pecado em todas as suas manifestações e a sentir a urgência de um apostolado constante, mais intenso e extenso, mais audacioso, mais exigente.

Não quero terminar sem referir-me aos nossos queridos defuntos: nenhum deles deve estar ausente da nossa oração e da nossa lembrança cheia de carinho. Minhas filhas e meus filhos, sejam diligentes em aplicar os abundantes sufrágios que fazemos na Obra durante estes dias. Mais ainda: sejam muito generosos. Tenham a santa ambição, que agrada muito a Deus Nosso Senhor, de que nenhum dos seus irmãos ou irmãs, nenhum dos meus filhos e filhas, se ainda estiverem no purgatório, tenham de esperar um só instante à hora de encontrar-se com Deus face a face. Peçam-no com muita confiança, por intercessão da Santíssima Virgem.

Fomentem nos seus corações a amizade profunda com as benditas almas do purgatório, para que nos obtenham uma forte compunção pelos nossos pecados pessoais e pelos de toda a humanidade. Roguem-lhes – a elas, que o experimentam de maneira imediata – que entendamos o

---
(68) Josemaria Escrivá, *Caminho*, n. 386.

quanto o pecado – também o venial –, as imperfeições, as omissões... nos afastam de Deus. Peçam que todos nós odiemos essas ofensas ao Senhor. Por fim, recorram também à intercessão das nossas «boas amigas, as almas do purgatório»[69] pelas minhas intenções: a Igreja, o iminente Sínodo extraordinário dos bispos, a Obra, os sacerdotes etc. Minhas filhas e meus filhos, que nós também vivamos diante de Deus.

No Advento, disponhamo-nos a receber Jesus Cristo no Natal e, cada dia, na Eucaristia

1º de dezembro de 1986

Dominus prope est![70], o Senhor está perto! Este é o grito que a liturgia faz soar nos nossos ouvidos, de mil formas diferentes, ao longo destas semanas anteriores ao Natal. Convida-nos a que nos preparemos para a vinda espiritual de Cristo às nossas almas, com mais urgência à medida que os dias felizes do Nascimento de Jesus se aproximam. Ao mesmo tempo, estas palavras trazem-me à memória aquele luzeiro de que o nosso Padre nos falava, e que o Senhor nos pôs na fronte. Minha filha, meu filho: a chamada que Deus nos fez para *sermos* Opus Dei tem de ressoar na nossa alma como um alerta constante, mais forte que qualquer outro laço de união, e deve levar-nos a saber que a marca de Deus nas nossas vidas nunca se apaga[71]. Demos-lhe gra-

---

(69) *Idem*, n. 571.

(70) 4º Domingo do Advento (*Ant. ad invitatorium*).

(71) A mesma coisa pode afirmar-se da vocação cristã em geral. Estas considerações de Dom Álvaro se aplicam a todos os batizados. (N. do E.)

ças, procuremos segui-lo muito de perto e afastemos com determinação tudo o que nos afasta dEle, ainda que pareça um detalhe de muito pouca monta.

O Advento é um desses *tempos fortes* da Sagrada Liturgia por meio dos quais a nossa Mãe, a Igreja, nos move de maneira especial à purificação por meio da oração e da penitência, a fim de que acolhamos a graça abundante que Deus nos envia, porque Ele sempre é fiel. Nestes dias, somos convidados a procurar – eu diria que com mais afinco – o relacionamento com Maria e com José na nossa vida interior; é-nos pedida uma oração mais contemplativa e mais delicadeza no espírito de mortificação interior, com manifestações concretas. Assim, quando Jesus nascer, seremos menos indignos de tomá-lo nos nossos braços, de estreitá-lo contra o nosso peito, de dizer-lhe essas palavras candentes com que um coração enamorado – como o de todas as minhas filhas e de todos os meus filhos, sem exceção – necessita manifestar-se.

Detenho-me nestas considerações para lembrar-lhes que não podemos limitar-nos a esperar o Natal sem pôr nada da nossa parte. Vejam o que o nosso Padre respondeu a um filho seu que lhe perguntou como viver melhor o Advento: «Desejando que o Senhor nasça em nós, para que vivamos e cresçamos com Ele, e cheguemos a ser *ipse Christus*, o próprio Cristo»[72]. E, naquela ocasião, concretizava: «Que se note que renascemos para a compreensão, para o amor, que, em última instância, é a única ambição da nossa vida»[73].

---
(72) São Josemaria, *Notas de uma reunião familiar*, 23/11/1966 (AGP, biblioteca, P01, 1977, pág. 1233).
(73) *Ibidem*.

Minhas filhas e meus filhos: se, ao meditarem estas palavras, vocês começam a viver o Advento com mais entusiasmo – com mais esforço –, dia após dia, ainda que a contragosto, ainda que lhes pareça uma «comédia», quando o Senhor nascer no Natal encontrará as suas almas bem dispostas, com a decisão firme de oferecer a Ele esse acolhimento que os homens lhe negaram há vinte séculos – assim como também agora o negam –, e assim darão uma grande alegria a este seu Padre.

Mas não é algo só para o Advento: todos os dias, na Sagrada Comunhão, Jesus desce a nós. «Chegou o Advento. Que bom tempo», escreve o nosso Padre, «para remoçar o desejo, a nostalgia, as ânsias sinceras pela vinda de Cristo!, pela sua vinda cotidiana à tua alma na Eucaristia! – *Ecce veniet!* – está para chegar!, anima-nos a Igreja»[74]. Como nos preparamos para recebê-lo cada dia? Que detalhes de amor procuramos ter para com Ele? Que limpeza procuramos ter nos nossos sentidos, que adornos na nossa alma? Como é a nossa piedade? Você procura acompanhá-lo no Sacrário do seu Centro? Pede que a vida eucarística dos fiéis da Prelazia cresça diariamente? Os seus amigos conhecem a sua intimidade com Cristo na Hóstia Santa? Não há melhor momento que o da Sagrada Comunhão para suplicarmos a Jesus – realmente presente na Eucaristia – que nos purifique, que queime as nossas misérias com o cautério do seu Amor; que nos inflame em santos desejos; que mude o nosso coração – tantas vezes mesquinho e ingrato – e nos obtenha um coração novo, para amarmos

---

(74) Josemaria Escrivá, *Forja*, n. 548.

mais a Santíssima Trindade, Nossa Senhora, São José, todas as almas. E aproveitem estes momentos para renovar o seu compromisso de amor, pedindo a este nosso Rei que nos ajude a viver cada dia com empenho novo de enamorados.

Aconselho-os a repetir – saboreando-as! – muitas comunhões espirituais. Durante estas semanas, rezem com frequência – eu também procuro fazê-lo – o *veni, Domine Iesu!*, «vem, Senhor Jesus!», que a Igreja repete insistentemente. Digam-no não só como preparação para o Natal, mas também para a Comunhão de cada dia. Desse modo, será mais fácil descobrirmos aquilo que *não vai bem* na nossa luta cotidiana; e, com a graça de Deus e com o nosso esforço, o superaremos. Não se esqueçam de que a nossa entrega bem vivida, com fidelidade constante, é a melhor preparação para o nosso encontro com Cristo no Natal e na Sagrada Eucaristia.

Veni, Domine, noli tardare!, «vem, Senhor, não demores». À medida que transcorrem as semanas, o grito da Igreja – o seu e o meu – sobe até o Céu com mais urgência. *Relaxa facinora plebi tuae!*, «destrói as amarras – os pecados – do teu povo!» Não podemos limitar-nos a implorar o perdão pelas nossas misérias: devemos também suplicá-lo pelos pecados dos outros. Minhas filhas e meus filhos, Jesus veio ao mundo para redimir toda a humanidade. Também agora deseja introduzir-se no coração de todas as pessoas, sem exceção alguma.

Advento significa expectativa; e quanto mais se avizinha o acontecimento esperado, maior é o afã de vê-lo realizado. Nós, junto com tantos outros cristãos, desejamos que Deus ponha um ponto final à dura prova que aflige a Igreja já há muitos anos. Aspiramos a que este longo advento chegue finalmente ao seu termo; que as almas se movam à contrição verdadeira; que o Senhor esteja presente mais intensamente nos membros da sua amada Esposa, a Igreja Santa. Desejamo-lo e pedimo-lo com toda a alma: *Magis quam custodes auroram*[75], «mais que a sentinela anseia pela aurora», ansiamos por que a noite se transforme em dia.

Filhos, como este tempo de Advento é bom para que intensifiquemos a nossa petição pela Igreja, pelo Papa e pelos seus colaboradores, pelos bispos, pelos sacerdotes e pelos leigos, pelas religiosas e pelos religiosos, por todo o Povo santo de Deus! Não só são oração as palavras que saem dos nossos lábios ou que formulamos com a mente, mas toda a nossa vida, quando a gastamos no serviço do Senhor. Recordo umas palavras que o nosso Fundador nos dirigia no início de um novo ano litúrgico: «Devemos caminhar pela vida como apóstolos, com luz de Deus, com sal de Deus. Com naturalidade, mas com tal vida interior, com tal espírito do Opus Dei, que iluminemos, que evitemos a corrupção e as sombras à nossa volta. Com o sal da nossa dedicação a Deus, com o fogo que Cristo trouxe à terra, semearemos a fé, a esperança e o amor por toda parte; seremos corredentores e as trevas transformar-se-ão em dia claro»[76].

Continuem a pedir com fé, bem unidos à minha oração e certíssimos da eficácia infalível desta oração. O Senhor

---

(75) Sl 129, 6.
(76) São Josemaria, *Notas de uma meditação*, 3/12/1961 (AGP, biblioteca, P01, XII-1964, pág. 62).

escutou o nosso Padre quando lhe rogava – só Ele sabe com quanto ardor e intensidade! – por aquilo que trazia na sua alma, e ouviu – não tenho a menor dúvida – as incessantes súplicas que se levantavam ao Céu em todos os cantos do mundo, unidas à intenção da sua Missa. Mas, minhas filhas e meus filhos, com a fortaleza que me chega por ocupar o seu lugar, insisto com vocês: unam-se à minha oração! E até ouso pedir-lhes que gastem a sua vida neste empenho. Sim, repito-o ao ouvido de cada um de vocês: devemos rezar mais, porque não conhecemos a medida da oração estabelecida por Deus – na sua justíssima e admirável Providência – antes de conceder-nos os dons que esperamos. Ao mesmo tempo, uma coisa é certíssima: a oração humilde, confiante e perseverante é sempre escutada. Um fruto dessa nossa petição mais intensa durante o Advento é compreender que podemos, que *devemos* rezar mais. Não desfaleçamos!

Como a Prelazia é parte integrante da Igreja, pediremos também pelo Opus Dei, instrumento de que Deus quer servir-se para estender o seu reinado de paz e de amor entre os homens. A Obra também vive constantemente o seu *advento*, a sua expectativa gozosa do cumprimento da Vontade de Deus. São tantos os panoramas apostólicos que o Senhor põe diante de nós! Começo de novos trabalhos apostólicos, consolidação – em extensão e em profundidade – dos que já se realizam em tantos lugares; novas metas no nosso serviço à Igreja e às almas... E, acima de tudo, o Senhor quer a fidelidade dos meus filhos; a lealdade inquebrantável de cada um ao chamado divino, aos seus pedidos, a esta graça inefável da vocação com que quis selar as nossas vidas para sempre.

O Advento e o Natal põem diante dos nossos olhos a realidade da filiação divina em Cristo

1º de dezembro de 1984

Neste ano, uma vez mais, a Igreja convida-nos a que nos disponhamos a acolher Nosso Senhor, que de novo quer nascer espiritualmente nas nossas almas. *Aperiatur terra e germinet Salvatorem!*[77], é o grito que a liturgia põe nos nossos lábios: «abra-se a terra e venha o Salvador». Essa terra é a humanidade sedenta de Deus; é este nosso mundo que, sem sabê-lo – em pleno século XX – aspira pelo seu Redentor; é cada ser humano, chamado pelo Senhor para ser filho seu.

O Natal revela aos nossos olhos a gozosa realidade da nossa filiação divina, que enche os cristãos de esperança, porque Deus a assinalou para nós como alicerce do nosso espírito. Por isso, numa festa como a que nos preparamos para celebrar, o nosso Padre começava assim a sua oração: «O que vamos fazer hoje, no dia em que os homens celebram a festa do Natal? Em primeiro lugar, uma oração filial que nos sai maravilhosamente, porque nos sabemos filhos de Deus, filhos muito queridos de Deus»[78]. O acontecimento que comemoramos é tão importante que a Igreja dedica quatro semanas para que o preparemos. *Veni, Domine Iesu!*[79], «vem, Senhor Jesus», convida-nos a

---

(77) Missal Romano, 4º Domingo do Advento (Antífona de entrada: Is 45, 8).
(78) São Josemaria, *Notas de uma Meditação*, 24/12/1967 (AGP, biblioteca, P06, vol. I, pág. 196).
(79) Ap 22, 20.

rezar, porque o Advento é como uma caminhada: Deus vem até nós e nós devemos sair ao encontro do Senhor. Que nenhum dos meus filhos fique para trás, que ninguém dê lugar à tibieza. Nestes dias, todos nós devemos esforçar-nos para ir mais rapidamente até Deus, que vem até nós. E o encontro deve realizar-se em Belém, na humildade daquela gruta e na humildade da nossa vida cotidiana, sem nada exteriormente chamativo, mas repleta de amor a Nosso Senhor.

Durante estes dias de Advento, com mais intensidade conforme se aproximava a Noite de Natal, o nosso queridíssimo Padre costumava pensar na viagem de José e de Maria a caminho de Belém. A Santíssima Virgem, feita Trono de Deus, levava no seu seio o Redentor do mundo, o Messias anunciado pelos Profetas. José, como cabeça daquela família, faria o possível para aliviar as dificuldades da viagem, velando constantemente pela sua Esposa amadíssima e pelo Menino que havia de nascer. Imaginam vocês a premência e os cuidados que prodigalizaria a Nossa Senhora, com o coração cheio de gratidão a Deus Nosso Senhor, pois finalmente ia cumprir as promessas da Redenção? Gosto de acompanhá-los nesse caminho, de ajudá-los a superar os incômodos próprios de toda viagem – e mais ainda naquelas circunstâncias. Como aprendi do nosso Fundador, procuro ficar bem perto de Santa Maria e prestar algum serviço a José, como um escravozinho seu.

Minha filha, meu filho, una-se a esse grupo; então, por estes caminhos da terra, ouviremos aquelas conversas que têm sabor de Céu; assim deve ser a nossa vida pessoal: estar com Deus, cortando os fios sutis – «correntes» – que nos impedem de seguir as pegadas divinas da nossa vocação. Atenhamo-nos ao que o Senhor nos pede através de quem orienta a nossa alma, sem desculpas nem hesitações.

Minhas filhas e meus filhos, que estas considerações não fiquem apenas em bons desejos. Infelizmente, muitos cristãos perderam o sentido do Natal. Quando muito, experimentam uma vaga aspiração de felicidades entre as criaturas, confundindo, não poucas vezes, esse desejo do bem que de um modo ou de outro está presente em cada ser humano com uma *bondade* inoperante e superficial, que se esgota ante o primeiro contratempo. Não sabem que a alegria do Natal está arraigada na Cruz, porque esse Menino que nascerá em Belém e que é anunciado jubilosamente por vozes de anjos vem à terra para morrer por nós. Como o nosso Padre afirmava, a alegria «brota facilmente quando uma criatura se sente filha de Deus, embora às vezes custe, e tenhamos de refugiar-nos – humilhados e ao mesmo tempo felizes – no coração do Pai Celestial. A alegria é consequência da filiação divina, de saber-nos amados pelo nosso Pai-Deus, que nos acolhe e nos perdoa sempre»[80].

Durante este tempo de Advento, no Natal e sempre, vamos oferecer a Deus, com amor, as pequenas mortificações que ninguém percebe, mas que facilitam a convivência com as outras pessoas e tornam o nosso trabalho mais eficaz. Nestas semanas de preparação para o Natal, procuremos relacionarmo-nos com Maria e com José. Assim, na Noite Santa, quando Jesus nascer, estaremos autoriza-

---

(80) São Josemaria, *Notas de uma reunião familiar* (AGP, biblioteca, P01, 1969, pág. 299).

dos a tomá-lo nos braços, a estreitá-lo contra o coração, a dançar para Ele e a cantar-lhe..., sem que nada nos separe dEle. Desejo que sejamos delicados, que nos esforcemos diariamente para ser homens e mulheres de Deus, pensando que temos a obrigação de comportar-nos de tal modo que aqueles com quem nos relacionamos vejam que somos amigos do Senhor e que vivemos de modo coerente com a nossa condição de filhos fiéis de Deus. Devemos pensar que, em qualquer momento, as pessoas – com palavras do nosso Padre – podem perguntar-nos: «Onde está o Cristo que procuro em ti?»[81]

Minhas filhas e meus filhos, na sua oração diante do Presépio de Belém, tenham muito presentes as necessidades da Igreja, do mundo, da Obra. Meditem no aparente fracasso de Cristo, porque muitos homens rejeitam a graça divina, e encham-se de confiança e de sentido de responsabilidade; Deus é sempre vitorioso, embora, por vezes, o seu triunfo chegue por caminhos diferentes dos que nós prevíamos. Apesar do nosso nada, Ele conta comigo e com você para levar a salvação a todas as pessoas. Nunca percam de vista essa segurança, ainda que o inimigo das almas – aproveitando-se das nossas fraquezas pessoais – tente instilar o desalento ou a tristeza no nosso coração. Busquemos apoio na nossa filiação divina, que o Senhor confirmou de tantas maneiras na vida da Obra, e corramos a refugiar-nos nos braços todo-poderosos do nosso Pai do Céu, bem persuadidos de que *omnia in bonum!*, de que tudo – até os nossos pecados, se nos arre-

---

(81) São Josemaria, *Notas de uma meditação*, 6/01/1956 (AGP, biblioteca, P01, II-1966, pág. 34).

pendemos sinceramente deles –, tudo concorre para o bem dos que amam a Deus[82].

Rezem muito pela Igreja, para que possa sair da *depressão* em que se encontra há muito tempo e que tantas lágrimas custou ao nosso queridíssimo Padre. Rezem pelo Papa e pelos seus colaboradores no governo da Igreja com todo o carinho, como lhes tenho pedido muitas vezes. Peçam pela santidade dos bispos, dos sacerdotes e dos religiosos, e por todo o Povo de Deus; e, muito concretamente, pela santidade de todos nós, que fazemos parte da Obra. Que sejamos mais fiéis, mais entregues cada dia!

O Advento, tempo de esperança, estimula-nos a ser otimistas. Oração constante e esforço diário para que impregnemos o ambiente de espírito cristão

1º de dezembro de 1990

Há poucos dias, ao celebrarmos a solenidade de Jesus Cristo, Rei do universo, eu considerava mais uma vez o afã apostólico que o nosso Padre soube transmitir a tantos milhares de pessoas, com a sua palavra e com o seu exemplo, porque ardia em amor a Deus. Ao renovar a consagração do Opus Dei ao Coração Sacratíssimo e Misericordioso de Jesus, pedi a Nosso Senhor que inflame as nossas almas cada dia mais nesses afãs divinos; que nós, os seus filhos e as suas filhas do Opus Dei, agora e sempre, até o fim dos séculos, vivamos somente para es-

---

(82) Cf. Rm 8, 28.

tender o seu reinado a todas as almas, dando assim glória à Santíssima Trindade.

Com estas linhas, desejo animá-los a realizar um apostolado cada dia mais intenso, plenamente confiantes no Senhor. Minhas filhas e meus filhos, pensai na força transformadora da graça divina, capaz de iluminar as inteligências mais cegas, a ponto de converter, num instante, o perseguidor Saulo no Apóstolo Paulo. Estes prodígios continuam a realizar-se também nos nossos dias.

O tempo litúrgico que agora começa, o Advento, é um convite para reforçarmos a nossa esperança. Se continuarmos numa perseverante semeadura de doutrina e de amor, o Senhor porá fim ao tempo de prova que a Igreja padece e que tanto nos faz sofrer. Nestas semanas, enquanto preparamos a grande festa do Nascimento do Redentor, podemos pensar no modo de agir de Nosso Senhor. Embora Ele desejasse ardentemente tomar a nossa carne, preparou a humanidade com pedagogia divina e veio à terra no momento preestabelecido pelo Pai desde toda a eternidade. Passaram-se muitos séculos antes de verificar-se o acontecimento sublime da Encarnação; depois, uma vez feito Homem, Jesus Cristo permaneceu trinta anos sem revelar a sua condição de Messias e Filho de Deus. Só depois manifestou o seu poder e a sua divindade em todo o seu esplendor.

Por isso, sejam otimistas, ainda que a realidade concreta que muitas vezes presenciam seja difícil. Não pomos a nossa esperança nos meios humanos – embora devamos empregar todos os possíveis –, mas em Jesus Cristo Nosso Senhor, que é *Dominus dominantium*[83], «Senhor dos que

---

(83) Ap 19, 16.

dominam», e conquistou o mundo inteiro mediante o Sacrifício da Cruz.

Às vezes, poderá parecer-lhes que o *non serviam!*, o «não servirei» que tantos homens e mulheres infelizmente pronunciam com as suas vidas, é um clamor mais forte do que o *serviam!*, «servirei», que, com a graça divina, sai cada dia dos lábios e dos corações de todos os que desejam ser dóceis à graça. Não se deixem enganar pelas aparências. Repito-lhes que o Senhor triunfa sempre. Vocês devem ter presente que, como nos recordava o nosso Padre, «nos momentos de crises profundas na história da Igreja, nunca foram muitos os que, permanecendo fiéis, reuniram também a preparação espiritual e doutrinal suficientes, os recursos morais e intelectuais para opor uma decidida resistência aos agentes da maldade. Mas esses poucos voltaram a cumular de luz a Igreja e o mundo. Meus filhos, sintamos o dever de sermos leais àquilo que recebemos de Deus, a fim de transmiti-lo com fidelidade. Não podemos, não queremos capitular»[84].

A oração é a nossa força. É a alavanca que move o Coração Misericordioso do Salvador, sempre disposto a ajudar os seus. «Deus não perde batalhas. Devemos bater continuamente à porta do Coração Sacratíssimo de Jesus Cristo, que é o nosso amor, e do Coração Dulcíssimo de Maria, que é a nossa salvação; e não esquecer que, para o Senhor, os séculos são instantes»[85]. Mas é bom mostrarmos a nossa urgência ao Senhor. Minhas filhas e meus filhos, se formos exigentes de verdade na nossa luta coti-

---

(84) São Josemaria, *Carta,* 28/03/1973, n. 18.
(85) São Josemaria, *Carta,* 17/06/1973, n. 35.

diana, veremos como a Igreja ressurgirá em todo o mundo, como a fé lança raízes em tantas almas; se, pelo contrário, não lutarmos, mesmo sendo ajudados pela graça, aumentaremos o clamor desse *non serviam!*, com grave responsabilidade da nossa parte, porque Deus nos chamou depositando em nós uma confiança especial. Devemos pedir a Jesus, com aquelas palavras do Evangelho que o nosso queridíssimo Padre lhe dirigia: «Escuta-nos, Senhor! Aumenta a nossa fé, ainda mais. Repitamos com o centurião: *Tantum dic verbo* (Mt 8, 8), diz uma só palavra, uma só!, e tudo se arrumará»[86].

À oração constante – essa oração pelas minhas intenções, que lhes peço continuamente! – deve estar inseparavelmente unido o esforço diário de cada um de vocês por impregnar de espírito cristão o ambiente em que se encontram. Não pensem que a sua contribuição é muito pequena: cada um, cada uma de vocês pode chegar muito longe, porque a eficácia apostólica depende, em primeiro lugar, do seu amor a Deus e da visão sobrenatural com que realizam o apostolado entre os que os cercam.

Mas, permita-me perguntar-lhe, meu filho: neste ano, como você aproveitou as ocasiões que se lhe apresentaram de aproximar as almas de Deus? Procurou insistir uma e outra vez, sem desanimar por causa da aparente falta de correspondência por parte de algumas pessoas? Buscou novos caminhos para conhecer mais pessoas? E, acima de tudo, somos apóstolos que baseiam a sua ação numa oração profunda e numa mortificação abundante? Trabalhamos com perfeição pelo Senhor, oferecendo um

---

[86] São Josemaria, *Carta,* 28/03/1973, n. 6.

exemplo claro de cristãos coerentes no exercício do nosso trabalho profissional? Há esforço para aprendermos dos outros, olhando para as suas virtudes e qualidades?

Nestas semanas de preparação para o Natal, entre muitas outras orações, o nosso Padre costumava rezar com crescente insistência: *Veni, Domine Iesu! Veni, Domine, et noli tardare!...*; «Vem, Senhor Jesus! Vem, Senhor, não demores!» Recomendo a todos vocês que sigam o seu exemplo também nisto; esse esforço os ajudará a ter mais presença de Deus, a inflamar o seu afã de almas, e a tornar mais urgente a oração de vocês pela Igreja; assim, sentiremos o dever de purificar as nossas almas e os nossos corpos para que Ele venha tomar posse mais plena do nosso eu.

«Comecemos já a dar graças ao Senhor. *Ut in gratiarum semper actione maneamus!*, vivamos sempre numa contínua ação de graças a Deus. Ações de graças que são um ato de fé, que são um ato de esperança, que são um ato de amor. Gratidão, que é consciência da nossa pequenez, bem conhecida e experimentada, da nossa impotência; e que é confiança inquebrantável – também disso temos experiências maravilhosas – na misericórdia divina, porque Deus Nosso Senhor é todo Amor e do seu Coração paternal brotam desígnios de paz e de alegria para seus filhos. Desígnios misteriosos na sua execução, mas certos e eficazes»[87].

Permanecei muito unidos a Maria e a José nestes dias de Advento e suplicai-lhes que nos permitam participar com mais profundidade na gozosa espera que eles viveram quando Jesus estava para vir ao mundo. Também

---

(87) São Josemaria, *Carta*, 28/03/1973, n. 20.

agora o Senhor deve nascer em muitos corações; por isso, nada mais lógico que impetrarmos a ajuda da sua Mãe e de quem fez as vezes de pai dEle na terra.

Peçamos ao Senhor que nunca nos falte o bem cristão da alegria na vida cotidiana, que é fruto de irmos ao encontro de Cristo

1º de dezembro de 1992

Já estamos no Advento e – como todos os anos – preparamo-nos para viver muito bem esta grande festa que comemora como Deus se aproximou dos homens: o Natal. Para os cristãos, estas semanas são um tempo de espera alegre, que chegará ao seu cume na Noite Santa, quando o nosso Redentor vier ao mundo. Além disso, para os filhos de Deus no seu Opus Dei, este Advento se reveste de uma importância especial, porque, pela primeira vez, celebraremos o Natal tendo o nosso amadíssimo Padre nos altares. Por isso, a alegria própria destas festas deve multiplicar-se em cada Centro, em cada coração, em cada lar de uma filha minha ou de um filho meu.

Vocês recordarão que, quando o nosso Fundador foi ao Céu, no meio da profundíssima dor que a sua inesperada partida nos causou, experimentamos uma alegria sobrenatural humanamente inexplicável, porque estávamos certos de que o Senhor o tinha recebido imediatamente na sua glória. Naquela ocasião, escrevi e disse-lhes repetidas vezes que estava pedindo a Deus uma graça especial: que, com o passar dos anos, permanecesse aberta, *em carne viva*, a ferida que o falecimento do nosso Padre tinha produzido nas nossas almas. O Senhor nos escutou e, em todos estes anos, a lembrança do dia 26 de junho significou um impulso formidável para a fidelidade de todas e de todos nós[88].

Agora, por ocasião da beatificação, pedi ao Senhor outra graça para toda a Obra: que nunca percamos a alegria sobrenatural que experimentamos nos dias em torno ao último 17 de maio. Bem podemos aplicar a nós o que canta o Salmo: *Sim, o Senhor fez por nós grandes coisas, e ficamos exultantes de alegria!*[89] Essa alegria, fruto do Espírito Santo[90], era tão íntima e profunda que nos pareceu estarmos imersos num *mar de deleite*, sinal claro da presença de Deus nas nossas almas. Um júbilo que foi contagiando milhares e milhares de pessoas que, por um motivo ou outro, já se relacionavam com a Obra ou que então começaram a aproximar-se – parentes, amigos, colegas de trabalho, conhecidos –, ocasionando um grande bem para as suas vidas, porque os levava a rezar com mais intensidade, a frequentar os sacramentos, a melhorar no seu ambiente familiar ou de trabalho; em resumo, a aproximar-se um pouco mais de Deus. São reações que pude comprovar repetidamente ao ler os numerosíssimos relatos que vocês me enviaram a propósito daqueles dias inesquecíveis de maio. Não cesso de agradecê-lo ao Senhor, enquanto lhe peço que – como os discípulos da primeira hora – sejamos preenchidos *de alegria e do Espírito Santo*[91].

---

(88) O Fundador do Opus Dei faleceu santamente em Roma, em 26 de junho de 1975. Foi beatificado por São João Paulo II em 17 de maio de 1992, ano em que esta carta foi escrita, e depois canonizado pelo mesmo Papa em 6 de outubro de 2002. (N. do E.)

(89) Sl 126, 3.

(90) Cf. Gl 5, 22.

(91) At 13, 52.

A este propósito, gosto de lembrar-me do que o nosso Padre nos dizia com frequência: «A alegria é um bem cristão, e especialmente dos filhos de Deus no Opus Dei»[92]. Minhas filhas e meus filhos, nunca percam a alegria, aconteça o que acontecer! E, para isso, não se esqueçam nunca de que «a alegria é fruto da paz, a paz é consequência da guerra, e a guerra é um dever que cada um de nós tem»[93]. A alegria vem sozinha à nossa alma e preenche-nos por completo quando não abandonamos a luta interior, quando renovamos o esforço pessoal diariamente – com a ajuda divina – para cumprir, sempre e em tudo, com amor, os deveres em que a Vontade de Deus se manifesta a cada um de nós: deveres de piedade – as nossas Normas e Costumes! –, e deveres profissionais, sociais, familiares...

Graças a Deus, esta é uma experiência bem presente no Opus Dei. Quando nos comportamos deste modo, o Espírito Santo derrama nos nossos corações, abundantemente, o *gaudium cum pace*, uma alegria e uma paz que necessariamente se transmitem para o exterior e atraem as almas que temos à nossa volta. *Tirareis com alegria a água das fontes da salvação*[94], exclama o Senhor por meio de Isaías. Assim, o apostolado ganha eficácia, porque estamos em condições de facilitar aos nossos amigos e colegas de profissão um encontro pessoal com Jesus, o Médico divino capaz de curar as suas chagas, o Consolador que

---
(92) São Josemaria, *Notas de uma reunião familiar*, 09/01/1974 (AGP, biblioteca, P01, II-1974, pág. 62).
(93) *Ibidem*.
(94) Is 12, 3.

acalmará as suas penas, o Mestre que saciará a fome de verdade que há em todos os corações.

Com efeito, como também escreveu o nosso Padre: «Quem foi que disse que, para falar de Cristo, para difundir a sua doutrina, é preciso fazer coisas esquisitas, estranhas? Faze a tua vida normal; trabalha onde estás, procurando cumprir os deveres do teu estado, acabar bem as tarefas da tua profissão ou do teu ofício, superando-te, melhorando dia a dia. Sê leal, compreensivo com os outros e exigente contigo mesmo. Sê mortificado e alegre. Esse será o teu apostolado. E sem saberes por quê, dada a tua pobre miséria, aqueles que te rodeiam virão ter contigo e, numa conversa natural, simples – à saída do trabalho, numa reunião familiar, no ônibus, ao dardes um passeio em qualquer parte –, falareis de inquietações que existem na alma de todos, embora às vezes alguns não as queiram reconhecer: irão entendendo-as melhor quando começarem a procurar Deus a sério»[95].

Nestas semanas do Advento, cultivem a alegria de ir ao encontro de Cristo que vem até nós. De modo especial, cuidem das pequenas mortificações, internas e externas, com que podemos dispor melhor o nosso coração para dar um acolhimento carinhoso ao Menino que nascerá em Belém. Seguindo o conselho do nosso Fundador, caminhem segurando a mão de Nossa Senhora e de São José, que são os melhores mestres da vida interior. Recordem aquilo que o nosso Padre comentou em tantas ocasiões: em Belém não há lugar para os egoísmos, para

---

(95) Josemaria Escrivá, *Amigos de Deus*, Quadrante, São Paulo, 3ª ed., 2014, n. 273.

o próprio eu. Ali, todos estão a serviço dos outros com uma generosidade sem limites. Eu quereria que assim fosse o nosso modo de proceder: serviço a Deus, serviço aos outros, também quando estamos cansados. Você tem a preocupação de preparar a sua alma para que o Senhor a encontre bem limpa? Procura que outros se aproximem de Cristo que vai nascer? É exemplo de como se deve tratar Jesus na conduta diária? Aprende com os outros como se pode chegar a uma profunda intimidade com Deus encarnado?

Da mesma forma, desejo que todos nós – cada uma, cada um – sintamos ânsias diárias de compensar a indiferença de tanta gente perante as *magnalia Dei*[96], ante essa realidade de que o Verbo se faz carne para salvar-nos, pois muitos o ignoram ou não o recebem. Minhas filhas e meus filhos, peçam a Santa Maria e a São José, e também ao nosso Padre, ânsias de reparação, também pelas nossas faltas pessoais de correspondência.

---

(96) At 2, 11.

NATAL
Lições de Belém

A recomendação de São Josemaria para o Natal: «Estarmos sempre com os Três»

8 de dezembro de 1978

Prope est iam Dominus![1] Na minha conversa com o Senhor, eu meditava nestas palavras e contemplava a sua infinita Bondade com as criaturas; tão grande, meus filhos, que se entrega a nós sem limites e, além disso, nos ajuda a saber que estamos muito unidos uns aos outros. Pensei mais uma vez em vocês e em mim, e confesso-lhes que senti – quase materialmente – o desejo de estar com cada um durante as próximas festas. Fisicamente, não poderá ser assim. Espiritualmente, posso garantir-lhes que todos vocês me encontrarão ao seu lado.

Por isso, logo no início destas linhas, digo-lhes que tenho a alma cheia de alegria, de gratidão, de paz, de serenidade, de compunção e de propósitos de uma maior entre-

---

(1) 4º Domingo do Advento (*Ant. ad invitatorium*).

ga, contando com a ajuda de vocês. Ao lançar o olhar para trás, vem-me também à cabeça – com mais intensidade que habitualmente, se é que isto é possível – a lembrança concreta do nosso Padre, escrevendo-nos a nós, suas filhas e seus filhos, para felicitar-nos pelo Santo Natal; sempre nos confrontava com a bendita responsabilidade de fazer o Opus Dei – como serviço à Igreja –, sendo nós mesmos Opus Dei; porque, para nós, este é o caminho da fidelidade e da felicidade: fazer o Opus Dei, lutando para nos identificarmos cada dia mais com o espírito da Obra.

Sei – e não é presunção da minha parte – que agora o nosso santo Fundador guia a minha mão, precisamente ao enviar-lhes estas linhas que, com o calor desta grande família, trazem consigo o desejo de que vocês se aproximem mais do Senhor, o pedido de que renovem a sua gratidão pelo Ano Mariano que estamos vivendo[2], tão repleto de bênçãos da Santíssima Trindade, conseguidas pelo nosso Padre pela intercessão de Santa Maria e de São José.

Escrevi que o nosso Padre guia a minha mão e, movido pelo exemplo da sua santidade, desejo que apresentem ao Senhor esse agradecimento concreto, com obras diárias, com oração cotidiana mais piedosa, com mortificação perseverante, com um trabalho constante, com um apostolado ininterrupto. E peço-lhes também que se unam mais às minhas intenções, aos meus propósitos e aos meus passos, porque procuro seguir os do nosso Padre, com o ritmo santo que, do Céu, nos impõe.

Escrevia-lhes que me parece estar vendo aqueles mo-

---

(2) D. Álvaro tinha declarado um Ano Mariano no Opus Dei por ocasião das bodas de ouro da sua fundação. (N. do E.)

dos tão próprios do nosso Padre nesta época litúrgica. Quando a celebração do nascimento de Jesus se aproximava e durante os dias santos do tempo litúrgico do Natal, o nosso Fundador gostava especialmente de pensar em Belém, de entrar no Presépio e, quando podia, detinha-se diante das figuras da Sagrada Família, sempre aprendendo *dos Três* e sempre oferecendo a Jesus, a Maria e a José tudo o que possuía. Notava-se — eu me atreveria a dizer que se tocava com as mãos — a realidade de que, ao rezar e ao trabalhar, ao descansar e ao ocupar-se dos outros, ele queria estar, e estava, «*sempre com os Três*».

É precisamente isto que deve interessar a cada um de nós, porque este é o segredo divino para sermos Opus Dei: «*Estar sempre com os Três*». Em Belém e em Nazaré, tudo é Opus Dei. Ali se abre a escola — a cátedra — do relacionamento de Deus com os homens e dos homens com Deus. Ali o nosso Padre nos fez entrar para que nos impregnemos da humildade e da misericórdia do Senhor para conosco e aprendamos o modo de manifestá-las. Assim, vamos com o nosso Padre até Belém. Vamos aprender do Menino, nosso Deus, de Maria, Mãe de Deus e Mãe nossa, de José, nosso Pai e Senhor. Para consegui-lo, esforcem-se — não me cansarei de repeti-lo — para andar por caminhos de humildade. Concretamente, cuidem bem da Confissão sacramental e da Conversa Fraterna[3]: que elas sejam pontuais, contritas, bem preparadas, feitas com ânimo de aproveitar «esses meios soberanos de santificação — como nosso Padre os chamava — que o Senhor nos concedeu». E depois,

---

(3) A Conversa Fraterna é um diálogo fraterno de direção espiritual. (N. do E.)

lancem-se a um apostolado decidido, para que todas as almas que cruzarem o seu caminho descubram a alegria incomparável de chegar a Jesus, a Maria e a José, recorrendo, depois de uma confissão contrita, a uma direção espiritual perseverante.

Não se esqueçam de que o nosso serviço – o nosso amor incondicional – à Igreja Santa, ao Romano Pontífice, à Hierarquia, às almas, à Obra, é sinônimo de luta para sermos santos. Não basta que trabalhemos muito: devemos trabalhar e lutar para fazer tudo plenamente bem, sem desculpas de nenhum gênero, que não existem quando se ama verdadeiramente; mas só se ama verdadeiramente quando a alma e o coração estão limpos. Vivam bem isto e ensinem os seus amigos, os seus colegas, os seus parentes, os seus colegas de trabalho a vivê-lo.

O reto uso dos bens terrenos. Exame sobre o modo de viver a virtude da pobreza no meio do mundo

1º de janeiro de 1989

Quando redijo estas linhas, no início de um novo ano, tenho diante dos olhos as cenas do Natal. Mais uma vez, ao contemplar o Menino Deus envolto em paninhos e reclinado no presépio, vêm-me à memória as palavras de São Paulo de quando, comovido ante essa humildade do Senhor, escreveu que Deus, *sendo rico, fez-se pobre por vós, para serdes ricos com a sua pobreza*[4].

A doutrina cristã ensina-nos que todos os bens pro-

---

(4) 2 Cor 8, 9.

cedem do Criador: «Não só recebemos de Deus os bens espirituais e celestiais», exclama São Leão Magno, «mas também as riquezas terrenas e corporais vieram da sua generosidade»[5]. O nosso Fundador proclamou sempre que «o mundo não é ruim, porque saiu das mãos de Deus, porque é criatura dEle, porque Javé olhou para ele e viu que era bom (cf. Gen 1, 7 e segs.)»[6]. E não só isso: *Tanto amou Deus ao mundo* – diz-nos a Escritura Sagrada – *que entregou o seu Filho unigênito*[7]. Como vamos desprezar as coisas da terra se nos falam da bondade do Senhor e nos aproximam dEle quando retamente utilizadas?

Assim, os bens materiais são positivamente queridos por Deus, e nós devemos utilizá-los como meio de santificação e de apostolado, a fim de servirmos a Deus e os homens. Até mesmo ouso afirmar que o fato de se ter certa folga econômica – para aquelas pessoas que se encontram nessa situação – é também um caminho reto, porque torna possível a prática generosa das obras de caridade e de misericórdia para com o próximo. «Como dar de comer ao faminto, de beber ao sedento, como vestir quem está nu, acolher o desamparado – coisas que, se não as fazemos, o Senhor nos ameaça com o fogo eterno e as trevas exteriores – se cada um carecesse de tudo isso? [...]. Por conseguinte – dir-vos-ei com um antigo escritor eclesiástico –, não devem rejeitar-se as riquezas, que podem ser proveitosas para o nosso próximo. Com efeito, cha-

---

(5) São Leão Magno, *Homilias,* 10, 1.
(6) Josemaria Escrivá, *Entrevistas com Mons. Josemaria Escrivá*, Quadrante, São Paulo, 3ª ed., 2016, n. 114.
(7) Jo 3, 16.

mam-se "posses" porque são possuídas, e "bens" ou utilidades porque com elas pode praticar-se o bem e porque foram ordenadas por Deus para utilidade dos homens»[8].

No entanto, minhas filhas e meus filhos, não se inquietem quando não usufruírem de disponibilidade econômica e, portanto, não encontrarem condições de praticar todas as obras de misericórdia que desejam realizar. Nesses casos, os seus desejos sobem até o trono de Deus como aroma grato na sua presença, e os próprios apertos em que habitualmente se desenvolve a vida da maior parte dos meus filhos – que devem trabalhar duramente para levar adiante a sua família, para ajudar às necessidades da Igreja e colaborar com os apostolados da Prelazia – já são uma ocasião esplêndida de unir-se mais a Deus, como ensina o Apóstolo[9]. Então poderão exclamar, com palavras que Santo Ambrósio refere ao nascimento de Cristo em Belém: «O meu patrimônio é aquela pobreza, e a fraqueza do Senhor é a minha fortaleza. Ele preferiu para si a indigência, para ser pródigo para com todos»[10].

A desordem introduzida no mundo pelo pecado de origem, agravado depois pelos pecados pessoais de cada um de nós, faz com que, em tantas ocasiões, a criatura humana perca a retidão no uso dos bens materiais, até inverter e torcer a ordem estabelecida por Deus. Em não poucas circunstâncias, chega-se assim ao absurdo de pretender converter esses bens em termo e fim do destino humano, como se aqui em baixo atingíssemos uma mo-

---

(8) Clemente de Alexandria, *Quis dives salvetur?*, 13-14.
(9) Cf. Fil 4, 11-13.
(10) Santo Ambrósio, *Exposição do Evangelho segundo Lucas*, II, 41.

rada permanente[11]. Minhas filhas e meus filhos, é preciso estarmos prevenidos contra essa tentação, que é capaz de envolver muitas criaturas nas suas redes; também aqueles que, como nós, por vocação divina, devemos caminhar e trabalhar no meio do mundo, utilizando os bens terrenos a fim de conduzir para Deus todas as coisas.

Dentre os ensinamentos que o nascimento de Jesus nos oferece, gostaria que refletíssemos novamente na necessidade de vivermos e de nos sentirmos com o coração livre, verdadeiramente desprendido das coisas materiais. Não é uma atitude negativa, mas trata-se de uma exigência capital da resposta cristã, imprescindível para que se preserve a natureza mesma dos bens criados – instrumentos a serviço de Deus e dos outros – e, sobretudo, para que se defenda a dignidade do homem, constituído – enquanto imagem de Deus – em dono e senhor da Criação[12].

Por isso, um aspecto do nosso trabalho apostólico é mostrar às pessoas que estão próximas a nós o verdadeiro sentido dos bens da terra. As palavras de um apóstolo aos seus irmãos, os homens e as mulheres de cada época – e vocês são apóstolos, escolhidos por Cristo com uma vocação específica – devem estar respaldadas pelo testemunho de uma conduta coerente. Esse bom exemplo é particularmente necessário quando se procura ensinar às almas o caminho cristão do desprendimento efetivo das coisas materiais: mais do que as palavras, é a atitude de quem exorta o que poderá tocar muitas pessoas, animando-as a seguir os passos de Cristo. Por isso, quando recebem com

---

(11) Cf. Hb 13, 14.
(12) Cf. Gn 1, 26.

alegria os apertos e carências, quando administram a serviço do próximo os bens que Deus colocou nas suas mãos e lutam contra a tentação do aburguesamento, quando vão por esta nossa terra sem o menor apego aos bens materiais, vocês estão fazendo um apostolado colossal e influem decisivamente nos seus parentes, amigos e no ambiente que os rodeia.

Preciso pedir a todos os meus filhos – penso agora especialmente naqueles que moram com a sua família natural – que não se descuidem neste terreno, porque todos nós trazemos no fundo da alma – triste tesouro! – a tendência desordenada a usarmos mal os bens daqui de baixo. Minha filha, meu filho, tenha sempre presente o exemplo do Mestre, e «contenta-te com o que basta para passar a vida sóbria e temperadamente. Senão», repito com o nosso Padre, «nunca serás apóstolo»[13]. Essa preocupação é perfeitamente conciliável com a necessidade de comportar-se de acordo com as exigências do ambiente social próprio de cada um, mas trazendo sempre a luz e o sal dos seguidores de Jesus Cristo nas nossas ações; a luz de uma conduta sóbria, o sal da mortificação alegre e generosa. Assim, vocês saberão descobrir e rejeitar aquilo que, às vezes, pode apresentar-se como uma exigência do seu contexto social, quando não é senão uma concessão – pequena ou talvez não tão pequena – aos critérios torcidos e às falsas dependências de uma sociedade hedonista.

Por isso, examinem a sua atitude em relação aos bens materiais. Peçam ao Senhor que lhes dê a conhecer quais

---

(13) Josemaria Escrivá, *Caminho*, n. 631.

são os «fiozinhos sutis»[14] que ameaçam oprimir o coração com a força de uma grande corrente, para que possam rompê-los e voar livres rumo a Deus. Vocês que são pais e mães de família com filhos ainda jovens, considerem também como os educam na virtude humana e cristã da temperança; percebam que não lhes farão nenhum favor satisfazendo-lhes todos os caprichos, embora, infelizmente, este seja o modo habitual de comportar-se de muitos pais que não se decidem a cortar, a negar-se a atender tantos pedidos inúteis dos seus filhos.

Ensinem aos seus amigos formas práticas desse desprendimento interior, que deve ter manifestações exteriores muito concretas. Procurem fazer com que saibam – do modo mais oportuno em cada caso – que vocês renunciam voluntariamente a muitas miudezas – ou a coisas não tão pequenas – para colaborardes com as necessidades materiais da Igreja, para ajudar os trabalhos apostólicos da Prelazia, para praticar as obras de misericórdia que todo cristão está chamado a realizar. Devem ver vocês contentes, porque *Deus ama quem dá com alegria*[15]; dessa forma, será mais fácil que pensem na necessidade de conduzir-se sobriamente, e que vocês os animem a que também eles caminhem voluntariamente desprendidos das riquezas, a fim de armazenar no Céu tesouros *que não envelhecem* [...], *onde o ladrão não chega nem a traça corrói*[16].

Minhas filhas e meus filhos, tomem consciência de que estão prestando um grande serviço aos seus amigos e co-

---
(14) Cf. Josemaria Escrivá, *Caminho*, n. 170.
(15) 2 Cor 9, 7.
(16) Lc 12, 33.

nhecidos quando os convidam a colaborar com a manutenção dos apostolados – tão numerosos e variados – que a Prelazia desenvolve a serviço das almas. Em alguns casos, talvez não os escutem; inventarão mil desculpas para não se privarem de nada, porque talvez estejam escravizados pelo dinheiro. No entanto, vocês não terão perdido o tempo, porque, além de haverem recebido uma pequena humilhação por Jesus Cristo – é para Ele e por Ele que trabalhamos; não nos interessa qualquer proveito pessoal de ordem material –, que sempre é uma grande riqueza, o pedido que fizeram, apoiado na sua oração, ressoará fortemente na alma daquela pessoa. Quem sabe se essa conversa não marcará o começo de uma nova atitude no seu caminho para Deus, como resultado da inquietação que vocês semearam no seu coração!

Em outras ocasiões, o Senhor abençoa esse *apostolado de pedir* com a resposta generosa de pessoas que começam por colaborar com o que é seu, para depois – quantas experiências salutares vêm à minha memória! – entregar-se elas mesmas ao serviço de Deus e dos homens, movidas pela força da vocação. É assim que o Senhor paga, repetidamente, os serviços prestados pelas suas criaturas, que sempre serão pequenos em comparação com a generosidade divina.

Renovemos a urgência do apostolado ao começar o novo ano
1º de janeiro de 1985

Nos dias passados, ao sentir a alegria da Igreja pelo nascimento temporal do Filho de Deus, vocês terão sentido também muita pena ao pensar que ainda há muitas criaturas que não conhecem Jesus. Lembrem-se de que até em países de antiga tradição cristã muitas pessoas perderam o sentido sobrenatural desta festa tão santa, que não raramente se transforma em ocasião de pecar. Não é isso uma manifestação da ignorância religiosa tão frequente no mundo que rejeita Deus e, ao mesmo tempo, uma confirmação de que o nosso trabalho apostólico é muito necessário, muito urgente?

«Todos os apostolados do Opus Dei», repetiu nosso Padre muitas vezes e de diversas formas, «se reduzem a um só: dar doutrina, luz»[17]. Minhas filhas e meus filhos, toda a tarefa da Obra propõe-se a ensinar e a difundir a fé cristã em todos os níveis e entre todo tipo de pessoas. Assim viveu nosso santo fundador e assim devemos viver nós, os seus filhos, sempre: com o único desejo de fazer com que a doutrina de Cristo seja conhecida, amada e praticada por todos os homens. Este é um apostolado principalíssimo nosso, que cada um de nós deve realizar entre os seus colegas, amigos e parentes.

Sempre será necessário dar doutrina, mas é indubitável que existem épocas, como a atual, em que esse dever adquire uma urgência particular. Minhas filhas e meus filhos, o ataque que a fé sofre em todo o mundo é muito forte; e, embora o Santo Padre não cesse de falar a toda hora, expondo claramente a doutrina cristã, os seus ensinamentos esbarram contra uma muralha de indiferença ou são relegados ao esquecimento, quando não silencia-

---

(17) São Josemaria, *Notas de uma meditação*, 14/12/1952 (AGP, Biblioteca, P01, XII-1964, pág. 62).

dos por poderosos grupos de pressão que manejam os fios da opinião pública.

Não estou desenhando um quadro sombrio, não estou carregando as tintas; infelizmente, esta é a realidade que tocamos com as mãos cada dia, há já muito tempo. Mas isso não significa que a situação é desesperada, porque Deus está do nosso lado, e *si Deus pro nobis, quis contra nos?*[18]; se Deus vela pela sua Igreja, quem poderá vencê-la? *Portae inferi non praevalebunt!*[19], as portas do inferno não prevalecerão.

Anos atrás, ao contemplar como se atacavam todas as verdades da fé, uma a uma, o nosso Fundador costumava comentar que era como destruir os grandes alicerces de uma catedral para jogá-los ao precipício. E acrescentava: «Uma das tarefas que vos recomendo [...] é que, ao verdes que arrancam uma pedra da Igreja, vós fiqueis de joelhos, beijeis a pedra e, pondo-a sobre os ombros, torneis a colocá-la no seu lugar [...]. Como aqueles homens que ergueram as nossas catedrais, vamos transformar-nos em trabalhadores de Deus»[20]. Não existe outra atitude possível para os filhos de Deus: se atacam um aspecto do dogma, da moral, da disciplina da Igreja, vamos defendê-lo!, todos unidos, seguindo o Magistério do Romano Pontífice, procurando servir de alto-falante para os seus ensinamentos.

Minhas filhas e meus filhos, empenhem-se seriamente nesta tarefa. Esforcem-se para pôr em prática esse apostola-

---

(18) Rm 8, 31.
(19) Mt 16, 18.
(20) São Josemaria, *Notas de uma meditação* (AGP, Biblioteca, P04, vol. I, pág. 262).

do da doutrina, aproveitando ao máximo as muitas oportunidades que se apresentam na vida diária – conversas com colegas e amigos, comentários feitos com sentido cristão sobre acontecimentos e notícias de maior difusão etc. –, provocando vocês mesmos, com iniciativa e espontaneidade, outras muitas ocasiões para difundir a doutrina da Igreja sobre temas de atualidade candente, como os que se referem à vida humana, à santidade do matrimônio, ao fim sobrenatural da Igreja, ao valor dos sacramentos... Por exemplo, penso nesse apostolado que o nosso queridíssimo Padre encarregou de modo particular às suas filhas e aos seus filhos supernumerários[21], mediante a organização de tertúlias, trabalhos de costura, reuniões de amigos..., e de outros muitos que o sentido de responsabilidade de vocês saberá promover: cursos básicos de doutrina cristã, catequeses para os filhos e para os filhos dos seus amigos, iniciativas para difundir por escrito os ensinamentos do nosso Padre etc.

Além desse apostolado de amizade e confidência, que é o nosso principal apostolado e aquele verdadeiramente eficaz, também devemos sentir a responsabilidade de colaborar – com iniciativa e responsabilidade pessoais – no apostolado da opinião pública: cartas aos jornais e aos outros meios de comunicação, artigos, conferências, pu-

---

(21) A vocação para o Opus Dei é uma e a mesma para todos os seus fiéis. Chamam-se *numerários* os que receberam o dom do celibato apostólico e têm plena disponibilidade para ocupar-se das tarefas apostólicas próprias da Prelazia. Chamam-se *adscritos* aqueles fiéis que, tendo recebido também o dom do celibato apostólico, podem ocupar-se dos trabalhos apostólicos com a disponibilidade que as suas circunstâncias pessoais permitem. Chamam-se *supernumerários* os que, sem o compromisso do celibato apostólico, podem ocupar-se dos trabalhos apostólicos com a disponibilidade que as suas circunstâncias permitem; podem ser solteiros, casados ou viúvos. (N. do E.)

blicações... Todos vocês estão em condições de realizar essa tarefa, porque a Prelazia lhes proporciona de modo constante a formação doutrinal-religiosa, tanto através de círculos, meditações etc., como por meio de uma abundante informação escrita; meus filhos, aproveitem bem esses meios, armazenem no seu coração a boa doutrina da nossa Santa Mãe, a Igreja; conheçam-na a fundo, cada um na medida das suas possibilidades; façam com que chegue a muitas pessoas.

Nosso Senhor espera-nos. É preciso que nos ponhamos em movimento com sentido de urgência e que fomentemos esse mesmo afã nos cooperadores, nos rapazes de São Rafael, nos nossos amigos e conhecidos que, sendo bons católicos e talvez lamentando a situação do mundo, estão acomodados no seu trabalho e na sua família, como que num reduto. Digam-lhes que não podem desentender-se, que é hora de sairmos de peito aberto e enfrentarmos, com todos meios que estiverem ao nosso alcance, esse ataque brutal do inimigo de Deus, que se empenha em levar tantas almas por caminhos de perdição.

Recordem aquela cena que o nosso Padre nos relatou com tanta frequência: um homem de bom coração, mas que não tinha fé, ao mostrar-lhe um mapa-múndi, considerava *o fracasso de Cristo*: depois de tantos séculos desde que Ele veio à terra, ainda havia tantos lugares aonde a luz do Evangelho ainda não tinha chegado. Recordem também a reação do nosso Fundador: a sua dor e a sua firme esperança, porque «a doutrina de Cristo continua a fecundar o mundo. A Redenção está fazendo-se agora; vós e eu somos corredentores. É por isso que estamos aqui – continuava numa ocasião, e é bom que o meditemos agora, quando o Natal está tão perto –, *consummati in unum* (Jo 17, 23), diante desse Deus feito Criança, tentando pensar na responsabilidade que temos»[22].

Minhas filhas e meus filhos, encham-se de gratidão, porque o Senhor deseja contar com vocês, junto com outros muitos filhos fiéis da Igreja, para transformar esse aparente fracasso numa grande vitória da graça de Cristo. «Nisto consiste o grande apostolado da Obra: mostrar a essa multidão que nos espera qual é a senda que leva diretamente para Deus. Por isso, meus filhos, deveis sentir-vos chamados a essa tarefa divina de proclamar as misericórdias do Senhor; *misericordias Domini in aeternum cantabo* (Sal 87, 2), cantarei eternamente as misericórdias do Senhor»[23]. Desejo que meditemos – cada um na sua oração diante do Senhor – em como sentimos esse zelo pela salvação das almas. Recordem que ninguém está dispensado desta obrigação cristã e, por isso, nos afazeres cotidianos de vocês, devem ser abundantes a oração e a mortificação – constantes, pessoais, generosas – por essa difusão do amor de Deus. Ninguém pode ficar na retaguarda. Recordem aquele conselho do nosso santo Fundador: «Vede almas por trás de tudo aquilo que fizerdes!»; e, por isso, acrescentava com convicção que não dispensava do apostolado nem os doentes nem os idosos: ninguém! Eu quereria que vocês se examinassem com valentia, considerando se em algum momento *nos dispensamos* deste dever que Deus nos pede tão claramente.

---

(22) São Josemaria, *Notas de uma meditação*, 31/12/1959 (AGP, biblioteca, P01, II-1060, pág. 46).
(23) São Josemaria, *Carta*, 24/03/1930, n. 3.

Em toda essa tarefa apostólica, recorram à poderosa intercessão de Nossa Senhora *Sedes Sapientiae*, e procurem também a ajuda do nosso santo Fundador, que, do Céu, continua empenhado em que nós, as suas filhas e os seus filhos, realizemos, em todo o mundo, uma semeadura de doutrina cada dia mais extensa e intensa. Peçam-no especialmente no próximo dia 9 de janeiro, como presente pelo aniversário do nascimento do nosso Padre.

Responsabilidade dos pais e das mães de família na recristianização da vida familiar, pressuposto para que se alcance a paz

1º de janeiro de 1994

Glória a Deus no mais alto dos Céus e paz na terra[24]. Assim cantaram os anjos no primeiro Natal, quando comunicaram aos pastores o nascimento de Jesus em Belém. Nestes dias, ao seguir os textos litúrgicos, meditamo-lo muitas vezes, e pedimos ao Senhor que derrame abundantemente sobre a humanidade essa sua paz, baseada na justiça e no amor, que o mundo não pode dar-nos[25].

Neste começo de ano, um olhar para a terra lembra-nos que, infelizmente, inúmeros homens e mulheres não conhecem a paz. A guerra causa estragos em muitos lugares; há muitas incompreensões e rivalidades, não só entre determinadas nações, mas dentro de um mesmo país, de uma mesma cidade, de uma mesma família. Por vezes,

---

(24) Lc 2, 14.
(25) Cf. Jo 14, 27.

para muitos, a mensagem de paz que Cristo veio trazer à terra tem caído no esquecimento.

É patente a todos nós a imensa preocupação que o Romano Pontífice, Pai comum dos cristãos, demonstra por este tema. São incontáveis as suas intervenções em favor de uma justa paz entre os povos, os seus apelos aos governantes, os seus convites aos cristãos e a todas as pessoas de boa vontade para que a peçam a Deus e unam esforços para construí-la dia após dia.

Esta vez, a mensagem do Papa para a Jornada Mundial da Paz, que se celebra todos os anos no dia 1º de janeiro, tem o seguinte lema: *A paz da família humana nasce da família*. Neste ano de 1994, dedicado à família, o Santo Padre sublinha a íntima relação existente entre a paz no seio dos lares e a paz da sociedade. João Paulo II lembra que somente a família, enquanto «célula primeira e vital da sociedade»[26], assegura a continuidade e o futuro da convivência social. Portanto, «a família está chamada a ser protagonista ativa da paz graças aos valores que guarda e transmite para dentro, e por meio da participação de cada um dos seus membros na vida da sociedade»[27].

Desejo chamar a atenção de vocês para a primeira parte desta afirmação do Vigário de Cristo: se a família pode e deve ser *protagonista da paz*, e influir decisivamente na vida das nações, ela deve cumprir uma condição ineludível: não perder – mais ainda, aumentar constantemente – os valores que lhe são próprios: a solidariedade, o espírito de sacrifício,

---

(26) Concílio Vaticano II, decr. *Apostolicam actuositatem*, n. 11.
(27) São João Paulo II, *Mensagem para a Jornada Mundial da Paz*, 8/12/1993, n. 5.

o carinho e a entrega de uns aos outros, de maneira que cada um dos seus membros não pense em si próprio, mas no bem dos outros.

Estas condições cumprem-se com maior facilidade na família cristã, que goza de uma especial assistência de Deus em razão da graça específica do sacramento do Matrimônio. Por isso, minhas filhas e meus filhos, tudo o que fizermos para contribuir com a boa formação das famílias cristãs, ajudando-as a compreender a imensa dignidade a que foram chamadas, reverte num bem incalculável para a sociedade inteira. O demônio sabe-o de sobra; por isso, ele, que não tem nada de tolo – assim se exprimia o nosso Padre –, concentra os seus ataques contra a instituição familiar, procurando corrompê-la ou, pelo menos, tornando a sua vida muito difícil.

«Família, "sê" aquilo que "és"!»[28], clamava João Paulo II na sua exortação apostólica *Familiaris consortio*, e volta a repeti-lo agora. Perante a crise de valores, de modelos de comportamento que muitos lares experimentam, todos nós no Opus Dei sentimos a responsabilidade de contribuir para o fortalecimento da instituição familiar, inspirados no exemplo da Sagrada Família de Nazaré. Esse apostolado, missão específica das minhas filhas e dos meus filhos Supernumerários, é tarefa de todos, porque todos nós, de um modo ou de outro, podemos e devemos ajudar na configuração cristã da sociedade; e para isso é indispensável partir da família. A *nova evangelização*, de que o mundo precisa urgentemente, começa por esse núcleo.

---

(28) São João Paulo II, Exort. apost. *Familiaris consortio*, 22/11/1981, n. 17; cf. *Mensagem para a Jornada Mundial da Paz*, 8/12/1993, n. 6.

E como é preciso começar por varrer a nossa própria casa – já lhes disse isto há nove anos, fazendo eco aos desejos do Romano Pontífice –, cada um de nós deve examinar-se sobre como se ocupa desta tarefa eminentemente cristã. Penso que não me afasto da realidade que estamos considerando se me detenho a meditar na situação de cada um dos nossos Centros, verdadeiros núcleos de transcendência para tantas pessoas e tarefas. Sempre serão plenamente atuais aquelas palavras que o nosso Padre nos dirigia quando chegava a uma das nossas casas: Cumpris as Normas? Estais unidos uns aos outros? Pratica-se a correção fraterna? Deste modo, instava-nos, porque somente se formos exigentes conosco mesmos, procurando incansavelmente a santificação pessoal e a daqueles que convivem conosco, levaremos a paz e a alegria de Deus à grande família humana. Peço especialmente às minhas filhas e aos meus filhos que atendem as Conversas Fraternas que ajudem os seus irmãos nesta tarefa delicadíssima, rezando por eles e animando-os a nunca deixar em segundo plano essa importantíssima incumbência de trabalharem pelo bem espiritual do próprio Centro ou da própria família natural.

Dirijo-me agora aos pais e mães de família ou àqueles que – como pode acontecer – fazem as suas vezes. Você tem muito presente que formar os filhos cristámente é *a tarefa mais importante* que o Senhor lhe confiou? Dedica a cada um – com a graça de Deus – o tempo necessário para lavrar a sua alma, com o interesse que um ourives põe ao trabalhar a joia mais preciosa? Alimenta o entusiasmo de formar-se muito bem, a fim de realizar esse encargo divino da melhor forma possível? Empenha todo o esforço da sua parte, com o sacrifício que for preciso? Vive atento às necessidades de cada um dos seus filhos, nas diversas etapas do seu desenvolvimento? Sabe prever os problemas que possam surgir e procurar os remédios oportunos? Recorre com confiança filial a Nossa Senhora e a São José em tudo o que se refere ao bom encaminhamento das pessoas que ama? Pede o conselho conveniente na direção espiritual, para formar um bom critério quando tiver dúvidas sobre o melhor modo de agir num caso concreto?

Com palavras do nosso Fundador, quero recordar aos meus filhos casados que «o segredo da felicidade conjugal está no cotidiano: em encontrar a alegria escondida que existe na chegada ao lar; na educação dos filhos; no trabalho em que toda a família colabora; também no aproveitamento de todos os progressos técnicos que a civilização nos proporciona, de modo que o lar se torne agradável – nunca nada que cheire a convento, o que seria anormal –, a formação mais eficaz, a vida mais simples»[29].

Não pensem que essa tarefa termina quando os filhos se tornam independentes de vocês. Também então vocês continuam a ter a responsabilidade – certamente de maneira diferente – de fomentar a identidade cristã dos novos lares que eles venham a constituir. O Papa fala explicitamente da importância dos avós e de outros parentes, porque representam laços de união insubstituíveis e preciosos entre as diversas gerações: «Contribuí generosamente com a vossa experiência e com o vosso testemunho», exorta-os, «para unirdes o passado ao futuro num presente de paz»[30].

---

(29) São Josemaria, *Carta*, 9/01/1959, n. 57.
(30) São João Paulo II, *Mensagem para a Jornada Mundial da Paz*, 8/12/1993, n. 6.

Muitos dos meus filhos e filhas Supernumerários já são avós: avós sempre jovens, embora sejam *menos jovens*. Recordem que, ao realizar essa nova incumbência com senso comum e com sentido sobrenatural, podem colaborar enormemente com a transmissão da fé e dos costumes cristãos às novas vidas que chegam. Assim aconteceu durante séculos na Igreja e assim deve continuar a acontecer.

Penso também, de modo especial, num apostolado importantíssimo para o futuro da família e da sociedade, no qual todas as minhas filhas se sentem comprometidas de um modo ou de outro: aquele que se realiza com as empregadas ou com as pessoas que se dedicam ao trabalho do lar em tantos lugares do mundo. Filhas da minha alma, quanto bem vocês podem fazer com essa tarefa apostólica – peço ao Senhor que seja cada dia mais ampla –, ao ensinar essas pessoas a realizar bem a sua ocupação, por amor a Deus, e a influir cristãmente nos lares onde prestam os seus serviços, com carinho e com paciência, com o seu bom exemplo, com uma palavra dita oportunamente! De um modo particular, por vezes, está nas mãos dessas pessoas a possibilidade de que muitos lares adquiram um ambiente cristão. Assim nos ensinava o nosso queridíssimo Padre: «O trabalho do serviço doméstico não é um trabalho pouco importante. Ao meu ver, não só é tão importante como qualquer outro – do ponto de vista de quem o exerce –, mas, em muitíssimas ocasiões, mais importante que os outros, porque as pessoas que exercem essa profissão, tão digna e merecedora de respeito, chegam ao íntimo da sociedade, chegam àquilo que é o mais profundo do viver das pessoas, a todos os lares; e, não poucas vezes, delas dependem as virtudes da família, a boa educação dos filhos, a paz da casa; e, como consequência, boa parte da retidão e da paz da própria sociedade civil e da tarefa santificadora da Igreja»[31].

A sociedade do amanhã será o que forem as famílias de hoje, porque «a família», como escreve o Papa, «traz consigo o próprio porvir da sociedade; o seu papel especialíssimo é o de contribuir eficazmente para um futuro de paz»[32]. Neste sentido, as virtudes domésticas, praticadas e ensinadas às crianças desde a sua mais tenra infância, em generosa abertura às outras pessoas, são um germe importantíssimo que depois dará fruto na sociedade civil. O respeito à vida e à dignidade de cada ser humano, a compreensão e o perdão recíprocos, a paciência, a participação nas alegrias e nos pesares... tudo isso oferece à comunidade familiar «a possibilidade de que se viva a primeira e fundamental experiência de paz»[33]. Sem esquecermos que – como o nosso queridíssimo Padre sempre nos ensinou – a paz do mundo, que ansiamos, é «algo muito relacionado com a guerra. A paz é consequência da vitória»[34]; é fruto dessa luta íntima que cada um de nós deve manter dentro de si mesmo contra tudo o que nos afaste de Deus. Somente se cultivarmos uma luta ascética pessoal, constantemente renovada – *ano novo, luta nova!* –, a paz de Deus poderá difundir-se à nossa volta: nos lares, entre os outros parentes, no nosso círculo profissional e social..., até provocar em todo o mundo essa onda de paz e de concórdia

---

(31) São Josemaria, *Carta*, 29/07/1965, n. 6.
(32) São João Paulo II, *Mensagem para a Jornada Mundial da Paz*, 8/12/1993, n. 2.
(33) *Ibidem*.
(34) Josemaria Escrivá, *Caminho*, n. 308.

que o Senhor prometeu aos homens e que os anjos anunciaram no primeiro Natal.

Assim, minhas filhas e meus filhos, mobilizem-se para este apostolado que é tão necessário atualmente na Igreja e na sociedade. Peçam por ele, diariamente, à Sagrada Família de Nazaré e recorram também à intercessão do Bem-aventurado Josemaria, o nosso amadíssimo Padre, de modo particular no próximo dia 9 de janeiro, aniversário do seu nascimento. Pensem a que novas famílias podem chegar; por meio dos pais, dos avós, dos outros parentes... há mil maneiras de pôr-nos em contato com eles! Além disso, desse modo estaremos bem unidos a um dos objetivos prioritários do Santo Padre no seu esforço pela reevangelização da sociedade.

Renovação dos desejos de santidade pessoal e de apostolado por ocasião do começo do ano

1º de janeiro de 1986

Nestes dias do ano novo, enquanto nos aproximamos de um novo aniversário do nosso Fundador, vem-me aos lábios com insistência aquela jaculatória com que, no seu último Natal aqui na terra, o nosso Padre nos animava a pedir luzes abundantes a Deus: «*Domine, ut videam, ut videamus!, ut videant!*», «Senhor, que eu veja, que nós vejamos, que eles vejam!» Aconselho-os a repeti-la muitas vezes e com profunda devoção cada dia, rogando ao Senhor, com todas as forças da alma, que lhes conceda a sua clareza para que vejamos o que espera de nós – de cada uma, de cada um e de toda a Obra – neste ano de 1986 que começamos a percorrer.

Que quereis de mim, Senhor? *Domine, quid me vis facere?* [35], que quereis que eu faça? Que devo propor-me para os próximos meses a fim de cumprir a vossa Vontade? Ponha-se na presença de Deus e pergunte-lhe isto, com sinceridade e com simplicidade absolutas. No fundo da alma, você ouvirá como o Senhor lhe recorda essa verdade gozosa que dá sentido à nossa vida: *Haec est enim voluntas Dei, santificatio vestra*[36]: «a Vontade de Deus é que sejamos santos». Com palavras tomadas de *Sulco*, digo-lhes e digo a mim mesmo: «Vamos ver quando acabas de entender que o teu único caminho possível é procurar seriamente a santidade! Decide-te – não te ofendas – a tomar Deus a sério. Essa tua leviandade, se não a combates, pode terminar numa triste farsa blasfema»[37].

Para sermos santos, não há outra receita senão cultivarmos a vida interior dia após dia, como se cultiva um campo para que dê fruto. O Senhor espera que a nossa vida e o nosso trabalho, os nossos pensamentos e as nossas obras, tudo em nós, lhe pertença, não só em teoria e com o desejo, mas na realidade concreta da nossa existência cotidiana, minuto a minuto.

As tarefas agrícolas requerem esforço, tenacidade, paciência... É preciso enfiar a lâmina do arado na terra, adubar e regar; é preciso proteger as plantas contra as geadas ou o sol excessivo, e lutar contra as pragas... Uma vida de trabalho duro, de luta silenciosa, com frio ou com calor, com chuva ou com seca, antes de colher os frutos. A

---

(35) At 9, 6.
(36) 1 Tes 4, 3.
(37) Josemaria Escrivá, *Sulco*, Quadrante, São Paulo, 4ª ed., 2016, n. 650.

mesma coisa acontece na luta interior. Cada um de nós é *o campo que Deus cultiva*[38]; por isso, minha filha, meu filho, você deve estar disposto a gastar toda a sua existência nesse esforço – dia após dia –, sem deixar de trabalhar por nenhum motivo, sem tirar o ombro... porque a Trindade nos contempla a cada instante.

Minhas filhas e meus filhos, não se esqueçam de que a luta interior não é questão de sentimentos nem deve confundir-se com os consolos que Deus, às vezes, concede às suas criaturas. Mais ainda: recordo a todos vocês que a integridade do relacionamento com Deus, o autêntico amor da alma, manifesta-se justamente nos momentos de aridez, quando é preciso caminhar ladeira acima a contragosto; quando o coração não responde sensivelmente e a entrega torna-se mais custosa; quando não se encontra gosto nem sabor nas realidades sobrenaturais. A vida interior forja-se com a graça divina – que nunca nos falta, que é exuberante – e com a sua necessária resposta humana a essa graça que, dessa forma, saberá encontrar a perene novidade do Amor naquilo que é corriqueiro, na tarefa habitual.

Minhas filhas e meus filhos, uma vida interior sólida, de pessoas que superaram a idade das *crianças ao sabor das ondas*[39] e que, portanto, não se entregam aos vaivéns do sentimento, nem ao estado de ânimo ou de saúde, nem às dificuldades do ambiente: esta deve ser a piedade firme e viçosa de um filho de Deus no Opus Dei! *Sede crianças na malícia, mas adultos no juízo*[40]: homens e mulheres

---

(38) 1 Cor 3, 9.
(39) Ef 4, 14.
(40) 1 Cor 14, 20.

responsáveis, que sabem pôr todo o coração – ainda que esteja seco – no relacionamento com Deus Pai, com Deus Filho, com Deus Espírito Santo, com a nossa Mãe Santa Maria, com nosso Pai e Senhor São José. E se, em algum momento, a dificuldade aperta, insistem na petição: *Ut videam! Ut sit!*, «Que eu veja! Que seja!», como aprendemos do nosso queridíssimo Fundador, que terminou a sua vida na terra – depois de tantos anos de entrega absoluta a Deus – repetindo, rezando com mais piedade a mesma jaculatória com a qual invocava a luz do Céu para os seus passos no começo da sua vocação.

Se a sua oração é sincera, se você está à escuta do que o Senhor lhe manifesta por meio das pessoas que o representam, se põe em prática os seus conselhos, garanto-lhe que conseguirá essas luzes que deseja. E será realidade o que Jesus espera da Obra, de cada um de nós, para este ano de 1986: um grande salto para a frente no nosso serviço à Igreja e às almas.

Deus quer que sejamos santos para ajudá-lo a santificar os outros. Portanto, pede-nos que façamos muito apostolado. O primeiro e mais importante sintoma que o zelo apostólico apresenta é precisamente a «fome de intimidade com o Mestre»[41], o empenho fiel e diário, sem altos e baixos, de cuidar e aprimorar a nossa própria vida interior. A eficácia apostólica extraordinária da Obra de Deus – pela qual a Igreja anseia e de que o mundo precisa – virá da Santa Missa e da oração, do terço bem rezado, da mortificação generosa, do trabalho concluído até o detalhe e realizado com retidão de intenção.

---

(41) Josemaria Escrivá, *Caminho*, n. 934.

Agora que o ano começa, defina, no seu exame pessoal e na direção espiritual, as metas – grandes, ousadas, mas determinadas diariamente em coisas pequenas – e lute por atingi-las, com a ajuda de Deus. Tenha presente que – como escreveu o nosso Padre –, «para uma alma que se entrega, tudo se converte em cume por alcançar: cada dia descobre metas novas, porque nem sabe nem quer pôr limites ao Amor de Deus»[42].

Assim, minha filha, meu filho, concretize os meios que vai empregar a cada dia para conseguir essa nova entrega: a oração e as mortificações oferecidas para que aquela pessoa se confesse, para que aquela outra frequente as atividades de formação, para que outra dê um passo importante na sua vida espiritual – assistir a um Retiro, incorporar-se a um Círculo[43] ou a um curso de doutrina cristã, começar a direção espiritual etc. E se constatar que não os pôs em prática, que os desejos foram longos mas as obras foram curtas, peça perdão a Deus, retifique com dor de amor e recomece no dia seguinte. «"Nunc coepi!" – agora começo! É o grito da alma apaixonada que, em cada instante, quer tenha sido fiel, quer lhe tenha faltado generosidade, renova o seu desejo de servir – de amar! – o nosso Deus com uma lealdade sem brechas»[44].

Não retrocedam diante das dificuldades. Recordem a fé com que o nosso Padre começou as atividades da obra

---

(42) Josemaria Escrivá, *Sulco*, n. 17.

(43) Os Círculos são meios de formação para grupos pequenos de pessoas; consistem num breve comentário do Evangelho, num exame de consciência e em duas palestras breves sobre uma prática de piedade e uma virtude moral ou disposição interior necessária para o crescimento interior da pessoa. (N. do E.)

(44) Josemaria Escrivá, *Sulco*, n. 161.

de São Rafael, há já cinquenta e três anos, e os frutos da sua entrega generosa à graça de Deus. Verdadeiramente, aqueles três que assistiram ao primeiro Círculo são agora muitos milhares, de todas as raças e lugares, como nosso amadíssimo Fundador *viu* com os olhos da alma enquanto lhes dava a bênção com o Santíssimo Sacramento.

Essa fé operativa do nosso Fundador, uma fé que se alimenta da vida interior e que transborda em iniciativas apostólicas bem concretas, é a que eu suplico a Deus para cada uma e cada um de nós, como presente seu no ano que começa. Um ano – como lhes escrevi mais extensamente em outra carta – em que todos nós, sem exceção alguma, devemos empenhar-nos seriamente na tarefa de cristianização da sociedade, que é o fim da Obra e que o Romano Pontífice nos pede nestes momentos.

Pergunte-se cada dia se você colaborou mais generosamente na ação apostólica por meio da sua oração e da sua mortificação. Considere se, ao falar com os outros, você sempre vê almas que deve levar para Deus. Pergunte-se se o seu comportamento no trabalho e nas relações pessoais desperta, entre os seus conhecidos, o sentido cristão que deve alimentar a sua atividade. Examine se se interessa, com retidão de intenção, pelos problemas dos outros, porque são seus irmãos, almas que aguardam o seu exemplo, a sua palavra, a sua oração.

Ponha esses anseios de santidade pessoal e de apostolado sob o manto de Nossa Senhora. Recordo a confiança e o amor com que o nosso Padre recorreu a Ela, em janeiro de 1948, na sua primeira romaria à Santa Casa de Loreto, para pedir-lhe – como costumava fazer desde os começos – que mantivesse a integridade espiritual do

Opus Dei ao longo dos séculos. Meus filhos, essa unidade reforça-se quando todos e cada um de nós abrigamos os mesmos sentimentos, vibrando em uníssono, quando todos nós trabalhamos – com constância, sem pausas nem desânimos – nesta grande tarefa da nossa própria santificação e da dos outros. Quereria que aprofundássemos naquilo que o nosso santo Fundador pregava com tanta força: que rezássemos sinceramente a oração *pro unitate apostolatus*, «pela unidade no apostolado», vivendo-a dia após dia. Por isso, lembre-se de que está incumbido desta santa obrigação.

Com a certeza de que nenhum de nós ficará para trás neste esforço que a Igreja nos exige maternalmente, envio-lhes a minha bênção mais afetuosa: que o Senhor esteja nos seus corações, para que o procurem durante todos e cada um dos dias deste ano que começa; nos seus lábios, para que anunciem a boa nova àquelas pessoas que passarem ao seu lado; no seu trabalho, para que se transforme em candeeiro sobre o qual a luz da vida cristã brilhe para os outros. E assim, com o sorriso de Nossa Senhora e de São José, com a cumplicidade dos Anjos da Guarda, com a intercessão dos nossos Padroeiros e Intercessores[45], e com o estímulo constante do nosso Fundador, que vocês percorram todos os caminhos da terra tornando-os divinos, enchendo os celeiros da Igreja

---

(45) O Opus Dei tem como Padroeiros principais a Virgem Santíssima e São José. São também Padroeiros os Arcanjos São Miguel, São Gabriel e São Rafael, e os Apóstolos São Pedro, São Paulo e São João. São Josemaria recomendou também algumas necessidades apostólicas concretas do Opus Dei ou de seus fiéis a outros santos: São Nicolau de Bari, São Pio X, São João Maria Vianney – o Cura D'Ars –, São Thomas More e Santa Catarina de Sena. (N. do E.)

Santa de frutos. *E que esse fruto – abundante, copioso – seja duradouro*[46].

A estrela dos Magos, imagem da vocação cristã. Correspondamos ao amor de Deus

1º de janeiro de 1987

Nos dias passados deste tempo litúrgico do Santo Natal, ao amparo da Sagrada Família, rezamos pela unidade maravilhosa que caracteriza esta nossa família do Opus Dei, para que se reforce ainda mais e para que, coletiva e individualmente – cada uma e cada um de nós a partir do lugar em que se encontra –, ao olharmos para o Menino Jesus, renovemos o oferecimento integral das nossas vidas e não tenhamos outro ideal senão o de cumprir a Santa Vontade de Deus. Sinto constantemente – já o confidenciei a vocês em outras ocasiões – a força da sua oração por mim; podem ter a certeza de que o Padre também vive continuamente para seus filhos e não cessa de rezar por todos e por cada um de vocês. E que peço ao Senhor? A verdadeira felicidade; isto é, que lutemos de verdade para alcançar a santidade; que sejamos esforçadamente fiéis ao caminho de serviço à Igreja Santa que a Santíssima Trindade traçou para nós.

Convido-os a reparar mais uma vez naqueles Magos que saem das longínquas terras do Oriente para se prostrarem diante do Messias e oferecer-lhe os seus dons de ouro, incenso e mirra, reconhecendo no Recém-nascido o Rei dos reis, que é perfeito Deus e perfeito Homem. Chegaram até a gruta guiados por uma estrela; e... que força ga-

---

(46) Jo 15, 16.

nham estas palavras do nosso Padre: «Também nós vimos uma grande estrela; também se acendeu uma grande luz na nossa alma: a graça soberana da vocação»[47].

Não deixem de meditar nesta realidade: aqueles personagens, desde que sentem a chamada, empregam todas as suas energias para percorrer o caminho que lhes foi indicado. Não há obstáculo capaz de detê-los; sabem superar o cansaço de todo o percurso; não se desculpam perante o frio das noites de inverno; e quando o Senhor permite que fiquem às escuras, não desanimam, mas, muito pelo contrário, põem todos os meios ao seu alcance para perseverar, para chegar à meta, para estar com Deus.

Minha filha, meu filho, medite agora naquelas considerações do nosso Padre que são um resumo da vida de cada um de nós e que têm consequências fortes: «Cristo Jesus chamou-vos desde a eternidade. Não somente assinalou-vos com o dedo, mas beijou-vos na fronte. Por isso, para mim, a vossa cabeça reluz como um luzeiro»[48].

A vocação é uma chamada divina que nos transforma. Embora nada tenha mudado na nossa situação na vida, tudo adquiriu um novo sabor dentro de nós. Acendeu-se uma luz potentíssima, que dá mais clareza e calor às nossas almas e às almas dos que convivem conosco. Fomos selados *para sempre* por essa graça, que confere um sentido novo, *divino*, à nossa existência humana; agora experimentamos anseios de infinito e sabemo-nos arrola-

---

(47) São Josemaria, *Notas de uma meditação*, 6/01/1956 (AGP, biblioteca, P01, VI-1958, pág. 6).

(48) São Josemaria, *Notas de uma meditação*, 19/03/1975 (AGP, biblioteca, P09, pág. 222).

dos por Cristo na primeira linha do seu exército de apóstolos, para levarmos o sal e a luz do Evangelho a todas as pessoas. As menores realidades tornam-se campo de batalha, onde se desenvolvem gestas maravilhosas, cheias de transcendência, porque sabemos transformar «*a prosa diária em decassílabos, em verso heroico*».

O nosso queridíssimo Fundador costumava repetir-nos que a vocação para o Opus Dei é «uma força vital, que tem algo de alude avassalador, e que nos impele a dedicarmos as mais nobres energias a uma atividade que, com a prática, chega a tomar corpo de ofício»[49]. Por vezes, dava um exemplo gráfico: um alfaiate, como forma vital do seu caráter, da sua personalidade, repara no feitio dos ternos dos que passam por ele na rua; um sapateiro olha se as pessoas usam bons sapatos; um médico talvez descubra alguns traços que podem ser sintomas de uma doença... Nós olhamos todos os acontecimentos através dessa chamada divina, que não é algo postiço, mas que passou a formar um todo com a nossa existência. Não há nada que seja alheio às nossas relações com Deus, nem interesses profissionais, nem gostos pessoais, nem formas de caráter; porque a vocação não é algo que atinge o nosso eu só parcialmente, não é um estado de ânimo nem depende da situação pessoal, familiar ou social em que podemos encontrar-nos com o passar da vida. Deus tomou-nos por inteiro e disse-nos: *Redemi te, et vocavi te nomine tuo; meus es tu!*[50], «eu te redimi e te chamei pelo teu nome; tu és

---

[49] São Josemaria, *Carta,* 9/01/1932, n. 9. Analogamente, estas frases podem aplicar-se também à vocação cristã em geral.
[50] Is 43, 1.

meu!» Cada uma e cada um de nós deve responder a esta exigência divina com plenitude de entrega, sem atenuar as suas exigências. Insisto, todos nós: Numerários, Adscritos e Supernumerários da Prelazia; Adscritos e Supernumerários da Sociedade Sacerdotal da Santa Cruz. Porque o fenômeno vocacional é idêntico em todos nós, e igualmente poderosa é a graça que o sustenta e que se adapta às circunstâncias próprias do estado de cada um. Ao mostrar a estrela aos Reis Magos e convidá-los a conhecer o Messias, o Senhor pedia-lhes, ao mesmo tempo, uma entrega total da sua vida, que já os marcava para a eternidade; para atingirem aquele fim, deviam pôr-se a caminho, deviam deixar tantas coisas, deviam secundar a Vontade de Deus plenamente. Da mesma forma, ao virmos à Obra, «não nos inscrevemos para dar alguma coisa; viemos para dar-nos totalmente, sem regateios, e não só porque o quisemos, mas porque Deus nos chamou»[51].

Meus filhos, não têm cabimento acomodações de nenhum tipo. Não podemos conformar-nos com *inscrever-nos*, com *estar* irrefletidamente no Opus Dei; cada um de nós deve *ser* e *estar* no Opus Dei conscientemente[52]. Pelo menos, devemos desejá-lo ardentemente, suplicá-lo ao Senhor com constância e retificar o rumo quantas vezes for necessário, porque todos nós, os seres humanos, trazemos conosco a tendência inata ao comodismo, a sentir uma forte atração por aquilo que é mais fácil, a fugir

---
(51) São Josemaria, *Notas de uma reunião familiar*, 16/09/1962 (AGP, biblioteca, P02, XI-1962, pág. 34).

(52) Da mesma maneira, cada cristão deve esforçar-se – do modo exigido pela sua própria vocação – para *ser* Igreja e *estar* na Igreja, com todas as suas consequências. (N. do E.)

do esforço que a luta pela santidade traz consigo. Devemos gravar sempre a fogo nas nossas almas e nos nossos corações esta verdade, carregada de compromissos: Deus chamou-nos *ab aeterno*, «desde toda a eternidade», para que sejamos santos de altar, com virtudes heroicas, como o nosso Padre.

O passado tempo de Natal foi uma boa ocasião para que nós pensássemos nisto. Embora essas datas já terão passado quando você receber estas linhas, contemple de novo a cena do Presépio. Por acaso consegue descobrir ali o menor indício de comodismo ou de egoísmo? Claramente, estamos diante de uma entrega e de um abandono confiados em Deus, de uma alegria plena: um amor que não deixa o coração dividido! «Em Belém, ninguém reserva nada para si. Ali não se ouve falar da minha honra, nem do meu tempo, nem do meu trabalho, nem das minhas ideias, nem dos meus gostos nem do meu dinheiro. Ali tudo é posto a serviço do grandioso jogo de Deus com a humanidade, que é a Redenção»[53].

Meus filhos, urgidos pelo nosso Padre, façamos um exame de consciência decidido. Pergunte-se: Existe algum aspecto da minha vida que, de alguma forma, não se concilia com as exigências da vocação? No meu trabalho, nos meus interesses, nos meus projetos, nas minhas inclinações, tempos, decisões, há detalhes que não estão submetidos plenamente ao serviço a Deus? Esforço-me de verdade para ser cada dia mais *fiel no pouco*[54]: no plano de vida, no serviço ao próximo, no cumprimento dos ou-

---

(53) São Josemaria, *Carta*, 14/02/1974, n. 2.
(54) Cf. Mt 25, 23.

tros deveres habituais, de modo que a minha resposta ao Senhor seja realmente total?

Se você perceber, ou se o ajudam a examinar com mais luz algum recanto obscuro da sua alma – zonas recobertas pela poeira do egoísmo ou da comodidade, que impedem que você corresponda às graças que a vocação lhe traz –, não deixe de reagir. Tenha presente que o Senhor espera a sua correspondência leal para cumular você de eficácia, para fazê-lo feliz na terra e felicíssimo no Céu. Não toleremos que se apague ou que perca fulgor esse luzeiro brilhante que, entre todas as criaturas, nos distingue aos olhos de Deus e que nos elevará a essa união eterna com a Santíssima Trindade. Se não perseverássemos, não poderíamos excluir a possibilidade de que esse abandono nos acarretasse um distanciamento absoluto do Senhor, porque, como precisa o Evangelho, recebemos um *talento* de Deus – a vocação divina – e devemos ocupar-nos de que dê tanto fruto quanto for possível, porque o Criador nos pedirá conta estrita da administração desse seu dom, da nossa fidelidade ao compromisso de Amor que assumimos com Ele.

Se formos fiéis à vocação, se a nossa alma estiver como que em carne viva, se não atenuarmos as exigências do Amor, a consequência necessária será que viveremos como apóstolos de Cristo em todo momento. Meus filhos, como o mundo está frio! Temos de aquecê-lo com o fogo dos nossos corações enamorados, conscientes de que, nestes tempos de deslealdade, nós, os filhos de Deus, somos particularmente responsáveis por amparar e defender os direitos do nosso Pai e Senhor dos céus e da terra. Esta é a nossa missão, que cada um de nós, com liberdade e responsabilidade pessoais, deve cumprir no lugar que ocupa na sociedade civil.

Minhas filhas e meus filhos, insisto: é preciso corresponder a toda essa graça de Deus, a cada dia, a cada minuto, com o fervor e o entusiasmo sobrenatural dos primeiros momentos da nossa vida em Casa[55] e com maturidade que a passagem do tempo dá. Por isso, ainda que sejam muitos os anos desde o instante em que o Senhor nos chamou, contamos com o vigor de um amor jovem, que não conhece cansaços nem rotinas. Se formos fiéis, se nos esforçarmos de verdade por ser cada dia mais plenamente Opus Dei, quanto bem faremos aos homens! Neste caminho da vida, ninguém que se encontre ao lado de vocês, ainda que seja por poucos instantes, poderá queixar-se como aquele paralítico do Evangelho: *Hominem non habeo!*[56], dizendo ao Senhor que não houve quem lhe ensinasse os seus mandatos, que lhe estendesse a mão e o ajudasse a caminhar... Vocês irão por todos os caminhos da terra com a luz de Deus, divinizando-os e divinizando as almas, cheios do *gaudium cum pace* – da «alegria e paz» que Deus sempre concede como prêmio da entrega.

Peço à Virgem Santíssima, Mãe de Deus e nossa Mãe, pela intercessão do nosso santo Fundador, que nenhum filho meu fique *tranquilo* – com aquela má tranquilidade da mediocridade na entrega – ao meditar nos ensinamentos de Jesus, Maria e José da cátedra de Belém; que todos nós amemos a nossa vocação cada dia mais, a joia preciosíssima da nossa vida; que nenhum de nós perca esse grande

---

(55) Na Obra. (N. do E.)
(56) Jo 5, 7.

tesouro, mas que, pelo contrário, o façamos render para a glória de Deus, a serviço da Igreja e das almas.

O Natal urge-nos a uma entrega a Deus com disponibilidade plena

1º de dezembro de 1987

Nunca esgotaremos a riqueza dos ensinamentos do Natal; e as suas graças abundantes levam-nos a imitar, a incorporar à nossa conduta tantos exemplos divinos. A gruta de Belém é uma cátedra onde a Santíssima Trindade, com a colaboração incondicionada de Maria e de José, dá lições de esquecimento próprio, de humildade, de pobreza, de abandono... Lições que se resumem numa só: a entrega absoluta à Vontade de Deus, com uma disponibilidade plena, a fim de pormos toda a nossa existência a serviço da missão que o Senhor nos confiou. Fui testemunha de como o nosso santo Fundador se introduzia neste santo mistério, e rogo-lhe que introduza nas nossas almas, nos nossos sentidos e capacidades, a sua fome de estar com Cristo, com Maria, com José, participando da profundidade de amor e da intimidade com esse Deus que se digna aproximar-se de nós.

«Ali, tudo nos insta a uma entrega sem condições: José – uma história de duros acontecimentos, combinados com a alegria de ser o protetor de Jesus – põe em jogo a sua honra, a serena continuidade do seu trabalho, a tranquilidade do futuro; toda a sua existência é uma pronta disponibilidade para o que Deus lhe pede. Maria manifesta-se como a *escrava do Senhor* (Lc 1, 38) que, com o seu *faça-se*, transforma toda a sua existência numa submissão ao desígnio divino da salvação. E Jesus? Bastaria dizer que o nosso Deus se nos mostra como uma Criança; o Criador de todas as coisas apresenta-se a nós envolto nos paninhos de uma pequena criatura, para que não duvidemos de que é verdadeiro Deus e verdadeiro Homem»[57].

Ao recolher estas palavras do nosso Padre, desejo suscitar em vocês um maior sentido de responsabilidade na nossa entrega – minha filha, meu filho: na sua! –, para que não abandonemos o nosso Deus ao frio da indiferença. Peço a Nossa Senhora e a São José – e ao nosso Padre! – que nenhuma das minhas filhas e nenhum dos meus filhos se acostume ou faça ouvidos moucos a estas chamadas que foram fundacionais e que o Senhor põe novamente no meu coração e na minha alma, para lembrá-las e transmiti-las com urgência a vocês, repetindo-as sem cansaço.

Ponham os olhos na cena de Belém: frio, pobreza e inúmeros incômodos são os companheiros que Maria e José encontram quando o inefável acontecimento da chegada de Deus à terra está prestes a cumprir-se. Ali parecem reunir-se todas as contrariedades. E, no entanto, a Virgem Santíssima e o seu Esposo só alimentam um pensamento e um desejo no coração: responder aos desígnios divinos sem demoras, bem conscientes de que as suas vidas, tal como a do seu Filho, não têm outro fim senão cumprir cabalmente a obra que a Providência lhes encomendou[58].

Sacrificam-se de bom grado; ou, melhor ainda, amam o plano que Deus lhes assinalou no seu Amor infinito, porque a entrega à pessoa amada é sempre alegre para

---

(57) São Josemaria, *Carta,* 14/02/1974, n. 2.
(58) Cf. Jo 17, 4.

quem ama de verdade, e as renúncias não têm a menor importância. «*In eo quod amatur, aut non laboratur, aut et labor amatur*»[59] – onde há amor, necessariamente reina a felicidade.

Minhas filhas e meus filhos, essa predileção divina também se repetiu para nós, pois o Senhor pôs uma tarefa grandiosa nas nossas mãos: a realização da Obra de Deus sobre a terra, a serviço da Igreja e das almas. Escolheu-nos *pessoalmente* – permitam-me recordá-lo mais uma vez, pois não me canso de agradecer e de admirar essa bondade sua –, para que cada um de nós seja Opus Dei e faça o Opus Dei ao seu redor. Filhos, este fim absorveu a nossa existência com caráter de totalidade e de exclusividade; não há nem pode haver outros fins na nossa vontade, nem outros entusiasmos no nosso coração, nem outros pensamentos na nossa inteligência que não estejam plenamente submetidos ao desígnio misericordioso que Deus nos mostrou mediante a vocação. Apesar das nossas misérias pessoais, Jesus quer-nos na linha de frente do seu exército de apóstolos; convida-nos a ser fermento no meio da sociedade civil, com a missão específica – parte da missão geral da Igreja – de transformar a massa dos homens em pão de primeiríssima qualidade, digno da mesa do Céu.

Sim, minha filha, meu filho: você e eu nascemos para cumprir um desígnio da Providência que ninguém pode levar a cabo no nosso lugar. Esse dom divino pede-nos uma disponibilidade absoluta: as nossas capacidades e sentidos, todas as energias da nossa alma devem ser postas a servi-

---

(59) «As coisas que amamos, ou não nos custam esforço, ou o próprio esforço é amado» (Santo Agostinho, *O bem da viuvez*, 21, 26).

ço desse fim, que resume o sentido mais pleno da nossa passagem pelo mundo. Excluir voluntariamente do «jogo divino da entrega»[60] uma parte das nossas possibilidades, por menor que fosse, reservando algo para nós mesmos, seria uma coisa muito triste, uma fraude para com Deus e para com as almas; e se não retificássemos, ela acabaria por esterilizar os nossos esforços de implantar o reinado de Cristo na sociedade, ou, pelo menos, diminuiria consideravelmente a sua eficácia. Pelo contrário, com a entrega absoluta à nossa vocação, todas as circunstâncias que nos cercam ganham sentido, também aquelas que – com uma lógica meramente humana, sem o relevo da perspectiva sobrenatural – poderiam parecer incompreensíveis. Quanta alegria inunda as nossas almas quando nos gastamos de verdade, dia após dia, na realização do querer de Deus! «Honra, dinheiro, progresso profissional, aptidões, possibilidades de influência no ambiente, laços de sangue; numa palavra, tudo aquilo que costuma acompanhar a carreira de um homem na sua maturidade, tudo isso deve submeter-se – assim mesmo, submeter-se – a um interesse superior: a glória de Deus e a salvação das almas»[61].

Este é o plano de Deus para vocês e para mim, filhas e filhos seus no Opus Dei. Como em Belém, devemos compor, dia após dia, os traços desta aventura sobrenatural maravilhosa. O Senhor oferece-nos constantemente a sua graça com generosidade, esplendidamente, e espera correspondência sincera a essa graça da nossa parte; pede-nos

---

(60) São Josemaria, *Carta*, 14/02/1974, n. 5.
(61) *Idem*, n. 3.

que sempre nos portemos conforme os ditados dessa «lógica nova que Deus inaugurou ao descer à terra»[62], a lógica do serviço incondicionado à missão que recebemos.

Permita-me perguntar-lhe: estas são as suas disposições diárias mais íntimas? As suas relações profissionais, familiares, sociais estão sempre inseridas no âmbito e na lógica de Deus? Estão realmente em função e a serviço da tarefa de *fazer* o Opus Dei? Consequentemente, são ocasião contínua de apostolado – um apostolado destemido, meus filhos, sem respeitos humanos! – e de serviço às almas? Ou, pelo contrário, você deixa transparecer na sua conduta alguma cisão – como que uma esquizofrenia ou um triste egoísmo – entre o seu trabalho profissional, os seus planos e atividades, por um lado, e as doces e firmes exigências da vocação, por outro? Na sua tarefa profissional, pense se põe em primeiro lugar as necessidades da Prelazia, o serviço à Igreja e aos seus irmãos, o bem do apostolado; se vibra com as intenções do Padre e com as notícias do trabalho apostólico em outros lugares; se sente como suas as coisas do Centro ao qual pertence, desde as mais materiais até as mais espirituais.

Com o nosso santo Fundador, repito: «Ai se uma filha minha ou um filho meu perdesse essa *desenvoltura* para seguir o ritmo de Deus e, com o passar do tempo, ficasse acomodado nos seus afazeres temporais, num pobre pedestal humano, e deixasse crescer na sua alma outras inclinações diferentes daquelas que a caridade de Deus acende nos nossos corações!»[63] Seria uma traição à con-

---

(62) *Idem*, n. 2.
(63) *Idem*, n. 5.

fiança que Deus demonstrou ter em cada um de nós ao chamar-nos pelo nosso nome para este caminho divino da Obra, e à confiança de tantas pessoas que têm o direito de esperar de nós um exemplo que as toque, uma palavra que as arranque do sono em que estão mergulhadas.

Meus filhos, consta-me que todos nós guardamos no coração grandes desejos de fidelidade, de gastar-nos ao serviço do Senhor sem reservas nem condições. O Natal é um bom momento – todos bem unidos ao redor da Sagrada Família! – para fomentarmos esses desejos de entrega, para renovar o seu brilho e concretizá-los com mais delicadeza. Nos tempos de oração que vocês fazem diante do Presépio, ao contemplar Jesus, Maria e José, examinem a sua correspondência cotidiana: se estão plenamente disponíveis para aceitar os encargos apostólicos que os Diretores lhes confiarem; se, de verdade, o seu primeiro proselitismo é a atenção aos seus irmãos – no caso dos meus filhos Supernumerários, o cuidado da sua família natural –; se sabem renunciar com alegria aos seus planos pessoais quando percebem que o bem das almas o exige. Com absoluta certeza, digo-lhes que tudo o que nos desvia do cumprimento do nosso fim não nos deve importar; e não devemos deter-nos em nada que esteja à margem desse fim. Desse modo, tudo o que fizermos, até as coisas mais insignificantes, transformam-se verdadeiramente em Opus Dei.

Na gruta de Belém, junto da Sagrada Família, podemos descobrir a presença silenciosa do nosso Padre, que tanto amou a *trindade da terra*. Recorro outra vez e sempre à sua intercessão, para que nós, as suas filhas e os seus filhos, aprendamos definitivamente a lição de entrega e de cumprimento da Vontade de Deus que Jesus, Maria e José nos dão. Nessa intimidade, minhas filhas e meus filhos, peçam pelas intenções deste seu Padre, que tanto precisa de vocês!

A vida de Cristo em Nazaré ensina-nos a viver com humildade pessoal e naturalidade

1º de agosto de 1989

O nosso Padre sempre nos ensinou a contemplar as cenas do Santo Evangelho e a deter-nos também – e com especial atenção – naquelas que relatam a vida de Jesus durante os seus primeiros trinta anos, e que formam – de longe – a maior parte da estadia do Senhor entre os homens. «Anos de sombra, mas, para nós, claros como a luz do sol. Mais: resplendor que ilumina os nossos dias e que lhes dá uma autêntica projeção, pois somos cristãos comuns, com uma vida vulgar, igual à de tantos milhões de pessoas nos mais diversos lugares do mundo»[64].

Esse modo natural, humilde, corriqueiro de comportar-se – se é que se pode falar assim quando se trata do Senhor –, encantou, roubou a alma do nosso Fundador desde que era muito jovem. Aquele que é Deus com o Pai e com o Espírito Santo na unidade da natureza divina *não se prevaleceu de sua igualdade com Deus, mas aniquilou-se a si mesmo, assumindo a condição de escravo*[65]. Nunca aprofundaremos o suficiente nessa instrutiva humilhação da Encarnação do Verbo, que culmina com a morte de Cristo na Cruz. Ao meditar neste exemplo divino, o

---

(64) Josemaria Escrivá, *É Cristo que passa*, Quadrante, São Paulo, 4ª ed., 2014, n. 14.
(65) Fil 2, 6-7.

nosso Fundador compreendeu com luzes claras que esses anos de vida oculta em Nazaré, repletos de trabalho profissional, de acontecimentos normais, de Amor!, são para nós, os cristãos, um exemplo e um ensinamento perenes: mostram-nos o imenso valor de uma existência simples e comum, animada pelo desejo e pela realidade de cumprir a Vontade santíssima de Deus.

«Se me perguntardes o que é mais essencial na religião e na disciplina de Jesus Cristo», escreveu Santo Agostinho, «responder-vos-ei: o primeiro é a humildade; o segundo, a humildade; e o terceiro, a humildade»[66]. Assim é porque «a humildade é a morada da caridade»[67]; sem humildade, não existe caridade nem qualquer outra virtude, e, portanto, é impossível que exista verdadeira vida cristã.

Santa Teresa de Jesus afirmava que «a humildade é andar na verdade»[68], isto é, caminhar constantemente na realidade daquilo que somos. E que somos cada um de nós? Homens e mulheres comuns, com defeitos, como todas as pessoas, mas também cheios de ambições nobres, de desejos de santidade, que o Senhor põe e fomenta nas nossas almas; pobres criaturas que conhecem os seus limites pessoais e que, ao mesmo tempo, têm consciência de que Deus se dignou utilizá-las como instrumentos para estender as suas ações de Amor no mundo, em todas as tarefas nobres, em todas as situações honestas da sociedade, chegando a todos os habitantes desta nossa bendita terra. Por isso, para os filhos de Deus no Opus Dei, para

---

(66) Santo Agostinho, *Epístola* 118, 22.
(67) Santo Agostinho, *A santa virgindade*, 51
(68) Santa Teresa, *As Moradas*, VI, 10.

os cristãos, «ser humildes não é andarmos sujos nem desleixados; nem sermos indiferentes àquilo que se passa ao nosso redor, numa desistência de direitos. Muito menos, é andar apregoando coisas tolas contra si próprio. Não pode haver humildade onde houver comédia e hipocrisia, porque a humildade é a verdade»[69].

Segundo o espírito da Obra, uma consequência necessária da humildade é a naturalidade: comportar-nos de modo coerente com a nossa própria identidade e com os ideais que nos movem. Todos nós, membros da Prelazia, somos fiéis comuns ou sacerdotes seculares que procuram manter uma luta interior constante – com a ajuda de uma graça específica – para identificar-nos com Jesus Cristo no meio das ocupações e trabalhos habituais, sem nos diferenciarmos exteriormente dos outros cristãos, mas com o ânimo sempre atual de dar testemunho da fé em todas as ações.

Somos *mais um* entre os nossos amigos, parentes e colegas de trabalho; nenhuma barreira nos separa deles. «Na Obra», dizia o nosso Padre graficamente, «não há diferença com os outros homens; somos iguais a eles; não nos separa dos outros nem um tabique tão fino como um papel de fumar»[70]. No nosso caminho, tudo é corriqueiro, espontâneo, nada é chamativo. Agora, insisto, nós nos esforçamos para trazer conosco, em todos os lugares, a luz da vocação cristã, que Deus concretizou em você, em mim, sustentada e enriquecida com a sua chamada específica ao Opus Dei.

---

(69) São Josemaria, *Notas de uma meditação*, 25/12/1972 (AGP, Biblioteca, P09, pág. 190).

(70) São Josemaria, *Notas de uma reunião familiar* 10/05/1967 (AGP, Biblioteca, P02,1967, pág. 632).

Cada dia, nas circunstâncias mais variadas, você e eu devemos comportar-nos sempre e em tudo de acordo com a dignidade da vocação a que fomos chamados[71], e isto tanto nos momentos de certeza como nos de secura espiritual e humana. Minha filha, meu filho, não esqueça que Deus confia em você, que Nosso Senhor quer que outros o conheçam pela lealdade e pela solidez da sua conduta como homem de Cristo, como mulher de Cristo.

Deste ponto de vista, portanto, a naturalidade implica coerência permanente – tanto quando outros nos contemplam como quando ninguém nos vê – entre aquilo que somos e aquilo que fazemos, sem descontinuidades de nenhum tipo. A naturalidade é também manifestação da unidade de vida, que nos estimula a impregnar o lugar onde atuamos com o forte sabor da doutrina cristã. Por isso, nada mais alheio à naturalidade e nada mais próximo da covardia que a atitude de conformar-nos – isto é, de não fazermos apostolado, de não falarmos de modo cristão, de não nos vestirmos com um pudor delicado – quando o ambiente se apresenta contrário a Deus. Assim escrevia o nosso Padre, há já muitos anos: «E num ambiente paganizado ou pagão, quando esse ambiente chocar com a minha vida, não parecerá postiça a minha naturalidade?", perguntas. – E te respondo: chocará, sem dúvida, a tua vida com a deles. E esse contraste, porque confirma com as tuas obras a tua fé, é precisamente a naturalidade que eu te peço»[72].

---

(71) Cf. Ef 4, 1.
(72) Josemaria Escrivá, *Caminho*, n. 380.

A humildade que procuramos praticar e robustecer no Opus Dei não consiste em atitudes exteriores, superficiais; é algo muito íntimo, profundamente enraizado na alma. Manifesta-se na convicção profunda e sincera de que não somos melhores que os outros e, ao mesmo tempo, na certeza firme de que fomos convocados especificamente por Deus para servi-lo no meio das diferentes situações de cada momento e para levarmos muitas almas para Ele. Esta certeza enche-nos de otimismo e, ao mesmo tempo, incita-nos a dar toda a glória à Santíssima Trindade, sem pretendermos nada para nós mesmos, bem como nos anima a interessar-nos por quem está à nossa volta. Como se compreende bem aquele desejo santo do nosso querido Fundador quando nos insistia: «Deixai a *garra santa* de Deus em todos aqueles que passarem ao vosso lado!»

Minhas filhas e meus filhos, vigiem para nunca perder de vista essa pureza de intenção, da qual a Santíssima Trindade nos pedirá contas, pois – como também insistia o nosso Padre – «não podemos roubar a Deus nem um pouquinho da glória que lhe devemos».

Uma e outra vez, retifiquem os motivos da sua conduta – no trabalho, no ambiente familiar e social, em qualquer momento –, buscando sempre e em tudo somente a glória do Senhor. «Portanto», permitam-me que volte a insistir nos ensinamentos do nosso Padre, «deveis trabalhar com naturalidade, sem espetáculo, sem pretender chamar a atenção, passando despercebidos, como passa despercebido um bom pai que educa os seus filhos cristãmente, um bom amigo que dá um conselho cheio de sentido cristão a outro amigo, um dono de fábrica ou um empresário que cuida para que os seus funcionários estejam atendidos tanto material como espiritualmente [...]. Com uma humildade pessoal tão profunda que vos leve necessariamente a viver a humildade coletiva, que cada um de vós não queira receber individualmente a estima e o apreço que a Obra de Deus e a vida santa dos seus irmãos merecem»[73].

O Senhor exige que cultivemos diariamente essa humildade coletiva, para que somente Ele receba toda a glória. Devemos ser sal e fermento; por isso, temos de dissolver-nos como o sal, transmitindo o bom sabor aos alimentos; temos de desaparecer como o fermento no meio da massa, compenetrados com a humanidade inteira, para melhorá-la. Numa palavra, a nossa eficácia consiste em morrermos para nós mesmos e deixarmos Cristo viver em nós; sermos o grão de trigo que se enterra e morre para produzir muito fruto[74].

Também neste aspecto tão característico do nosso espírito, manifesta-se claramente que a Obra é feita por Deus e que o apostolado que realizamos é apostolado dEle. Por isso – minhas filhas e meus filhos, meditem bem nisto! –, não procuramos gratidão ou pagamento humanos pela nossa tarefa apostólica; a nossa ambição é servir a todos com tal delicadeza e naturalidade que nem sequer possam agradecer-nos. «Esta humildade coletiva – que é heroica e que muitos não entenderão – faz com que os membros da Obra passem ocultos entre os seus iguais no mundo, sem receber aplausos pela boa semente que semeiam, porque os outros mal perceberão, ou não conseguirão explicar

---

(73) São Josemaria, *Carta,* 9/01/1932, n. 64.
(74) Cf. Jo 12, 24.

inteiramente, esse *bonus odor Christi* (2 Cor 2, 15) que, por necessidade, exalará da vida dos meus filhos»[75].

Permita-me perguntar-lhe – também eu me proponho estas questões, com exigência: Procuro pisar o meu eu, contrariando o meu gosto, as minhas inclinações, também em coisas lícitas e nobres? Procuro não ferir os outros com a minha postura altiva ou áspera? Procuro socorrer as necessidades dos outros com prontidão? Vejo Jesus Cristo naqueles que convivem ou trabalham comigo, de modo que Ele me leve a esmerar-me na atenção, na delicadeza ao relacionar-me com as pessoas, no meu espírito e na minha prática de serviço? No meu relacionamento com os outros, luto contra o meu mau gênio e até mesmo contra reações de ira justificadas?

Dentro de poucos dias, cheios de alegria, celebraremos a grande festa da Assunção de Nossa Senhora. Os seus dias na terra estiveram permeados de naturalidade e humildade; sendo a criatura mais excelsa, passou oculta entre as mulheres do seu tempo. Amou e trabalhou em silêncio, sem chamar a atenção dos que a conheciam, atenta só a captar os impulsos do Espírito Santo e a satisfazer as necessidades das almas. Ao mesmo tempo, o seu comportamento atraía tanto, era um ponto de referência tão luminoso, que os seus concidadãos repetiam, para referir-se ao Mestre: *Não é este o artesão, o filho de Maria?*[76] Oxalá também nós, com o nosso comportamento, tornemos familiar a figura de Jesus para aqueles que nos acompanham. Pensai no prêmio que Deus concedeu

---

(75) São Josemaria, *Carta*, 09/01/1932, n. 64.
(76) Mc 6, 3.

à sua excelsa Mãe e Mãe nossa: aquela que se chamou a si mesma *escrava do Senhor*[77] é exaltada sobre todas as criaturas, celestiais e terrenas; aquela que se considerava a menor entre os pobres do Senhor[78] vê-se coroada como Rainha e Senhora de todo o universo.

Minhas filhas e meus filhos, olhemos sempre, sem interrupção, para a nossa Mãe. E peçamos que, como Ela, aspiremos somente ao prêmio eterno, que Deus nos concederá se nos mantivermos fiéis no seu serviço, um dia após o outro, sem mendigarmos nenhuma glória nem compensação humana aqui embaixo.

---

(77) Lc 1, 38.
(78) Cf. Lc 1, 48.

Quaresma
Tempo de conversão e de penitência

O espírito de mortificação e de penitência, próprio da Quaresma, manifesta-se também nos detalhes de sobriedade

2 de fevereiro de 1985

Dentro de pouco tempo começará a Quaresma, tempo que a Igreja dedica à purificação e à penitência, recordando-nos os quarenta dias de oração e jejum com que Jesus Cristo se preparou para o seu ministério público. Ao longo destas semanas, seguindo fielmente o espírito do Evangelho, eu quereria que todos nós e as pessoas que procuram o calor do nosso caminho decidíssemos *de verdade* seguir as recomendações do Senhor que a liturgia recolhe na Missa da Quarta-Feira de Cinzas[1], quando nos convida a intensificar o jejum, a oração e as obras de caridade – as três práticas penitenciais por excelência – com retidão de intenção e com alegria, pedindo a Deus que, *ao lutar contra o espírito do mal, sejamos protegidos com as armas da austeridade*[2].

---

(1) Cf. Missal Romano, Quarta-feira de Cinzas (Evangelho: Mt 6, 1-6. 16-18).
(2) Missal Romano, Quarta-feira de Cinzas (Oração Coleta).

A Quaresma é uma chamada urgente para vigiarmos o nosso comportamento de modo a não abrir espaço às insídias do Maligno, empunhando as armas da oração e da penitência. Com palavras do nosso Padre, lembrei-lhes muitas vezes que «o demônio não tira férias», que nunca cessa no seu empenho de afastar as almas de Deus. E vocês podem comprovar quantos êxitos consegue: milhões de pessoas estão dominadas por um anseio insaciável de descaminho, e esquecem que têm um destino eterno. Uma onda de hedonismo – de busca desenfreada de prazer, seja qual for – estende-se pelo mundo inteiro, entre pobres e ricos, homens e mulheres, jovens, idosos e até crianças. Nós, com a graça de Deus, devemos dar – entre os nossos colegas, amigos e parentes – um testemunho decidido e generoso de firmeza e de temperança, de austeridade no uso dos bens da terra e de sobriedade nas comidas e bebidas. Está em jogo a autenticidade da nossa vocação e a realidade do nosso serviço à Igreja, porque uma pessoa, se se deixa prender pelo atrativo das coisas materiais, perde a eficácia apostólica nesta batalha que travamos pela glória de Deus e pela salvação das almas [...].

[Os aniversários da história do Opus Dei] têm por denominador comum o espírito de oração e de penitência do nosso amadíssimo Padre. Nos primeiros anos e sempre, o Espírito Santo estimulou-o a fazer práticas heroicas de penitência, porque ele devia ser o fundamento desta construção divina que perduraria pelos séculos. Quantas vezes, ao falar da expansão da Obra, afirmava que ela se difundira por toda parte «ao passo de Deus», com a oração e a mortificação dele e de muitas outras pessoas! Comentava também que o som das suas disciplinas ia marcando esse passo de Deus...; e também – acrescento eu – a heroica sobriedade do nosso Fundador, que soube mortificar-se até o indizível na comida, na bebida, no descanso, sempre com um sorriso, para ser o instrumento idóneo nas mãos de Deus e assim fazer o Opus Dei na terra.

Minhas filhas e meus filhos, também agora vige a mesma lei. Também agora a mortificação e a penitência, a austeridade de vida, são necessárias para que a Obra se desenvolva ao passo de Deus. E cabe a nós – a você e a mim, a cada uma e a cada um de nós – seguir os passos do nosso Padre, do modo mais adequado às circunstâncias pessoais de cada um. Habitualmente, pede-se a todos nós a heroicidade na prática das mortificações pequenas; e, além «das mortificações ordinárias, mortificações extraordinárias, com a permissão do Diretor, nessas temporadas», como se notam bem!, «em que Deus nos pede mais. Sempre com a permissão do teu Diretor», ensinou-nos o nosso Padre, «porque ele é quem deve moderá-las; mas moderá-las não quer dizer sempre diminuí-las, mas também aumentá-las, se o considera conveniente»[3]. Concretamente, desejo que reflitam como praticam as indicações sobre a temperança que lhes dei faz já algum tempo, a fim de ajudá-los a viver esta virtude com esmero. Filhos, não as vejam como algo negativo. Pelo contrário, devem vê-las como disposições que – se forem praticadas com generosidade e com alegria – tiram peso da nossa alma e a tornam mais capaz de elevar-se até às alturas da vida interior e do

---

(3) São Josemaria, *Notas de uma meditação*, 13/04/1954 (AGP, biblioteca, P01, IV-1964, pág. 8). O «diretor» mencionado nesta passagem é o diretor espiritual.

apostolado, «*como essas aves de voo majestoso, que parecem olhar o sol de frente*».

Examine-se com coragem e sinceridade: cultivo a temperança em todos os momentos da minha vida? Mortifico a vista com naturalidade, sem fazer coisas estranhas, mas de verdade, quando vou pela rua ou leio o jornal? Luto contra a tendência ao comodismo? Evito criar-me necessidades? Sei colocar, «entre os ingredientes da comida, "o riquíssimo" da mortificação»[4], e mortifico-me voluntariamente na bebida? Deixo-me levar pela desculpa de que essa conduta chamaria a atenção no meu ambiente, no meu círculo de amigos, entre as pessoas das minhas relações sociais? Desejo que todas as minhas filhas e todos os meus filhos – Numerários, Adscritos, Supernumerários – considerem, na sua oração pessoal, o ensinamento e o exemplo constantes do nosso queridíssimo Padre; e peço a Deus que, como consequência desse exame sincero, sejam pessoalmente mais exigentes neste terreno, sem medo de que o seu comportamento familiar ou social *choque* com os costumes dos outros; como o nosso Fundador escreveu, «esse contraste, porque confirma com as tuas obras a tua fé, é precisamente a naturalidade que eu te peço»[5].

Além disso, não percam de vista que o exemplo de uma vida sóbria é o *bonus odor Christi*[6], «o bom aroma de Cristo» que atrai outras almas. Muitas pessoas, jovens e menos jovens, estão enfastiadas de levar uma vida fácil, mole, sem relevo humano nem sobrenatural. O teste-

---

(4) Josemaria Escrivá, *Forja*, n. 783.
(5) Josemaria Escrivá, *Caminho*, n. 380.
(6) 2 Cor 2, 15.

munho da nossa vida de entrega, o ambiente dos nossos Centros, dos nossos lares – um ambiente de austeridade alegre, de exigência e de compreensão ao mesmo tempo, sem concessões às *facilidades* –, vem a ser como que um ímã que atrai os mais nobres, os mais sinceros, os mais desejosos de coisas grandes. E essas são as pessoas de que o Senhor precisa para chegar à massa da humanidade – interessam-nos todas as almas – com a nossa atuação, como um fermento.

Como sempre, também com estas linhas abro-lhes a minha alma para lhes comunicar uma «partezinha» das minhas *ocupações*, que se reduzem a uma só: que procuremos diariamente a santidade, para fazer a Obra tal como Deus quer. Portanto, permitam-me que insista com vocês em que aumentem a oração e a mortificação pelas minhas intenções. Sinto uma enorme alegria pelo peso santo que o Senhor me confiou, mas – como repetia o nosso Padre – asseguro-lhes que é muito forte, duro; por isso, preciso de vocês, e confirmo-lhes que, diariamente, digo ao Senhor, para que me escute: «Olha a oração e a mortificação destas filhas, destes filhos». Não me abandonem!

Importância da luta ascética pessoal na vida cotidiana
28 de novembro de 1983

Ao cumprir-se um ano desde que o Senhor, na sua infinita misericórdia, quis coroar o caminho jurídico que o nosso amadíssimo Fundador deixou preparado[7], dese-

---

(7) O Opus Dei foi erigido em Prelazia pessoal em 28 de novembro de 1982. (N. do E.)

jo fazer com que vocês participem dos pensamentos que Deus me inspira, para que os meditem comigo e os façam seus. Quereria escrever-lhes com frequência, para mantê-los cada dia dentro do meu coração e ajudá-los a ouvir as insinuações do Espírito Santo, que nos pede uma correspondência cada vez mais generosa ao Amor divino.

Percorremos este tempo com o pensamento dirigido continuamente a Deus Nosso Senhor e à Santíssima Virgem, em ação de graças por este grande dom que nos concedeu, que é a soma e o prelúdio dos tantos bens que derramou e continuará a derramar sobre a Obra e sobre cada um de nós.

Porém, como outras vezes os levei a considerar, a nossa gratidão não seria sincera se se limitasse às palavras; enquanto damos graças a Deus, *fonte de todo bem*[8], e ponderamos a sua Grandeza e a sua Bondade, sentimo-nos mais obrigados a amá-lo *opere et veritate*, «com obras e de verdade»[9]. Gostaria de gravar nos corações de vocês a urgência e a responsabilidade de que façamos frutificar tantos dons recebidos do Senhor; perante o olhar de Amor que nos dirigiu, não podemos ficar indiferentes, como se nada tivesse acontecido; cabe a nós corresponder com uma entrega total, sem condições; o nosso compromisso de amor, resposta a essa predileção divina, deve atingir e abranger cada um dos atos da nossa vida, estimulando-nos sem trégua a uma luta mais decidida e mais alegre.

Minhas filhas e meus filhos, luta, luta interior: este é o eixo das palavras que agora lhes dirijo, e esta é a per-

---

(8) Missal Romano. Missa votiva de ação de graças (Oração Coleta).
(9) 1 Jo 3, 18.

gunta que cada um de nós deve fazer-se no seu exame pessoal. Como tenho percorrido este ano de ação de graças? Houve decisões – traduzidas em fatos concretos – de renovar a minha luta interior, de cortar manifestações de aburguesamento, de tibieza, talvez em coisas pequenas, mas significativas? Ou será que os meses transcorreram «como passa a água sobre as pedras, sem deixar rasto»[10], arrastando uma rotina que não sente a urgência do Amor de Deus? Se for assim, reaja imediatamente – sempre é tempo –, com a contrição do filho pródigo, e renove a luta, recomece, com propósitos bem definidos, depurados na Conversa Fraterna; recupere o terreno, passo a passo.

Bem sabem vocês que a nossa luta se realiza na vida habitual de cada dia, numa multidão de coisas pequenas. E é aí que o Senhor espera que lutemos seriamente: nos detalhes que nos fazem cumprir melhor as Normas e os Costumes, com mais amor; no esforço por terminarmos melhor o trabalho, com mais visão sobrenatural; no empenho por expulsarmos da nossa conduta rebentos de sensualidade, de vaidade, de preguiça; na decisão eficaz de sairmos do nosso egoísmo ou do nosso comodismo, para nos preocuparmos efetivamente com as almas.

Recordem que, quando se ama, nada é pequeno, tudo tem importância. Devemos vigiar para que vivamos o nosso compromisso de amor com esmero; não podemos soltar um fio aqui e outro ali – embora pareçam insignificantes – neste tecido humano e divino da nossa vocação. Vejam como o nosso queridíssimo Fundador nos

---

(10) Josemaria Escrivá, *É Cristo que passa*, n. 59.

animava: «Na Obra, temos o caminho muito claro. E dentro desse caminho, que é geral, há outros pessoais; caminhos que devemos percorrer porque, enquanto caminhamos, preparamos – já vo-lo disse – a passagem dos outros; caminhos ditados pela nossa consciência pessoal, uma consciência que é cada dia mais exigente com cada um de nós, convosco e comigo. Não percebeis que é Deus quem nos pede mais e mais e mais? Que Ele está sedento do amor dos homens, porque *deliciae meae esse cum filiis hominum* (Prov 8, 31) – as minhas delícias são estar com os filhos dos homens? E os filhos dos homens não querem estar com Deus. Ele olha-nos com mais carinho! Pede-nos mais mostras de amor, de fidelidade, de lealdade, de união.

«Meus filhos, unidade de vida. Luta. Que aquele vaso de que vos falei outra vez, também há pouco, não quebre. Que o coração esteja inteiro e seja para Deus. Que não fiquemos estagnados em misérias de orgulho pessoal! Que nos entreguemos, de verdade! Que continuemos em frente. Como aquele que vai em direção a uma cidade: procura persistir, e, com um passo após outro, consegue completar a viagem. Assim nós, também»[11].

Minhas filhas e meus filhos, estas perguntas que lhes faço em nome do nosso Padre – e faço-as também a mim mesmo – são, sem a menor dúvida, fortes exortações do Espírito Santo às nossas almas, com a força do seu amor: *Hodie, si vocem eius audieritis, nolite obdura-*

---

(11) São Josemaria, *Notas de uma homilia*, 9/01/1971 (AGP, biblioteca, P01, II-1971, pág. 40).

re corda vestra[12]. Filhos, escutem-no quando mendiga à porta do seu coração, porque vem para enchê-los de fortaleza divina, de fecundidade apostólica, de felicidade.

A festa de São José convida-nos a renovar a nossa entrega a Deus e os nossos propósitos de recomeçar a luta ascética

1º de março de 1984

Aproxima-se a solenidade de São José, Nosso Pai e Senhor, Padroeiro da Obra junto com Nossa Senhora, Mestre de vida interior; e eu desejaria que estas linhas os ajudassem a preparar-se melhor para esta festa tão íntima – o onomástico do nosso queridíssimo Padre! –, quando nos unimos a Deus com especiais laços de amor.

Crescer na vida interior é uma exigência da nossa vocação divina. Crescer significa renovar-se, abandonar o que ficou velho – com a velhice da rotina, da tibieza – e reencontrar a juventude de espírito, que somente brota de um coração enamorado. Assim no-lo repetia o nosso Fundador, que cada dia sabia encontrar na Santa Missa – «esse encontro personalíssimo com o Amor da minha alma»[13], dizia – o impulso para renovar e intensificar constantemente a sua entrega, porque, como acrescentava, «sou jovem e sempre o serei, uma vez que a minha juventude é a de Deus, que é eterno. Com esse amor, jamais poderei sentir-me velho»[14].

---

(12) *Hoje, se ouvirdes a sua voz, não endureçais os vossos corações* (Sl 94, 8).
(13) São Josemaria, *Notas de uma reunião familiar*, 15/03/1969 (AGP, biblioteca, P01, 1969, 0. 403).
(14) *Idem*, págs. 405-406.

Minhas filhas e meus filhos, também nós devemos manter sempre jovem e vibrante a nossa resposta à chamada que recebemos, a nossa entrega, sem reservar nada para nós: projetos, afetos, lembranças... tudo deve estar bem abandonado no Senhor – *relictis omnibus!*[15] – se, de verdade, desejamos ser fiéis a esta vocação divina. Examinem-se com valentia, com sinceridade, com profundidade: neste ano, como tenho vivido as obrigações – amáveis obrigações! – do meu *compromisso de amor*? Esmerei-me em delicadezas de alma enamorada para com o Senhor, ou, pelo contrário, descurei alguma das consequências concretas da entrega? Tenho lutado decididamente contra tudo aquilo que possa enfraquecê-la? No seu exame de consciência, fomentem a dor de amor, porque todos nós poderíamos ter sido mais carinhosos e exigentes no nosso relacionamento com Deus. E se descobrirem algo que os ate a coisas que não são dEle – da Igreja, da Obra, das almas –, reajam com energia, porque fomos escolhidos para ser santos de verdade, para atingir o Amor que não conhece fim; esse Amor que nos inflama a cada dia, que nos mantém sempre jovens, com juventude de alma e de espírito, embora transcorra o tempo e se perceba o desgaste dos anos no corpo.

Ao renovar a entrega de vocês no próximo dia 19 de março[16], considerem a fidelidade de São José à sua vocação, tendo diante dos olhos o exemplo heroico do nosso

---

(15) *Tendo deixado todas as coisas, [seguiram-no]* (referência à chamada dos Apóstolos pelo Senhor; Lc 5, 11).

(16) Na festa de São José, os fiéis do Opus Dei renovam pessoalmente, sem qualquer formalidade, os compromissos que assumiram livremente ao incorporar-se à Obra. (N. do E.)

Padre. Meditem pessoalmente – como já terão feito ao longo destas semanas – na vida do Santo Patriarca, que não poupou esforços para cumprir a missão que lhe fora confiada. «Vede», ensinava o nosso Fundador, «que faz José, com Maria e com Jesus, para seguir o mandato do Pai, a moção do Espírito Santo? Entrega-lhe todo o seu ser, põe a sua vida de trabalhador ao seu serviço. José, que é uma criatura, alimenta o Criador; ele, que é um pobre artesão, santifica o seu trabalho profissional [...]. Dá-lhe a sua vida, entrega-lhe o amor do seu coração e a ternura dos seus cuidados, empresta-lhe a fortaleza dos seus braços, dá-lhe... tudo que é e tudo o que pode»[17].

Dentro de poucos dias, se Deus quiser, este Padre de vocês completará setenta anos. Começo outra nova etapa da juventude de sempre, e agradeço ao Senhor todas as maravilhas que me permitiu contemplar nestes anos passados. Seguindo os passos do nosso Padre, também eu desejo cumprir *somente sete anos*, ser sempre pequeno – cada dia mais –, e, desse modo, encontrar um bom lugar nos braços de Maria e nos braços de José, bem perto do nosso Jesus.

Neste aniversário, o presente que espero de vocês é – repito-o muito, porque só isto importa – um esforço renovado e vibrante na luta diária, apoiados sempre na graça divina, que a Santíssima Virgem obtém para nós. Sejam fiéis no cumprimento do dever pequeno ou grande de cada momento, por amor e com amor. O nosso destino é lutarmos por amor ao longo de toda a vida, aos setenta

---

(17) São Josemaria, *Notas de uma meditação*, 19/03/1968 (AGP, biblioteca, P09, pág. 99).

anos como aos vinte! Peçam ao Senhor, para todos nós na Obra, esse dom da vitória final: o que importa é ganhar a última batalha. E para consegui-lo, minhas filhas e meus filhos, temos de buscar esse *quid divinum* [«algo divino»] de que o nosso Padre nos falava na vida corrente de cada dia, procurando constantemente encontrar algo *novo* para entregarmos a Deus, como manifestação concreta da nossa entrega renovada, de um amor ao Senhor mais apaixonado.

Quando a luta é fácil e quando é difícil, quando o entusiasmo nos acompanha e quando nos falta entusiasmo humano, quando colhemos vitórias e quando parece que só colecionamos fracassos..., mantenham vivo o sentido do dever; sejamos leais! O Senhor nunca se cansa de nós; perdoa-nos uma e outra vez, chama-nos cada dia, com uma sucessão ininterrupta de moções que – se procuramos corresponder a essas graças – nos transformam em instrumentos aptos, embora não o percebamos. Meus filhos, nenhuma miséria pessoal ou alheia pode fazer-nos duvidar da divindade da nossa vocação; não temos esse direito!

No mês passado, escrevia-lhes para pedir que aumentassem o afã proselitista. Se de verdade formos almas enamoradas, esse ardor manifestar-se-á sempre na nossa vida, com naturalidade, embora, às vezes, requeira esforço e sempre devamos fomentá-lo na oração. Recorram a São José, sob cujo patrocínio pomos as vocações para a Obra. Nada mais lógico, pois ele é o Cabeça da família no lar de Nazaré, e «*a essa família pertencemos*». Agora, tão perto da sua festa, lembro-lhes que devemos ser insistentes, *teimosos* na ação apostólica, pois é indispensável para conseguirmos frutos que perdurem. Peçam-nos ao Santo Patriarca, ao rezar a ele pelas vocações que hão de vir ao Opus Dei; e meditemos naquele conselho do nosso Padre: «Queremos ser mais? Então sejamos melhores!»[18]

Peço-lhes também constância diária nesse apostolado da Confissão que a Igreja espera de nós, e que é o requisito indispensável para realizarmos um profundo trabalho com as almas. Sejam muito pacientes com as pessoas com quem se relacionam, sem desanimar quando não correspondem. Dediquem-lhes tempo, amem-nas de verdade, e assim elas acabarão por render-se ao Amor de Deus que descobrirão na conduta de vocês. E não se esqueçam de que, a cada passo que dão, somos obrigados a ajudá-las mais; depois da primeira vez, é preciso «*puxá-las*» de novo para o confessionário... até que entendam a necessidade de frequentar os sacramentos. Não esqueçam que o apostolado, em qualquer das suas formas, é *a superabundância da nossa própria vida interior*. Não os comove perceber tão nitidamente que Deus precisa de nós?

Minhas filhas e meus filhos, devo pôr um fim a estas linhas, embora – se permitisse que o meu coração seguisse os seus impulsos – preencheria folhas e folhas para falar com cada um de vocês, pois nenhuma outra preocupação há na minha vida senão a de amar a Deus e procurar que todos vocês sejam santos. Continuem a rezar pelas minhas intenções, bem unidos à Missa que celebro todos os dias, tendo bem presente o bem de toda a Igreja, da Obra, e de cada um de vocês.

---

(18) São Josemaria, *Notas de uma meditação*, 27/03/1962 (AGP, biblioteca, P06, vol. IV, pág. 482).

Os pormenores de caridade fraterna e de serviço aos outros nos ajudam a melhorar o nosso espírito de penitência

1º de fevereiro de 1993

O serviço aos outros, concretizado na preocupação pelas suas necessidades espirituais e materiais, é uma das mais tradicionais práticas de piedade cristã que a Igreja recomenda especialmente durante a Quaresma. Durante este tempo litúrgico, desejo que vocês cuidem de modo particular – junto com uma maior exigência na sua oração e na sua mortificação – dos pormenores concretos da caridade fraterna, como o nosso santo e amadíssimo Fundador nos ensinou, «para que as nossas conversas não girem em torno de nós mesmos, para que o nosso sorriso se abra sempre ante os acontecimentos incômodos, para tornarmos a vida dos outros agradável»[19].

Mais ainda, peço-lhes – a Santíssima Trindade pede-o a todos nós – que procuremos ocasiões de melhorar o nosso espírito de penitência justamente no serviço àqueles que estão à nossa volta, pelo motivo que for, ainda que seja por uns poucos instantes: na nossa vida em família, no seio das famílias das minhas filhas e dos meus filhos Adscritos e Supernumerários, na convivência diária com os colegas de trabalho... Numa palavra, procurem praticar o conselho do Apóstolo: *Levai uns as cargas dos outros, e assim cumprireis a lei de Cristo*[20]. O nosso Padre

---

(19) São Josemaria, *Notas de uma meditação*, 13/04/1954 (AGP, biblioteca, P01, IV-1963, pág. 10).
(20) Gl 6, 2.

comentava estas palavras do seguinte modo: «Deveis pôr empenho, um empenho muito particular, para tornar a vida dos outros agradável, sem que jamais vos mortifiqueis uns aos outros. Dizei: vou enfastiar-me um pouco para tornar mais amável o caminho divino dos outros»[21]. E acrescentava: «Aprendei a sacrificar-vos alegre e discretamente para tornar a vida dos outros agradável, para tornar amável o caminho de Deus na terra. Este modo de proceder é verdadeira caridade de Jesus Cristo»[22].

Minhas filhas e meus filhos, sejam exigentes neste campo, dando muita importância às pequenas mortificações que tornam mais alegre e amável o caminho dos outros, vendo sempre Cristo neles, sem esquecer que «às vezes, um sorriso pode ser a melhor prova do espírito de penitência»[23]. Dessa forma, os pequenos sacrifícios de vocês subirão ao Céu *em odor de suavidade*[24], como o incenso que se queima em honra do Senhor, e será mais forte a sua oração pela Igreja, pela Obra e pelas minhas intenções.

Não se esqueçam nem um só dia de que me apoio em cada uma e em cada um de vocês para insistir diante da Santíssima Trindade sobre todos os meus pedidos. Solicitem essa ajuda a muitas outras pessoas, especialmente na próxima Quaresma, que traz tantas e tão intensas graças às almas dispostas a viver profundamente esse tempo litúrgico. Alimentemos os anseios de que nasça e se desen-

---

(21) São Josemaria, *Notas de uma meditação*, 13/04/1954 (AGP, biblioteca, P01, IV-1963, pág. 12).
(22) *Idem,* pág. 11.
(23) Josemaria Escrivá, *Forja,* n. 149.
(24) Ef 5, 2.

volva na sociedade um desejo profundo de que as ofensas a Deus cometidas pela humanidade, que todos nós cometemos, sejam reparadas. Sejamos audaciosos para propor esse panorama a muitas almas, que é de renúncia – de sacrifício alegre e agradável –, para amarmos mais a Deus e, por Ele, a todas as criaturas.

Confissão pessoal e prática do «apostolado da Confissão»

16 de janeiro de 1984

Com o início do novo ano, recordei o brinde que o nosso queridíssimo Padre fez com os seus filhos do Centro do Conselho Geral, em 1º de janeiro de 1974: «*Para todos, a alegria; para mim, a compunção*». Passaram-se já dez anos e estas palavras do nosso Fundador são plenamente atuais. Meus filhos, também eu desejo que a alma de vocês transborde sempre de alegria, e que transmitam isso às pessoas ao seu redor. Mas não se esqueçam de que a alegria é consequência da paz interior – e, portanto, da luta de cada um contra si mesmo –, e que nessa luta pessoal a verdadeira paz é inseparável da compunção, da dor humilde e sincera pelas nossas faltas e pecados, que Deus perdoa no Santo Sacramento da Penitência, dando-nos também a sua força para lutarmos com mais empenho.

Minhas filhas e meus filhos, cuidem com esmero da Confissão sacramental cada semana, que é uma das normas do nosso plano de vida; esforcem-se de verdade para afastar a má rotina ou a má tendência a acostumar-se a este Sacramento Santo; exijam de si mesmos uma delicada pontualidade; preparem a confissão com amor, pedindo ao Espírito Santo as suas luzes para irem até a raiz das faltas que cometam; fomentem a contrição, sem nunca pressupor que já a têm; façam os seus propósitos e lutem para pô-los em prática, contando sempre com a graça sacramental que, se não levantarmos obstáculos à sua ação, realizará maravilhas nas nossas almas.

E com essa determinação renovada de confessar-se melhor, lancem-se sem trégua ao *apostolado da Confissão*, que é tão urgente nestes tempos da vida do mundo e da Igreja. Com que força o nosso Padre o pregava! «O Senhor está esperando por muitas pessoas, para que tomem um bom banho no Sacramento da Penitência! E preparou-lhes um grande banquete, o das bodas, o da Eucaristia; o anel da aliança e da fidelidade e da amizade para sempre. Que elas se confessem! [...] Que sejam muitas as pessoas que se aproximam do perdão de Deus!»[25]

O retorno à amizade com Deus, rompida pelo pecado, é a raiz da verdadeira e mais profunda alegria que tantos homens e mulheres procuram ansiosamente, mas sem encontrá-la. Minhas filhas e meus filhos, com santa audácia, recordem-no aos seus parentes, às suas amizades, aos seus colegas de trabalho, a todas as pessoas com quem têm oportunidade de relacionar-se, convencidos de que as abundantes graças do Ano Jubilar da Redenção, que estamos celebrando em união com a Igreja universal, têm o poder de despertar as consciências, de mover os corações ao arrependimento, e a vontade a for-

---

(25) São Josemaria, *Notas de uma reunião familiar*, 6/07/1974 (AGP, biblioteca, P04, 1974, vol. II, pág. 214).

mular propósitos de conversão. Não desperdicem, por falsas prudências ou por falsos respeitos humanos, esse *carisma da Confissão* que, na frase do Santo Padre João Paulo II, distingue os membros do Opus Dei. Meditem com frequência que a amizade com Deus – e, portanto, a piedosa recepção do Sacramento da Penitência – é o ponto de partida indispensável para que o seu apostolado pessoal produza frutos sólidos. Somente assim, insisto, as pessoas estarão em condições de incorporar-se aos apostolados de São Rafael e de São Gabriel, e de receber o dom divino da vocação à Obra.

Quero insistir com todos os meus filhos sacerdotes que dediquem muito tempo – todo o que puderem – a administrar o perdão de Deus nesse Sacramento de reconciliação e de alegria. Estejam sempre disponíveis para atender as almas. Procurem com paixão – a administração do Santo Sacramento da Penitência e a direção espiritual são uma das nossas «*paixões dominantes*» – a oportunidade de aumentar o seu trabalho no confessionário. Assim, experimentarão a alegria do Bom Pastor que vai à procura da ovelha perdida e que, *quando a encontra, a põe sobre os ombros com grande alegria*[26]. E façam com que muitos outros irmãos de sacerdócio participem dessa alegria, de modo que sejam cada vez mais aqueles que administram a misericórdia divina nesse Sacramento do Perdão. Repito a vocês a mesma coisa que o nosso Padre clamava: «Amai o confessionário. Amai-o! Amai-o! Que nos matem à força de confessar! Este é o caminho para desagravarmos o Senhor por tantos irmãos nossos que agora não querem

---

(26) Lc 15, 5.

ficar no confessionário, nem ouvir as almas, nem administrar o perdão de Deus»[27].

Não quero concluir sem me deter na grande alegria que o Senhor quis conceder-nos ontem, por ocasião da estadia do Romano Pontífice na paróquia de San Giovanni Battista in Collatino, na Scuola Safi e no Centro Elis, onde foi acolhido com imenso carinho pelas minhas filhas, pelos meus filhos e por outras muitíssimas pessoas que vivem como que à sombra do espírito da Obra. Lembrei-me da fé e do amor do nosso queridíssimo Padre quando, em 1965, nesse mesmo lugar, deu as boas-vindas a Paulo VI; e agradeci a Nosso Senhor pelos abundantes frutos espirituais que derramou nestes anos. O Papa cumprimentou todos os Conselheiros, um a um, abençoou todos eles e todas as Regiões, e dirigiu-lhes umas palavras nas quais me emocionou reconhecer o eco daquelas pronunciadas pelo nosso amadíssimo Fundador quando nos dizia que cada um de nós tinha de ser Opus Dei. Com efeito, o Santo Padre desejou a todos os membros da Prelazia «que sejam sempre mais Opus Dei e que façam o Opus Dei em todas as dimensões do mundo; não só no mundo humano, mas também no mundo criado. Talvez se encontre nesta fórmula», acrescentou o Papa, «a realidade teológica, a natureza própria da vocação de vocês, nesta época da Igreja que estamos vivendo e na qual vocês foram chamados a viver e a trabalhar»[28].

---

(27) São Josemaria, *Notas de uma reunião familiar*, 31/10/1972 (AGP, biblioteca, P04, 1972, vol. II, pág. 758).
(28) São João Paulo II, Palavras no Centro Elis, 15/01/1984, por ocasião de uma visita pastoral (*L'Osservatore Romano*, 16-17 de janeiro 1984).

Minhas filhas e meus filhos, reparem em que, para sermos Opus Dei e para fazermos o Opus Dei, devemos esforçar-nos para ter a alma muito limpa, muito metida em Deus; e devemos esforçar-nos por ser instrumentos, a fim de que muitas outras pessoas voltem a ser *amigas de Deus*, reconciliando-se com Ele. Nossa Senhora ajudar-nos-á sempre, e contamos com a intercessão e a bênção do nosso Padre.

Alegro-me muito ao enviar-lhes estas cartas, porque também trazem à minha memória a atividade do nosso Fundador desde os primeiros tempos. Ele queria – como eu quero, em seu nome – manter o nosso bendito Opus Dei cada dia mais unido, a serviço da Igreja Santa; e desejava que todas as pessoas à nossa volta participassem dos nossos bens espirituais; dava-lhes todo o nosso carinho e pedia a todos – um a um, uma a uma – que o ajudassem com a sua oração, para que sirvamos o Senhor mais e melhor, como Ele esperava e espera. Agora transmito de novo este encargo a vocês, para que o repitam, da minha parte, a todas as pessoas com quem se relacionam: peçam-lhes, concretamente, que se unam a vocês nas suas orações pelas intenções da minha Missa. Lembrem-se de que o Opus Dei foi feito e sempre será feito com a oração, e de que, em todo momento, precisaremos dessa colaboração valiosíssima e fecunda.

Aumentemos a nossa luta ascética pessoal e a prática das obras de misericórdia, especialmente a de difundir a boa doutrina

1º de fevereiro de 1989

Dentro de poucos dias, leremos na liturgia da Missa estas palavras do início da Quaresma: *Este é o tempo favo-*

rável, este é o tempo da salvação[29]. Embora não haja época do ano que não seja rica em dons divinos, este tempo o é de modo particular, porque serve de preparação imediata para a Páscoa, a maior solenidade do ano litúrgico. Com efeito, nos dias da Semana Santa, a Igreja recorda e revive a Paixão, Morte e Ressurreição de Jesus Cristo, pelas quais o demônio foi vencido, o mundo redimido dos pecados e os homens feitos filhos de Deus.

«Entramos na Quaresma, isto é, numa época de maior fidelidade a serviço do Senhor. É», escreve o Papa São Leão Magno, «como se entrássemos num combate de santidade»[30]. Como soam familiares essas palavras, reflexo da Tradição viva da Igreja, aos ouvidos dos filhos de Deus no Opus Dei! São exortações para que não cedamos na nossa luta interior, para que não nos concedamos trégua na luta contra os inimigos da nossa santificação.

Sabemos bem que essa luta é dever de todos os cristãos. Ao receber as águas do Batismo, prometemos – e ratificamo-lo depois no Sacramento da Confirmação – renunciar a Satanás e a todas as suas obras, para servir somente a Jesus Cristo. É um compromisso que exige um combate perene. «Este é o nosso destino na terra: lutar, por amor, até o último instante. Deo gratias!»[31], escreveu o nosso Padre no último dia de 1971, sintetizando os seus propósitos e os anseios depois de muitos anos de luta pessoal constante.

No nosso caso, essa obrigação geral dos cristãos foi confirmada e robustecida pela vocação ao Opus Dei. Ao

---

(29) Missal Romano, Quarta-feira de Cinzas (Segunda leitura: 2 Cor 6, 2).
(30) São Leão Magno, *Homilia*, 39, 3.
(31) São Josemaria, *Nota manuscrita*, 31/12/1971.

corresponder à chamada divina, adquirimos «um compromisso de amor, livremente aceito, com Deus Senhor Nosso»[32]. Esse *compromisso de amor* vincula-nos à Prelazia e uns aos outros com base na nossa honestidade de cristãos, e tem um conteúdo preciso, ascético e jurídico, claramente formulado no nosso Direito particular. Com palavras do nosso Fundador, desejo agora simplesmente lembrar-lhes que esse compromisso obriga-nos, sobretudo, «a lutar, com a finalidade de pôr em prática os meios ascéticos que a Obra nos propõe para sermos santos; a lutar para cumprir as nossas Normas e Costumes; a esforçar-nos por adquirir a boa doutrina e defendê-la, bem como por melhorar a própria conduta; a procurar viver de oração, de sacrifício e de trabalho, e – se possível – sorrindo, porque entendo, meus filhos, que às vezes não é fácil sorrir»[33].

Como já antes recordava, por ser a Quaresma uma época de maior rigor na luta, desejo convidá-los a renovar o combate aos defeitos pessoais com a ajuda do Senhor, nestas semanas de preparação para a Páscoa. Como o faremos? Minhas filhas e meus filhos, cada um de vocês, com responsabilidade e livremente, procurará concretizar o que lhes indico – «fazer um terno sob medida», diria o nosso queridíssimo Padre –, de acordo com as necessidades da sua alma, à luz dos conselhos que recebe na Confissão sacramental, na Conversa Fraterna e nos Círculos.

A ascética cristã sempre reconheceu a oração, o jejum e a esmola como práticas especialmente próprias deste tem-

---

(32) São Josemaria, *Notas de uma meditação*, fevereiro de 1972 (AGP, biblioteca, P09, pág. 149).
(33) *Idem*, pág. 150.

po litúrgico; isto é, o amor a Deus – manifestado na oração da mente e na oração dos sentidos, que isto é a mortificação – e o amor a todas as almas, por meio da prática generosa das obras de misericórdia e do apostolado.

Assim, eu gostaria muito que todos nós, em uníssono, com o mesmo bater do coração, nos propuséssemos decididamente viver com mais intensidade a oração mental e vocal nesta Quaresma, cada dia; ser generosos na mortificação dos sentidos, olhando para a Cruz de Cristo; e praticar com mais frequência as obras espirituais e corporais de misericórdia. Escrevi *com mais frequência*, porque, todos os dias, com matizes distintos, aparecerão muitas ocasiões de levarmos Cristo a outras almas ou de encontrá-lo e servi-lo nas pessoas que nos rodeiam na convivência habitual.

Minhas filhas e meus filhos, nestas linhas desejo recordar-lhes uma das principais manifestações de misericórdia para com as almas: *ensinar a quem não sabe*. A necessidade de realizarmos um generoso apostolado da doutrina – que se fortalece com a formação que recebemos e que é tão querido e desejado por todos nós no Opus Dei – torna presente aquilo que o nosso Padre nos ensinou tantas vezes: «O melhor serviço que podemos fazer à Igreja e à humanidade é dar doutrina. Grande parte dos males que afligem o mundo devem-se à falta de doutrina cristã [...]. Portanto, toda a nossa atividade apostólica tem realidade e função de catequese. Temos de dar doutrina em todos os ambientes»[34].

Para isso, em primeiro lugar, é preciso que tenhamos doutrina clara, abundante, segura; cuidai dos meios de

---

(34) São Josemaria, *Carta*, 9/01/1932, nn. 27-28.

formação que a Prelazia oferece a mãos cheias! Ide às aulas e aos Círculos, às meditações e palestras, aos recolhimentos... com «*o entusiasmo da primeira vez*», ainda que se tenham passado muitos anos desde então, e com desejos sinceros de aproveitá-los a fundo. Só assim estareis em condições de ajudar tantas pessoas que a Providência divina põe ao nosso lado diariamente, a fim de que iluminemos a sua inteligência e a sua conduta com a luz da doutrina católica.

É urgente e necessário realizarmos uma semeadura generosa de doutrina em todos os campos da atividade humana. Cada cristão deveria sentir-se pessoalmente responsável por fazer chegar ao seu entorno concreto, ao seu ambiente, os ensinamentos que Cristo entregou à sua Esposa, para que os conservasse intactos e os transmitisse de geração em geração. Com efeitos, todos nós, em virtude do Batismo que recebemos, somos chamados a colaborar na missão evangelizadora da Igreja. Minha filha, meu filho, pensa agora, por conta própria, sobre como estás contribuindo para o cumprimento deste encargo divino: *Ide por todo o mundo e pregai o Evangelho a toda criatura...*[35], em todas as circunstâncias do seu trabalho profissional, do seu caminho junto com as outras pessoas nesta etapa da história.

Recentemente, as palavras do Evangelho de São Marcos – que todos nós devemos sentir como dirigidas pelo Senhor a cada um – ressoaram nos meus ouvidos com maior vigor. Na véspera da minha saída de Roma para iniciar uma viagem pastoral por vários países da Europa,

---

(35) Mc 16, 15.

ao receber a bênção do Santo Padre, o Vigário de Cristo disse-me com força que temos de fazer que o nosso apostolado chegue a todo o mundo, porque muitas almas esperam por nós. Minhas filhas e meus filhos, rezai para que este desejo do Papa, que é também o nosso, se realize quanto antes, de modo que – com a doutrina católica – o espírito do Opus Dei vingue em muitos países.

Como intenção apostólica geral para este mês, indiquei a vocês que cada um procure levar *pelo menos* uma pessoa nova aos Círculos de São Rafael ou de Cooperadores. Para atingir essa meta – que pressupõe, nos seus amigos, o desejo de levar a sério a prática da vida cristã –, é indispensável que essas pessoas possuam um conhecimento básico dos ensinamentos da Igreja. Também por isso, para o desenvolvimento dos trabalhos apostólicos específicos da Obra, é muito necessário o apostolado da doutrina. Porque, como ensina o Apóstolo, *como invocarão Aquele em quem não acreditaram? Ou como acreditarão, se não ouviram falar dEle? Como ouvirão sem alguém que pregue?*[36] Assim, é necessário que cada um de nós se pergunte com frequência: a quem eu posso falar de Deus? Com quais parentes, amigos, colegas de trabalho, conhecidos, posso começar uma conversa orientadora que os leve a refletir sobre o sentido último da sua vida e, com a graça de Deus, os ajude a encaminhar-se pelas sendas da vida cristã? Mais concretamente, que pessoas posso preparar para que se incorporem aos Círculos? Pergunte-se também, com sinceridade: os meus amigos podem descobrir Cristo através das minhas palavras, da minha atuação na vida

---

(36) Rm 10, 14.

familiar e social, do meu comportamento no exercício do trabalho profissional?

Com o afã de dar doutrina, que é uma das características que definem os fiéis da Prelazia, relaciona-se estreitamente esta outra obra de misericórdia: *dar bom conselho a quem precisa*. Quando uma alma vacila no momento em que deveria tomar uma decisão, talvez importante, é uma obra de caridade delicadíssima ajudá-la com as nossas próprias luzes, conseguidas de Deus mediante o estudo, a formação recebida e a oração. Além disso, é uma maravilhosa manifestação do modo específico de fazer apostolado que o Senhor quis para o Opus Dei: *o apostolado de amizade e confidência*. Assim se comporta o pai ou a mãe com os filhos, o amigo com o amigo, o trabalhador com os seus colegas de ofício ou de profissão..., realizando na sociedade civil uma semeadura de doutrina de consequências incalculáveis.

Simplicidade e sinceridade. Exame de consciência sobre o modo de vivermos estas virtudes

1º de novembro de 1989

«O espírito do Opus Dei é simples, cândido e genuíno»[37], escreveu o nosso Padre numa das suas Cartas. É assim por vontade explícita de Deus, que dispôs que na Obra haja criaturas humanas de todas as condições e estabeleceu que no seu espírito brilhe – como uma joia preciosíssima – o amor à sinceridade, à simplicidade, à

---

(37) São Josemaria, *Carta*, 11/03/1940, n. 1.

clareza de conduta e de consciência, que são manifestações que se adaptam tão perfeitamente a qualquer alma, independentemente da sua idiossincrasia.

Assim, minhas filhas e meus filhos, tenham presente que sempre devemos caminhar *com simplicidade de coração*[38], *com a simplicidade e a sinceridade que provêm de Deus*[39], com amor à verdade, e tudo isso como exigência clara e permanente do nosso desejo de imitar Jesus Cristo, que pregou de si mesmo que Ele é a Verdade[40]. Ao mesmo tempo, esta atitude ganha força em nós como um reflexo da unidade de vida, que é característica essencial do nosso espírito. Assim como temos de rejeitar qualquer fratura entre a nossa vida espiritual e o nosso trabalho, tampouco deve haver qualquer divisão entre os nossos pensamentos e as nossas palavras, entre o que somos e o que fazemos. Na nossa conduta têm de manifestar-se a toda hora a profundidade e a radicalidade da vocação específica com que fomos chamados; isto é, essa consciência de buscarmos a santidade nas mais diversas circunstâncias em que nos encontremos.

Dizei somente sim, se é sim; não, se é não[41], admoesta o Senhor por meio de São Mateus. A sinceridade implica coerência absoluta entre o que se pensa e o que se fala, significa transparência, pressupõe que damos passagem à luz divina, única luz capaz de iluminar as nossas trevas, até o fundo da alma, sem que lhe ponhamos obstáculos de ne-

---

(38) Ef 6, 5.
(39) 2 Cor 1, 12.
(40) Cf. Jo 14, 6.
(41) Mt 5, 37.

nhum tipo. Como é atual aquele conselho do nosso Padre: «Pediste-me uma sugestão para venceres nas tuas batalhas diárias, e eu te respondi: ao abrires a tua alma, conta em primeiro lugar o que não quererias que se soubesse. Assim o diabo sai sempre vencido»[42]. Pelo contrário, a mentira, a simulação, a falsidade, tudo aquilo que não é diáfano, causa-nos repugnância, porque *provém do Maligno*[43] e é o que há de mais oposto ao espírito cristalino próprio do Opus Dei. Por isso, o nosso Fundador conclui: «Abre a tua alma com clareza e simplicidade, de par em par, para que entre – até o último recanto – o sol do Amor de Deus!»[44]

Quantas vezes, por disposição divina – não hesito em qualificá-lo assim –, o nosso Padre pregou a importância da sinceridade! Recomendava-a a todos: àqueles que se aproximavam da nossa família sobrenatural, aos que tinham acabado de pedir a admissão na Obra, aos que estavam recebendo uma formação mais intensa nos Centros de Estudos, aos que estavam na Obra havia dezenas de anos... Pedia a todos e cada um de nós mais delicadeza e exigência na prática dessa virtude, até mesmo garantindo-nos que era o melhor obséquio que podíamos fazer-lhe. No dia em que o nosso Fundador completou setenta anos, como vocês recordarão, respondeu imediatamente a alguém que lhe perguntava que presente esperava dos seus filhos: «A sinceridade: sinceridade na Confissão e na Conversa Fraterna». Fazia-nos este convite tão determinante porque a profunda sinceridade com Deus, conosco

---

(42) Josemaria Escrivá, *Forja*, n. 126.
(43) Mt 5, 37.
(44) Josemaria Escrivá, *Forja*, n. 126.

próprios e com os Diretores é e será sempre condição indispensável para forjarmos a nossa fidelidade. «Se quisermos perseverar, sejamos humildes. Para sermos humildes, sejamos sinceros»[45].

Minhas filhas e meus filhos, reiterando os ensinamentos do nosso Padre, também sinto a urgência de recomendar-lhes ardentemente que, sem escrúpulos, ponham todo o empenho possível para melhorar constantemente nesta virtude. Apresentar-nos com sinceridade na direção espiritual não consiste apenas em contar a verdade: é preciso que manifestemos *toda* a verdade, depois de termos examinado a nossa consciência com valentia, sem ocultar nada depois a quem tem o encargo divino de ajudar-nos a percorrer o nosso caminho com garbo e fidelidade. Não há mentira pior – vocês têm plena consciência disto – que aquela em que se mistura algo de verdade. Por isso, na Confissão sacramental e na Conversa Fraterna, esforçamo-nos sempre por não tolerar sequer um resíduo obscuro em nenhum recanto da nossa alma; cheios de paz, procuramos reconhecer os nossos erros com humildade e simplicidade.

Não podemos iludir-nos como aquele senhor que, como contam na Itália, comia as massas de olhos fechados, porque o médico lhe dissera que não devia nem olhar para massa. Nós também não podemos cair na puerilidade de enfeitarmos os próprios defeitos com a folhagem de um palavrório inútil, com o qual muitas vezes – talvez de modo inconsciente – tendemos a disfarçar o que mais nos humilha ou envergonha. Não me cansarei de recordar-lhes que, «se o demônio mudo de que nos fala o

---
(45) São Josemaria, *Carta*, 24/03/1931, n. 34.

Evangelho se mete na tua alma, põe tudo a perder. Mas se é expulso imediatamente, tudo corre bem, caminha-se feliz, tudo anda. – Propósito firme: "sinceridade selvagem" na direção espiritual, unida a uma delicada educação... E que essa sinceridade seja imediata»[46].

Mas insisto em que não é suficiente contarmos as coisas tal como as vemos diante de Deus, sem silenciar nada. A pessoa verdadeiramente sincera, além de manifestar *toda* a verdade, está plenamente disposta a aceitar os conselhos da direção espiritual, com inteira docilidade de mente e de vontade, e a continuar a lutar esforçadamente para levá-los à prática. Esta é a sinceridade cabal: a que caminha unida com a docilidade e com a luta concreta nos pontos que nos indicaram.

Minha filha, meu filho, agora, na presença de Deus, examine como é a sua sinceridade. Você vai à oração com a alma aberta de par em par, com desejos de conhecer o que o Senhor lhe pede? Procura ter intimidade com Jesus, face a face, sem se refugiar no anonimato? Pede luzes ao Espírito Santo cada dia, ao fazer os seus exames de consciência, a fim de que você se conheça cada vez melhor? Prepara bem a Confissão sacramental e a direção espiritual? Recorre a esses meios com verdadeiro anseio de identificar o seu espírito com o da Obra?

A simplicidade – sinceridade na conduta, nas atitudes, no comportamento – também se relaciona intimamente com a unidade de vida e mostra-se «como o sal da perfeição»[47]. Por esta razão, como repetia o nosso Padre,

---

(46) Josemaria Escrivá, *Forja*, n. 127.
(47) Josemaria Escrivá, *Caminho*, n. 305.

toda a formação que recebemos na Obra tende a que sejamos interiormente simples, descomplicados. «Desde que chegastes à Obra, não se fez outra coisa senão tratar-vos como as alcachofras: foram-se retirando as folhas duras de fora para que o miolo ficasse limpo. Todos nós somos um pouco complicados; por isso, às vezes, até mesmo pessoas talentosas permitem facilmente que, a partir de uma coisa pequena, se forme uma montanha que as assombra. Pelo contrário, deveis ter o talento de falar, e os vossos irmãos ajudar-vos-ão a ver que aquela preocupação é uma bobagem ou que tem a sua raiz na soberba»[48].

Cada um de nós deve empenhar-se em arejar constantemente a própria alma, sem permitir que se crie um *quarto de bagunça* onde se acumulem quinquilharias que entorpecem a sua marcha para Deus. Minha filha, meu filho, conte logo à sua irmã ou ao seu irmão com quem você tem a Conversa Fraterna aquilo que começa a pesar-lhe, a roubar-lhe a paz interior, a enturvar a sua alegria; assim, o Senhor o premiará, ajudando-o a saborear com maior riqueza o *gaudium cum pace*, a alegria e a paz, que são o distintivo imediato da nossa vocação.

Além disso, a simplicidade – assim o insinuava no começo destas linhas – é especialmente necessária para atrairmos as almas ao nosso caminho. As pessoas simples conquistam espontaneamente a simpatia e o apreço dos outros, ao passo que as complicadas afastam as pessoas e criam ao seu redor um vazio difícil de preencher. Examinem-se também sobre este ponto, a fim de melhorarem

---

(48) São Josemaria, *Nota de uma meditação*, abril de 1972 (AGP, biblioteca, P04, pág. 171).

a eficácia do seu apostolado de amizade e confidência, e vejam se o seu relacionamento com as pessoas que os rodeiam é reto, simples, confiado; e, ao mesmo tempo, impregnado da necessária prudência que devemos viver em toda a nossa atuação.

É tempo de rezar e de reparar; também é tempo de confiarmos no Senhor e de fazer apostolado sem constrangimentos
1º de abril de 1990

Quando põem diante dos nossos olhos os sofrimentos suportados por Jesus Cristo em favor do seu Corpo Místico, as celebrações litúrgicas da Semana Santa falam-nos – até por meio dos sentidos – do imenso amor de Nosso Senhor à Igreja, pela qual se entregou, como afirma São Paulo, a fim de torná-la santa e imaculada, sem mancha nem ruga[49]. Minhas filhas e meus filhos, não nos cansemos de meditar na Paixão de Cristo; mais ainda, supliquemos ao Espírito Santo que nos conceda ânsias de compreender mais e mais os sofrimentos redentores do Senhor. Nessa contemplação, inflamar-se-á o nosso afã de almas, e daí conseguiremos forças para realizar um apostolado cada dia mais intenso e eficaz.

Nos últimos anos da sua vida na terra, o nosso Padre disse-nos muitas vezes que era *tempo de reparar* especialmente. Repito-o agora com todas as minhas forças. Temos de recorrer constantemente a Deus, fonte de todos os bens, com a simplicidade e a confiança com que um

---
(49) Cf. Ef 5, 25-28.

filho pequeno corre em direção ao seu pai para pedir-lhe tudo de que precisa. E não esqueçamos – porque a Divina providência assim o quer – que existem momentos em que a necessidade de rezar se torna mais urgente. E então, agora mesmo, «deve brotar da nossa alma um clamor incessante. Como? Adaptando a vida à nossa fé; com defeitos, que sempre teremos [...], mas tentando que a nossa conduta seja um reflexo perfeito da nossa fé»[50].

Assim, em primeiro lugar, temos de pôr esforço – renovado diariamente – para viver de modo coerente com a nossa fé cristã e com os compromissos que adquirimos na Obra. Por isso, meus filhos, nunca deixarei de insistir na importância de lutarmos pessoal e interiormente em todos os instantes da nossa existência. A luta concreta, de cada momento, para sermos melhores filhos de Deus no Opus Dei é a garantia mais firme do nosso serviço à Igreja. Perguntem-se se agem assim; se, no exame de consciência de cada noite, concretizam – com generosidade, com amor – algum ponto de luta objetivo para o dia seguinte; pensem se os conselhos recebidos na Conversa Fraterna e na Confissão orientam realmente a luta interior de cada um ao longo da semana.

«O remédio dos remédios é a piedade. Meu filho, na presença de Deus, exercita-te particularizando a tua luta para caminhares perto dEle durante o dia inteiro. Que possam perguntar-vos em qualquer momento: e tu, quantos atos de amor fizeste hoje, quantos atos de desagravo, quantas jaculatórias à Santíssima Virgem? É preci-

---

(50) São Josemaria, *Notas de uma reunião familiar*, 29/06/1971 (AGP, biblioteca, P01, 10/1971, pág. 9).

so rezar mais. É o que temos de concluir. Talvez rezemos pouco ainda, e o Senhor espera de nós uma oração mais intensa pela sua Igreja. Uma oração mais intensa implica uma vida espiritual mais firme, que exige uma contínua reforma do coração: a conversão permanente. Pensa nisto e tira as tuas conclusões»[51].

Desse modo, as nossas petições estarão bem sustentadas e chegarão com mais força à presença de Deus. Com palavras do nosso Padre, insisto em que «deveis ter, minhas filhas e meus filhos, uma grande *preocupação* que vos ocupe em rezar. Portanto [...], imploremos incessantemente com a oração e com o cumprimento fidelíssimo dos pequenos deveres de cada dia»[52]. E o nosso Fundador acrescentava, fazendo-nos ver a importância da oração sincera e *teimosa*, nossa e de tantas pessoas: «Rezemos mais, uma vez que o Senhor acendeu na nossa alma este grande amor à Igreja Santa. Clamemos, filhos, clamemos – *clama, ne cesses!* (Is 58, 1) –, e o Senhor ouvir-nos-á e porá fim à tremenda confusão deste momento»[53].

Assim, a nossa oração deve estender-se a todas as horas e a todas as nossas ocupações: *É preciso orar sempre*[54]; de dia e de noite, *sem interrupção*[55], escreve São Paulo. Temos o exemplo do nosso amadíssimo Padre, que afirmava que também durante o sono prosseguia a sua oração. Além

---

(51) São Josemaria, *Carta*, 14/02/1974, n. 15.
(52) São Josemaria, *Notas de uma reunião familiar*, 29/06/1971 (AGP, biblioteca, P01, X-1971, pág. 10).
(53) São Josemaria, *Carta*, 14/02/1974, n. 15.
(54) Lc 18, 1.
(55) 1 Tes 5, 17.

disso, quando alguma vez perdia o sono – e foram tantas as suas noites de vigília insone por amor à Igreja! –, o nosso Fundador rezava também orações vocais cheias de piedade, com fome de desagravar o Senhor. Porém, não se limitava apenas a essas ocasiões; estava tão intimamente unido à Santíssima Trindade que verdadeiramente se cumpriam na sua vida aquelas palavras de São Jerônimo: «Para os santos, o próprio sono é oração»[56]. Com a graça de Deus, que não nos faltará, empenhemo-nos em que toda a nossa existência seja uma realidade de intimidade com o Senhor, por meio de uma oração contínua.

«Mas devemos rezar com ânsia de reparação. Há muita coisa para expiar, dentro e fora da Igreja de Deus»[57], pedia-nos o nosso Padre, e agora o peço eu. «Procurai umas palavras, formulai uma jaculatória pessoal e repeti-a muitas vezes ao dia, pedindo perdão ao Senhor; primeiro, pela nossa frouxidão pessoal e, depois, por tantas ações delituosas que se cometem contra o seu Santo Nome, contra os seus Sacramentos, contra a sua doutrina»[58].

Uma e outra vez, voltai os seus olhos a Nosso Senhor Jesus Cristo, agora e ao longo do ano, pondo-se muito perto dEle nos momentos da sua Paixão e Morte. Contemplem aquele suor de sangue durante a oração no horto, que exprime a intensidade dos sofrimentos da sua alma, o peso dos pecados que oprimem a sua Humanidade Santíssima. Vendo Jesus assim, reagiremos com medo

---

(56) São Jerônimo, *Epístola 22, ad Eustochium*, 37.
(57) São Josemaria, *Notas de uma meditação*, fevereiro de 1972 (AGP, biblioteca, P09, pág. 147).
(58) *Ibidem.*

à expiação, à penitência, à renúncia? Vamos regatear a pequena colaboração que Ele espera de cada um de nós, a fim de completarmos na nossa vida aquilo que falta aos seus padecimentos em favor da Igreja?[59]

Minhas filhas e meus filhos, sejamos generosos e ofereçamos imediatamente a Deus, com ânsia de desagravo, a doença inesperada, a contradição injusta, os mil acontecimentos que alteram os projetos nobres e bons que forjamos. «É hora de repararmos diante de Deus. Desagravai, porque é o momento de amá-lo. Sempre é hora de amá-lo, mas, nestes tempos, quando se faz tanta ostentação de indiferença presunçosa, de mau comportamento [...], temos de aproximarmo-nos ainda mais do Senhor para dizer-Lhe: meu Deus, amo-te; meu Deus, peço-te perdão»[60]. Se nos exercitarmos diariamente nas pequenas mortificações voluntárias, que não devem faltar no nosso plano de vida, Jesus conceder-nos-á a sua graça para aceitarmos as penas que surgirem – com alegria, sem queixas! – e para amarmos as contrariedades que se apresentarem. Minha filha, meu filho, medita: como respondes àquilo que te incomoda? Aceitas a amabilíssima Vontade divina imediata e completamente, com amor ardente? Procuras identificar-te com os seus desígnios? Procuras sorrir, ainda que seja custoso?

Quando o nosso Fundador pintava com cores vivas a situação que tanto o fazia sofrer, jamais havia pessimismo nas suas palavras. Agora também não há pessimismo nas minhas, porque sabemos bem que Nosso Senhor é To-

---

(59) Cf. Col 1, 24.
(60) São Josemaria, *Carta,* 28/03/1973, n. 8.

do-poderoso; mas manifesta-nos que quer contar com a nossa ajuda e com a de tantas outras pessoas, que também desejam ser fiéis aos seus compromissos batismais. «São muitos os cristãos – a imensa maioria – que permanecem firmes pela misericórdia do Senhor. Os que forem fiéis, verão a Igreja renascer e voltar a ter a unidade e a formosura de sempre»[61].

Portanto, aproveitemos este tempo de rezar e de reparar, que, ao mesmo tempo, é *tempo de confiar* muito em Deus e de fazer apostolado sem constrangimentos, certos de que o Senhor nos escuta. Concretamente, aproveitem também o tempo litúrgico da Quaresma, que agora estamos vivendo, e o da Semana Santa, para intensificar o apostolado da Confissão, ajudando muitas pessoas a cumprir o preceito da Igreja que manda confessar-se e comungar na Páscoa. E animem essas pessoas para que, por sua vez, estimulem muitas outras almas a renovar-se espiritualmente nas fontes da graça.

Assim, reforcemos a nossa esperança, mas com base na oração, na mortificação e nas obras, que são realidades de luta pessoal e de apostolado, porque «Deus não perde batalhas. Mas devemos bater continuamente à porta do Coração Sacratíssimo de Jesus Cristo, que é o nosso amor, e do Coração Dulcíssimo de Maria, que é a nossa salvação; e não esquecer que, para o Senhor, os séculos são instantes.

«Minhas filhas e meus filhos, tranquilos, tranquilos, porque o dia novo se aproxima, cheio de paz e de clari-

---

(61) São Josemaria, *Notas de uma reunião familiar*, 31/10/1971 (AGP, biblioteca, P01, X-1971, pág. 15-16).

dade. Estaremos tranquilos, serenos, se não perdermos a consciência clara de que não somos nada, de que não podemos nada, de que não valemos nada sem o Senhor: *Sine me nihil potestis facere* (Jo 15,15). Temos de esforçar-nos na nossa própria vida espiritual e no trabalho apostólico, mas com a convicção de que o fruto depende apenas de Deus. A oração, esta é a nossa força; nunca tivemos outra arma. Perseveremos, porque o Senhor nos escutará»[62].

O Senhor escuta sempre a oração humilde, confiante e perseverante, como a que todos nós, os seus filhos no Opus Dei, tentamos fazer. Vocês têm claramente diante dos olhos como progridem muitas das intenções pelas quais, há tempos, lhes venho pedindo que rezem. Continuem a fazê-lo, todos bem unidos, porque o nosso Pai-Deus fará maravilhas se formos fiéis. Rezem com mais intensidade nestas semanas, pois agora, especialmente, procuro apoio na força da oração de vocês. Vocês não fazem ideia de quanto preciso da sua colaboração! E não lhes escondo que peço ao Senhor que penetre muito fundo na alma de todos – na sua, meu filho! – aquela súplica e aquele clamor do Mestre: *Não fostes capazes de velar sequer uma hora comigo? Vigiai e orai para não cairdes em tentação*[63].

Meus filhos, cuidem das meias horas de oração, acompanhando-me com uma luta sincera contra o cansaço, a rotina, a leviandade. Lembrem-se de que a Santíssima Trindade nos vê e nos ouve; que a nossa conduta não seja desleixada, mas um empenho para louvar mais e melhor a Deus em cada tempo de meditação, em cada oração vocal!

---

(62) São Josemaria, *Carta*, 17/06/1973, n. 35.
(63) Mt 26, 40-41.

Termino com umas palavras do nosso Fundador que convém meditar nestes tempos de dura crise que atravessamos: «Não quero que sejais pessimistas; deveis ser – volto a repetir-vos – alegres e otimistas; recordai que o Senhor não perde batalhas, que a Redenção está realizando-se também agora, e não só há vinte séculos, com a imolação de Jesus no Calvário. E sereis mais prontamente otimistas e esperançosos se vos acostumardes a rezar: *São José, Nosso Pai e Senhor, abençoa todos os filhos da Santa Igreja de Deus*»[64].

Permaneçamos vigilantes na luta interior e no afã apostólico. Rezemos e semeemos a boa doutrina a mãos cheias

1º de março de 1990

No mês de março de 1973 – passaram-se já dezessete anos –, o nosso Fundador enviou-nos uma Carta que sacudiu fortemente as nossas almas. Era a primeira das três *campanadas*[65] com que, nos últimos anos da sua vida, nos estimulava a aprimorar a nossa fidelidade à Igreja e às exigências da nossa vocação. Dizia-nos numa daquelas Cartas: «Eu quisera que esta *campanada* introduzisse nos vossos corações, para sempre, a mesma alegria e a mesma vigilância de espírito que deixaram na minha alma [...] aqueles sinos de Nossa Senhora dos Anjos. Um toque de

---

(64) São Josemaria, *Notas de uma reunião familiar*, 28/06/1971 (AGP, biblioteca, P01, 1971, pág. 103).

(65) As «*campanadas*» foram três cartas escritas por São Josemaria Escrivá. Embora a palavra «campanada» não exista em português, preferiu-se deixá-la nesta edição por causa das suas conotações históricas. (N. do E.)

sinos, pois, de alegrias divinas, um assobio de Bom Pastor que a ninguém pode incomodar»[66].

Minhas filhas e meus filhos, nestes momentos sinto a necessidade de prolongar o toque daqueles sinos que Deus fez ressoar nos nossos ouvidos servindo-se do nosso Padre. Como sempre, o meu único anseio é ajudá-los e exigir de mim mesmo caminhar em estreitíssima união de intenções e de sentimentos com o nosso Fundador, e esse anseio me leva a usar das palavras do nosso Fundador para pedir a vocês e a mim mesmo uma resposta cada dia mais generosa. Convido-os a ler e meditar de novo essas páginas escritas pelo nosso Padre e peço ao Senhor que todos nós experimentemos uma forte sacudida interior, uma vibração de santidade como a que contemplamos na existência do nosso Fundador.

As circunstâncias do mundo e da Igreja, no momento em que começa esta última década do século XX, em muitos aspectos não são distintas das que impeliam o nosso Padre a urgir-nos e a manter-nos num estado de vigilância própria de pessoas sinceramente enamoradas de Deus, a fim de servirmos melhor a Igreja e as almas. Nessas Cartas, falava-nos do «*tempo de prova*» pelos quais a Esposa de Cristo passava então, e tenho que adverti-los – sem alarmismos! – de que, infelizmente, essa situação perdura. É verdade que em alguns casos não faltam sinais de que voltamos a subir a encosta; mas, em muitos aspectos de capital importância e na maior parte das nações – de modo particular nos países da velha Europa e da América setentrional –, persiste aquele fenômeno desagregador

---

(66) São Josemaria, *Carta*, 14/02/1974, n. 1.

que tanto fez o nosso Padre sofrer: a confusão doutrinal, o desprezo grosseiro e ignorante por esses canais da graça que são os sacramentos, a falta de obediência e de autoridade de que o inimigo das almas se serve para fazer com que tantas pessoas se percam.

Minhas filhas e meus filhos, advirto-os com clareza acerca dessas tristes realidades porque sinto o grave dever de prevenir o risco de que alguém se *acostume* a esse modo de ver a vida que se observa em alguns cristãos – em muitos, infelizmente –, com a correspondente degradação da sociedade civil, considerando *normal* aquilo que não é senão um grosseiro afastamento de Deus, às vezes com pretensões de uma falsa naturalidade. Eu, como o seu Pastor, e cada um de vocês, como *ovelha e pastor* deste *pusillus grex*[67] do Senhor que é a Obra, estamos incumbidos da obrigação de evitar que alguém se deixe iludir pela propaganda dos meios de comunicação, que tendem a apresentar com cores laudatórias e positivas, como conquistas de um progresso irreversível, aquilo que, em última análise, não passa de claudicações em temas que um cristão coerente com a sua fé deve viver e em que jamais pode ceder. Por isso, o grito do nosso Padre é plenamente atual: «Alerta e rezando! Assim deve ser a nossa atitude em meio a esta noite de sonhos e de traições, se quisermos seguir Jesus Cristo de perto e ser consequentes com a nossa vocação. Não é tempo para o torpor; não é momento de sesta; é preciso que perseveremos acordados, numa contínua vigília de oração e de semeadura»[68].

---

(67) Lc 12, 32.
(68) São Josemaria, *Carta,* 28/03/1973, n. 3.

Insisto em que não podemos baixar a guarda neste combate de amor que é a nossa caminhada terrena. O Senhor espera de você, de mim, um maior empenho no nosso trabalho de almas, de modo que contribuamos eficazmente com a purificação do ambiente em que vivemos. Minhas filhas e meus filhos, clamemos com o coração e com as obras, velando atentamente pelos nossos irmãos e pelas pessoas do nosso entorno, sem conceder-nos pausa alguma, tal como não se concedem nenhuma, na sua triste tarefa, os inimigos da Igreja, de fora e de dentro dela. Cada um e cada uma deve reconhecer como dirigido à sua própria consciência aquele grito da Escritura que o nosso Fundador repetiu com tanta insistência, para que adquirisse um eco vibrante nos nossos corações: *Custos, quid de nocte?*[69], «Sentinela, alerta!»

Manter-nos-emos sempre alertas e contribuiremos para que termine o «*tempo de prova*» se cada dia nos esforçarmos – de modo tangível, concreto – para santificar o nosso trabalho profissional, com tudo o que isso exige; se procurarmos cumprir cada vez melhor – com mais amor! – as Normas do nosso plano de vida; se nos esmerarmos para dar às pessoas que convivem conosco um exemplo amável, atraente daquilo que significa querer ser bons cristãos – com erros pessoais, que todos nós temos, mas sem barganhas naquilo em que não podemos transigir e, ao mesmo tempo, com compreensão e carinho para com os equivocados. Temos de estar totalmente persuadidos de que «estas crises mundiais são crises de santos. Deus quer um punhado de homens "seus" em

---

(69) Is 21, 11.

cada atividade humana. Depois... "pax Christi in regno Christi", a paz de Cristo no reino de Cristo»[70].

Não há outro remédio senão opor-nos, com a palavra e com as obras, a algumas situações que estão *na moda* na sociedade atual; caso contrário, não seríamos fiéis seguidores do único Senhor. Temos de dar a vida pela Igreja sem alarde, mas sem esconder-nos num confortável ponto médio. «Convencei-vos e suscitai nos outros a convicção de que nós, os cristãos, temos de navegar contra a corrente. Não vos deixeis levar por ilusões. Pensai bem: Jesus andou contra a corrente, Pedro e os outros primeiros foram contra a corrente, e assim fizeram todos aqueles que, ao longo dos séculos, quiseram ser discípulos constantes do Mestre»[71].

Minha filha, meu filho, pense como você se comporta no seu lugar de trabalho, na sua família, no círculo social que frequenta, e pergunte-se se você se empenha ao máximo, se faz tudo o que está nas suas mãos para conseguir que aí reinem a Cruz redentora de Cristo, os seus ensinamentos, as suas leis. Procura novos modos de levar a doutrina católica a outras pessoas, sobretudo nos aspectos mais ignorados ou mais distorcidos na atualidade? Adota com elegância o tom dos filhos de Deus no ambiente de trabalho, familiar, social, esportivo que frequenta? Na sua conversa cotidiana com Jesus, você cultiva esse *complexo de superioridade* próprio dos filhos de Deus, ao qual o nosso Padre se referiu tantas vezes, e o leva consigo a toda parte?

---

(70) Josemaria Escrivá, *Caminho*, n. 301.
(71) São Josemaria, *Carta*, 28/03/1973, n. 4.

Ao fazer estas perguntas a vocês e a mim, parece-me que vem a calhar perfeitamente a necessidade de que meditemos, de que pratiquemos aquele ensinamento antigo e sempre atual do nosso santo Fundador: «"E num ambiente paganizado ou pagão, quando esse ambiente chocar com a minha vida, não parecerá postiça a minha naturalidade?", perguntas.

«– E te respondo: chocará, sem dúvida, a tua vida com a deles. E esse contraste, porque confirma com as tuas obras a tua fé, é precisamente a naturalidade que eu te peço»[72].

Minhas filhas e meus filhos, percamos o medo de chocar com as modas, seja de que tipo forem, se essas modas chocam com Deus, ainda que seja – isso dizem os que não têm amor! – em coisas de pouca importância.

Porque é preciso rezar, sim, e resistir pessoalmente à onda de dissolução que inunda tantos homens e mulheres; mas também é preciso semear a mãos cheias a boa doutrina, mediante o apostolado pessoal de amizade e de confidência que o Senhor quer para nós, e *discursando* – assim se exprimia o nosso Padre[73] – quando for conveniente. Com a bagagem da fé e da formação que recebemos na Prelazia, não há nenhum ambiente – por hostil que pareça – que não possamos purificar com a ajuda do Senhor. Requer-se, isso sim, que sejamos valentes, decididos; que não tenhamos medo de provocar nas almas – com muita caridade, insisto, mas com fortaleza – essas crises salutares que se dão quando uma pessoa se coloca face a face dian-

---

(72) Josemaria Escrivá, *Caminho*, n. 380.
(73) Cf. *Idem*, n. 846.

te do Senhor. Se pedimos com humildade a luz de Deus para este exame que lhes recomendo, talvez vejamos que é possível – que devemos! – fazer mais [...].

Minhas filhas e meus filhos, estamos no início da Quaresma. Sei que vocês esperam que lhes peça mais oração, mais generosidade nas mortificações oferecidas por aquilo que preenche a minha alma. Eu também espero esses tempos de conversa de família, de confidência com cada um de vocês, para pedir-lhes que me ajudem mais, que me sustentem. Gostaria de que a sua resposta fosse como a daquela doente que, nos primeiros anos da Obra, sentia o peso do Opus Dei – tudo estava por fazer! – e percebia que o Senhor contava com a sua resposta mais completa, com o seu holocausto total. Aquela pessoa – como tantas outras ao longo dos anos – soube oferecer com alegria grandes dores físicas e morais para dar solidez aos fundamentos do Opus Dei, sendo um apoio firmíssimo para o nosso Padre.

Vamos dar um profundo sentido de reparação à nossa mortificação e à nossa penitência – que devem ser mais intensas neste período da Quaresma. Que cada um de nós possa dizer, com São Paulo: *Completo na minha carne o que falta à Paixão de Cristo pelo seu corpo, que é a Igreja*[74]. Procurem aproximar as pessoas com quem se relacionam do sacramento da Confissão, e recebam-no vocês mesmos com mais gratidão, com mais devoção. Unam-se às minhas intenções – em primeiro lugar, a Igreja e o Papa – oferecendo ao Senhor o cumprimento acabado, perfeito, do trabalho de vocês. E recorram com confiança a Santa

---

(74) Col 1, 24.

Maria, Trono da glória, para conseguir a misericórdia divina: *Adeamus cum fiducia ad Thronum gloriæ ut misericordiam consequamur!*

Semana Santa
Acompanhar Jesus na Paixão

A entrada de Cristo em Jerusalém convida--nos a difundir entre as pessoas a procura da santidade nas circunstâncias da vida diária

1º de abril de 1992

Dentro de poucos dias, começará a Semana Santa, quando a Igreja nos convida a meditarmos profundamente no infinito Amor de Deus pelos homens, manifestado na Paixão e Morte de Cristo e na «loucura de amor» da Sagrada Eucaristia. Perante a superabundância da misericórdia divina, um homem ou uma mulher de fé – é o que nós, filhas e filhos de Deus na Obra, queremos ser – não pode tomar outra atitude senão adorar a Bondade infinita do Senhor, agradecer os seus desígnios misericordiosos para com a humanidade inteira e desagravar pelos pecados pessoais e pelos de todos os homens, com o propósito sincero de devolver amor com amor.

Hoje, eu quereria que reparásseis em outra das cenas que comemoraremos nos próximos dias. Refiro-me à entrada de Jesus Cristo em Jerusalém, no lombo de um burrico, para receber a aclamação do povo. O nosso Padre falou-nos muitas vezes daquele pobre jumento, instrumento do triunfo de Jesus, no qual via retratados todos os cristãos que, por meio de um trabalho profissional bem feito, realizado diante de Deus, procuram tornar presente Cristo entre os seus companheiros e amigos, trazendo-o na sua vida e nas suas obras pelos povoados e cidades, para que só Deus seja glorificado.

No entanto, não esqueçamos aquilo que o nosso Padre também nos fazia notar a propósito desse texto evangélico: o Senhor pediu os serviços de dois dos discípulos que o acompanhavam mais de perto, enviando-os a desatar o burrinho e arreá-lo[1]. «Para que o burrico pudesse levar o Senhor», pregava, por exemplo, no Domingo de Ramos de 1947, na sua primeira Semana Santa romana, «uma alma de apóstolo teve de ir desatá-lo da estrebaria. Assim nós devemos ir até essas almas que nos rodeiam e que estão esperando uma mão de apóstolo – somos apóstolos sem chamar-nos apóstolos – que os desamarre do presépio das coisas mundanas, para que sejam trono do Senhor»[2].

Jesus Cristo, Senhor nosso, está empenhado em que sejam inúmeras as pessoas que se santifiquem nas circunstâncias habituais da vida, em meio ao trabalho profissio-

---

(1) Cf. Mt 21, 2-3.
(2) São Josemaria, *Notas de uma conversa*, 30/03/1947 (AGP, biblioteca, P01, IX-1982, pág. 56).

nal cumprido com perfeição. Deseja servir-se delas para chegar aos mais diversos ambientes do mundo, a todos os lugares onde os homens e as mulheres gastam as suas forças numa tarefa honesta; para assumir esse esforço, purificá-lo da escória do egoísmo e uni-lo aos grandes sofrimentos que Ele padeceu na Cruz; para elevá-lo a Deus Pai como oferenda grata e aceitável à Santíssima Trindade.

O Evangelho não nos diz o nome daqueles dois discípulos a quem Jesus pediu que desamarrassem o burrico, mas assinala que cumpriram com exatidão o mandato do Senhor: *Os discípulos foram e executaram a ordem de Jesus. Trouxeram a jumenta e o jumentinho, cobriram-nos com os seus mantos e fizeram-no montar*[3]. A docilidade daqueles homens de ater-se exatamente ao que lhes fora encarregado foi um requisito prévio à entrada triunfal de Cristo em Jerusalém, prelúdio, por sua vez, do triunfo definitivo sobre o pecado que haveria de obter poucos dias depois, no altar da Cruz.

Minhas filhas e meus filhos, ao considerarmos a cena que reviveremos dentro de poucos dias, eu desejaria que tivésseis a convicção renovada de que «todos nós, os cristãos, temos obrigação de ser apóstolos. Todos nós, os cristãos, temos obrigação de levar o fogo de Cristo a outros corações. Todos nós, os cristãos, devemos contagiar os outros com a fogueira da nossa alma»[4]. O nosso Padre advertia-nos de que, às vezes, «as pessoas assustam-se; pasmam-se ante o afã de levar outras almas a Deus, para

---

(3) Mt 21, 6-7.
(4) São Josemaria, *Notas de uma reunião familiar*, ano de 1970 (AGP, biblioteca P01, IV-1971, pág. 14).

que o sirvam», mas, ao mesmo tempo, recordava-nos que «nós sabemos que é um desejo do Senhor e uma manifestação coerente do nosso amor». Acrescentava: «Vem-me à memória – e repito-o a todos vós – o que eu dizia aos meus filhos há tantos anos: deviam ser *imprudentes* no apostolado, não cuidadosos nem cautos [...]. Deveis sentir-vos muitos proselitistas e perder qualquer tipo de temor. Deveis *matar-vos* pelo proselitismo, porque aí se encontra a nossa eficácia»[5].

O seu afã de almas é assim? Como o nosso amadíssimo e santo Fundador, você sente a urgência de se aproximar de cada uma das pessoas que se relacionam com você seja por que motivo for, para falar-lhes de Deus, para tirá-las do torpor em que talvez estejam mergulhadas, para abrir-lhes horizontes sobrenaturais na sua vida diária? Percebe que Jesus conta com você – como contou com aqueles discípulos desconhecidos – para avizinhar-se dos que se encontram «atados à estrebaria das coisas mundanas», a fim de que, com a sua graça, você os liberte desses liames e assim os prepare para que se tornem também eles «*burrinhos de Deus*», que levam Cristo por todos os caminhos dos homens? [...].

Assim, filhas e filhos da minha alma, reavivem a sua fé e lancem-se a um apostolado incessante, que deve ser a superabundância do esforço de cada um de nós, dia após dia, para unir-se mais e mais ao Senhor. Então, como feliz realidade, cada um de nós também experimentará aquelas palavras do nosso Fundador: «Somos portadores

---

(5) São Josemaria, *Notas de uma reunião familiar* (AGP, biblioteca, P01, IV/1971, pág. 14).

de Cristo, somos os seus *burrinhos* – como aquele de Jerusalém – e, enquanto não o expulsarmos, o Pai, o Filho e o Espírito Santo, a Santíssima Trindade estará conosco. Somos portadores de Cristo e devemos ser luz e calor, devemos ser sal, devemos ser fogo espiritual, devemos ser apostolado constante, devemos ser vibração, devemos ser o vento impetuoso de Pentecostes»[6].

Ainda que pareça um inciso – não o é –, não se esqueçam de que neste mês celebraremos também o aniversário da Confirmação e da Primeira Comunhão do nosso Padre; somos soldados de Cristo, alimentados com o seu Corpo e com o seu Sangue, vivificados com a fortaleza do Espírito Santo e escolhidos para participar da sua intimidade; esforcemo-nos para ser mulheres e homens muito de Deus, como o nosso Padre se esforçou cada dia.

Meditemos na Paixão. Necessidade de reparar pelos pecados e de levar os frutos do Sacrifício de Cristo a todas as almas

1º de abril de 1987

Aproximam-se os dias da Semana Santa, quando a Igreja celebra de modo solene o adorável mistério da Paixão, Morte e Ressurreição de Nosso Senhor Jesus Cristo; e essas datas são especialmente apropriadas para pormos em prática aquele conselho do nosso Padre: «Queres acompanhar Jesus de perto, muito de perto?... Abre o Santo Evangelho e lê a Paixão do Senhor. Mas ler só, não: viver. A diferença é

---

(6) São Josemaria, *Notas de uma meditação*, 6/1/1970 (AGP, biblioteca, P09, pág. 120).

grande. Ler é recordar uma coisa que passou; viver é achar-se presente num acontecimento que está ocorrendo agora mesmo, ser mais um naquelas cenas»[7].

Sim, minhas filhas e meus filhos. Procuremos ser *um a mais*, vivendo os mesmos passos do Mestre durante a Paixão, em intimidade de entrega e de sentimentos; acompanhemos Nosso Senhor e a Santíssima Virgem, com o coração e com a cabeça, naqueles acontecimentos tremendos, dos quais estivemos ausentes quando aconteceram, porque o Senhor sofreu e morreu pelos pecados de cada uma e de cada um de nós. Pedi à Santíssima Trindade que nos conceda a graça de penetrar mais profundamente na dor que ocasionamos a Jesus Cristo a fim de adquirirmos o hábito da contrição, que foi tão profundo na vida do nosso santo Fundador e que o levou a graus heroicos de amor.

Meditemos a fundo e devagar nas cenas desses dias. Contemplemos Jesus no Horto das Oliveiras, reparemos como procura na oração a força para enfrentar os terríveis padecimentos que Ele sabe tão próximos. Naqueles momentos, a sua Humanidade Santíssima precisava da proximidade física e espiritual dos seus amigos; e os Apóstolos deixaram-no sozinho. *Simão, dormes? Não pudestes velar uma hora?*[8] Ele o diz também a você e a mim, que, como Pedro, tantas vezes asseguramos que estávamos dispostos a segui-lo até a morte e que, no entanto, com frequência, o abandonamos e adormecemos. Temos de sentir dor pelas nossas deserções pessoais e pelas dos

---

(7) Josemaria Escrivá, *Via Sacra*, Quadrante, São Paulo, 5ª ed., 2003, IX estação, ponto 3.
(8) Mc 14, 37.

outros, e considerar que abandonamos o Senhor, talvez diariamente, quando descuidamos do cumprimento do nosso dever profissional, apostólico; quando a nossa piedade é superficial, desleixada; quando nos justificamos ao sentir humanamente o peso e a fadiga; quando perdemos o entusiasmo divino de secundar a Vontade de Deus, ainda que o corpo e a alma resistam.

Pelo contrário – impregnemo-nos desta realidade, que é atual agora como naquela época –, os inimigos de Deus estão atentos: Judas, o traidor, e a turba não se concederam repouso, e chegaram no meio da noite para entregar o Filho do homem com um beijo. Continua a ferir-me a alma a impressão que me produziu, no México, a imagem de Cristo crucificado com uma chaga tremenda no rosto – *o beijo de Judas* –, imaginada pela piedade do povo cristão para simbolizar a ferida causada no seu Coração pela defecção de um daqueles que Ele escolhera pessoalmente.

Filhos da minha alma, que nunca nos separemos do Senhor! Permitam-me insistir com vocês: procuremos seguir Cristo muito de perto, para que não se repitam – no que depender de nós – a indiferença, o abandono, os beijos traidores... Nestes dias e sempre, «deixa, pois, que teu coração se expanda, que se coloque junto do Senhor. E quando notares que se escapa – que és covarde, como os outros –, pede perdão pelas tuas covardias e pelas minhas»[9], agarrado à mão de nossa Mãe Santa Maria, para que Ela infunda na nossa alma um anseio decidido e sincero – eficaz! – de fidelidade a esse Cristo que se entrega por nós.

Depois da prisão em Getsêmani, acompanhamos Je-

---

(9) Josemaria Escrivá, *Via Sacra*, IX estação, ponto 3.

sus até a casa de Caifás e presenciamos o julgamento – paródia blasfema – perante o Sinédrio. São abundantes os insultos dos fariseus e levitas, as calúnias das falsas testemunhas, bofetadas como aquela, covarde, do servo do Pontífice, e ressoam de forma estarrecedora as negações de Pedro. Quanta dor do nosso Jesus e que lições para cada um de nós! Depois, o processo perante Pilatos. Aquele homem é covarde; não encontra culpa em Cristo, mas não se atreve a arcar com as consequências de um comportamento honesto. Primeiro, procura um subterfúgio: «A quem deixamos livre: Barrabás ou Jesus?»[10]; e, quando falha esse recurso, ordena que os seus soldados torturem o Senhor, com a flagelação e a coroação de espinhos. Diante do corpo destroçado do Salvador, far-nos-á muito bem seguir aquele conselho do nosso Padre: «Olha para Ele, olha para Ele... devagar»[11]; e perguntar-nos: «Tu e eu não teremos voltado a coroá-lo de espinhos, a esbofeteá-lo e a cuspir-lhe?»[12] Finalmente, a crucifixão. «Uma Cruz. Um corpo cravado com pregos ao madeiro. O lado aberto... Com Jesus ficam somente sua Mãe, umas mulheres e um adolescente. Os Apóstolos, onde é que estão? E os que foram curados de suas doenças: os coxos, os cegos, os leprosos? E os que o aclamaram?... Ninguém responde!»[13]

A descrição dos sofrimentos de Nosso Senhor feita por

---

(10) Cf. Mt 17, 17.

(11) Josemaria Escrivá, *Santo Rosário*, Quadrante, São Paulo, 4ª ed., 2014, II mistério doloroso.

(12) *Idem*, III mistério doloroso.

(13) Josemaria Escrivá, *Via Sacra*, XII estação, ponto 2.

São Tomás de Aquino[14], com estilo literário enxuto, ajudou-me a fazer oração. O Doutor Angélico explica que Jesus padeceu por parte de todo tipo de homens, pois foi ultrajado por gentios e judeus, homens e mulheres, sacerdotes e populaça, desconhecidos e amigos, como Judas, que o entregou, e Pedro, que o negou. A sua fama também padeceu por causa das blasfêmias que lhe lançaram; a sua honra, ao ser objeto de zombaria por parte dos soldados e por causa dos insultos que lhe dirigiram; padeceu igualmente nas coisas exteriores, pois foi despojado das suas vestes, açoitado e maltratado; e na alma, por causa do medo e da angústia. Sofreu o martírio em todos os membros do seu corpo: na cabeça, a coroa de espinhos; nas mãos e nos pés, as feridas dos pregos; na face, as bofetadas e cusparadas; no resto do corpo, a flagelação. E os sofrimentos estenderam-se a todos os seus sentidos: no tato, as feridas; no gosto, o fel e o vinagre; no ouvido, as blasfêmias e insultos; no olfato, pois foi crucificado num lugar fétido; na vista, ao ver a sua Mãe chorar... e – acrescento eu – a nossa pouca correspondência, a nossa indiferença.

Minhas filhas e meus filhos, ao meditar na Paixão, surge espontaneamente na nossa alma um anseio de reparar, de consolar o Senhor, de aliviar as suas dores. Jesus sofre pelos pecados de todos e, nestes nossos tempos, os homens empenham-se, com uma triste tenacidade, em ofender muito o seu Criador. Decidamo-nos a desagravar! Não é verdade que todos vocês sentem o desejo de oferecer muitas alegrias ao nosso Amor? Não é verdade que compreendem que uma falta nossa, por menor que

---

(14) Cf. São Tomás de Aquino, *Summa theologiae*, III, q. 46, a. 5 c.

seja, significa uma grande dor para Jesus? Por isso, insisto em que deem muito valor ao pequeno, em que se esmerem nos detalhes, em que haja em vocês um autêntico pavor de cair na rotina; Deus concedeu-nos tanto, e Amor com amor se paga! Dirijo-me a Jesus, contemplando-o no patíbulo da Santa Cruz, e rogo-lhe que nos consiga o dom de que as nossas confissões sacramentais sejam mais contritas; porque – como o nosso Padre nos ensinava – Ele continua nesse Madeiro há vinte séculos, e já é hora de que nós nos coloquemos lá. Suplico-lhe também que aumente em nós o imperioso anseio de levar mais almas à Confissão.

Na Cruz, Jesus exclama: *Sitio!*[15], «Tenho sede»; e o nosso Padre recorda-nos que «agora tem sede... de amor, de almas»[16]. A Redenção ainda está se fazendo, e nós recebemos uma vocação divina que nos *capacita* e nos *obriga* a participarmos na missão redentora da Igreja, conforme o modo específico – querido por Deus para a sua Obra – que o nosso Padre nos transmitiu.

O Senhor e a Igreja esperam que sejamos leais a essa missão, que nos gastemos totalmente no nosso empenho por ser apóstolos de Jesus Cristo. Esperam que carreguemos sobre os ombros, com alegria, a Cruz de Jesus, e que a abracemos «com a força do amor, levando-a em triunfo por todos os caminhos da terra»[17].

As almas precisam que façamos um trabalho de apostolado e de proselitismo muito mais extenso e intenso.

---

(15) Jo 19, 28. Josemaria Escrivá, *Santo Rosário*, V mistério doloroso.
(16) Josemaria Escrivá, *Santo Rosário*, V mistério doloroso.
(17) Josemaria Escrivá, *Via Sacra*, IV estação.

É muito urgente! Mas, e as dificuldades do ambiente? Vocês sabem que o fato de existir um ambiente mais ou menos hostil ao sacrifício, à entrega, não é motivo para diminuirmos o nosso afã apostólico. Pelo contrário! *Montes sicut cera fluxerunt a facie Domini*[18]; os obstáculos derretem-se como a cera ante o fogo da graça divina. Nunca se esqueçam de que a obra de Cristo não termina na Cruz e no sepulcro, que não são um fracasso; ela culmina na Ressurreição, na Ascensão ao Céu e no envio do Paráclito, no Pentecostes riquíssimo em frutos, que também deve repetir-se, necessariamente, na vida dos cristãos, *pois, se morremos com Cristo, acreditamos que também viveremos com Ele*[19]; e com Ele, por Ele e nEle, levaremos o alegre anúncio da Redenção – o gozo e a paz que o Espírito Santo derrama nos corações fiéis – a inúmeros homens e mulheres, nos mais diversos confins do mundo.

Minhas filhas e meus filhos, caminhem com a certeza de que os nossos esforços sempre são fecundos: *Labor vester non est inanis in Domino*[20], «os nossos trabalhos pelo Senhor nunca são vãos!» Por isso, lancem-se cada dia mais a um apostolado sem respeitos humanos, com *complexo de superioridade*, com moral de vitória, porque somos sempre vitoriosos em Jesus Cristo, até mesmo no caso em que, humanamente, não vejamos as flores e os frutos. Se isso acontecesse alguma vez, depois de se perguntarem sinceramente se estão empregando todos

---

(18) Sl 96, 5.
(19) Rm 6, 8.
(20) 1 Cor 15, 58.

os meios – oração, mortificação e ação –, ponham em prática o ensinamento do nosso Padre quando escrevia: «Não admitas o desalento no teu apostolado. Não fracassaste, como Jesus também não fracassou na Cruz. Ânimo!... Continua contra a corrente, protegido pelo Coração Materno e Puríssimo da Senhora: *Sancta Maria, refugium nostrum et virtus!* Tu és o meu refúgio e a minha fortaleza»[21].

Para pormos Cristo no cume das atividades humanas, é preciso que sejamos almas de Eucaristia, que cuidemos da unidade de vida e que retifiquemos a intenção constantemente

1º de março de 1991

A proximidade da festa do nosso Pai e Senhor São José é para todos nós um novo convite a intensificarmos o nosso zelo pelas almas. Toda a nossa atividade – da mais material até a mais espiritual – tem de estar orientada por esse afã apostólico, que deve estimular-nos constantemente.

«"Ide, pregai o Evangelho... Eu estarei convosco..." Isto disse Jesus... e disse-o a ti»[22], escreveu o nosso Padre fazendo eco ao mandato do Senhor. Fiel a esse encargo divino, a Igreja não cessa de levar o Evangelho a todas as pessoas, em todas as épocas. Mas há momentos em que o Espírito Santo insta-nos de modo especial a darmos cumprimento a estas palavras de Cristo. Como escreveu o Santo Padre João Paulo II na sua última Encíclica [*Redemptoris missio*],

---

(21) Josemaria Escrivá, *Via Sacra*, XIII estação, ponto 3.
(22) Josemaria Escrivá, *Caminho*, n. 904.

«nós, os cristãos, somos chamados à *valentia apostólica*, baseada na confiança no Espírito»[23].

Minhas filhas e meus filhos, valentia apostólica: no lugar de trabalho e no lar doméstico; no silêncio de um laboratório e no ruído de uma fábrica; no parlamento e no meio da rua; em qualquer lugar onde nos encontremos, aí devemos ser apóstolos, com determinação: «*Deus e audácia!*»

Muito tempo atrás, nos primeiros anos da Obra, Deus quis confirmar o nosso Padre nesta doutrina que lhe tinha confiado em 2 de outubro de 1928. Foi uma graça singularíssima, que recebeu durante a celebração da Santa Missa na igreja do Patronato dos Enfermos de Madri, no dia 7 de agosto de 1931.

Nos seus *Apontamentos íntimos*, o nosso Fundador deixou escrito o relato dessa intervenção de Deus na sua alma. Naquele dia, a diocese de Madri-Alcalá celebrava a festa da Transfiguração do Senhor. Com gratidão a Deus, o nosso Padre considerava a profunda mudança interior que se tinha operado na sua alma desde que chegara a Madri em 1927. E acrescentava: «Creio que renovei o propósito de dirigir a minha vida inteira para o cumprimento da Vontade divina: a Obra de Deus. (Propósito que, neste instante, renovo também com toda a minha alma). Chegou o momento da Consagração: ao elevar a Sagrada Hóstia, sem perder o devido recolhimento, sem distrair-me – acabava de fazer *in mente* a oferenda ao Amor Misericordioso –, veio ao meu pensamento, com força e clareza extraordinárias, aquela passagem da Escritura: "*Et si exaltatus fuero a terra, omnia traham ad meipsum*" (Jo 12, 32). Normalmente, pe-

---

(23) São João Paulo II, Enc. *Redemptoris missio*, 8/12/1990, n. 30.

rante o sobrenatural, tenho medo. Depois vem o *ne timeas!*, não temas, sou Eu. E compreendi que serão os homens e as mulheres de Deus que levantarão a Cruz com as doutrinas de Cristo sobre o pináculo de todas as atividades humanas... E vi triunfar o Senhor, atraindo todas as coisas a Si»[24].

Em face dessa carícia divina, a comoção do nosso Padre foi muito grande. Com estas palavras, recolhidas na Sagrada Escritura, Jesus Cristo anunciava que, quando fosse alçado no madeiro da Cruz, cumprir-se-ia a Redenção do mundo. Mas, naquele dia, o Senhor quis que o nosso Padre as entendesse com um matiz novo, profundamente unido à nossa vocação de sermos – cada uma e cada um de nós – outros Cristos, o próprio Cristo, em todos os caminhos da terra, a fim de corredimirmos com Ele: «Naquele dia da Transfiguração, celebrando a Santa Missa no Patronato dos Enfermos, num altar lateral, enquanto erguia a Sagrada Hóstia, houve *outra voz* sem ruído de palavras. Como sempre, uma voz perfeita, clara: *Et ego, si exaltatus fuero a terra, omnia traham ad meipsum!* (Jo 12, 32). E o conceito exato: não é no sentido em que o diz a Escritura; digo-te no sentido de que vós me coloqueis no alto de todas as atividades humanas; que haja cristãos, com uma dedicação pessoal e libérrima, que sejam outros Cristos, em todos os lugares do mundo»[25].

Minhas filhas e meus filhos, nessa locução que o nosso Padre escutou precisamente enquanto erguia a Sagrada Hóstia, está contido o desígnio divino sobre o Opus

---

(24) São Josemaria, 7/08/1931, em *Apontamentos íntimos*, n. 217.
(25) São Josemaria, *Carta*, 29/12/1947, 14/02/1966, n. 89.

Dei. Meditemo-lo uma e outra vez, com o desejo de aprofundarmos no seu significado e de cumpri-lo pessoalmente. Para isso, «peçamos, pois, ao Senhor que nos conceda ser almas de Eucaristia [...]. E assim facilitaremos aos outros a tarefa de reconhecer Cristo, contribuiremos para colocá-lo no cume de todas as atividades humanas. Cumprir-se-á a promessa de Jesus: Eu, quando for exaltado sobre a terra, tudo atrairei a mim (Jo 12, 32)»[26].

Perante a imensidão do trabalho apostólico que se apresentava diante dos seus olhos, esse convite do Senhor confortou o nosso Padre imensamente e deve fortalecer-nos também a nós. Deus roga e exige de cada um de nós que sejamos «*almas de Eucaristia*», para podermos santificar o trabalho e todas as atividades que realizamos no meio do mundo. Se o fizermos, Ele nos garante que atrairá a si todas as coisas. Ele fará tudo isso, se nós formos fiéis. Por isso, nunca podemos perder de vista que o influxo da santidade de cada um vai muito além do âmbito que nos rodeia e das pessoas com quem nos relacionamos: estende-se ao mundo inteiro, a todas as almas. Não podemos reduzir o horizonte da nossa entrega ou medir a sua eficácia só pelos frutos imediatos que conseguimos vislumbrar. Naquela ocasião, Deus concedeu ao nosso Padre contemplar o triunfo de Cristo atraindo a si todas as coisas; também nós podemos e devemos ver, com os olhos da fé, o triunfo de Cristo cada vez que o colocamos verdadeiramente no cume do nosso trabalho; e nesse empenho, devemos ser exigentes conosco mesmos, sem desculpas, diariamente. Reparem bem: a Santíssima

---

(26) Josemaria Escrivá, *É Cristo que passa*, n. 156.

Trindade, as almas, esperam a nossa resposta, que deve ser cabal, sem mediocridades nem barganhas.

Saboreiem aquelas frases que o nosso Padre pronunciou em 1963, recordando aquela locução divina de que lhes venho falando: «Quando um dia, na quietude de uma igreja madrilena, eu me sentia nada! – não pouca coisa; pouca coisa ainda teria sido algo –, pensava: Tu queres, Senhor, que eu faça toda essa maravilha? [...] E ali, no fundo da alma, entendi com um sentido novo, pleno, aquelas palavras da Escritura: *Et ego, si exaltatus fuero a terra, omnia traham ad meipsum!* (Jo 12, 32). Entendi-o perfeitamente. O Senhor dizia-nos: se vós me colocardes na entranha de todas as atividades da terra, cumprindo o dever de cada momento, sendo as minhas testemunhas naquilo que parece grande e naquilo que parece pequeno..., então *omnia traham ad meipsum*! O meu reino entre vós será uma realidade!»[27] Isto é o que o Senhor pede de nós seriamente, *apenas* isto: que cumpramos plenamente bem e por amor o dever de cada momento, grande ou pequeno; assim, o reino de Cristo será realidade.

Como o nosso Padre dizia tantas vezes também, «*é questão de fé*». Por isso, eu gostaria que agora nos perguntássemos se possuímos essa fé grande que nos incita a compreender com profundidade que, da santidade pessoal – da sua, da minha – dependem muitas coisas grandes. Minha filha, meu filho, pergunte-se: vejo almas no meu trabalho? Percebo a transcendência que têm as pequenas coisas feitas por amor? Desanimo quando não

---

(27) São Josemaria, *Notas de uma meditação*, 27/10/1963 (AGP, biblioteca, P06, vol. IV, pág. 676).

consigo os resultados que esperava no trabalho apostólico? A fé insta-me de verdade a ser forte nas dificuldades? Sou otimista ou deixo-me abater pelas contrariedades ou pelos estados de ânimo? Minhas filhas e meus filhos, «entreguemos plenamente as nossas vidas ao Senhor Deus Nosso, trabalhando com perfeição, cada um na sua tarefa profissional e no seu estado, sem esquecermos que temos de ter uma única aspiração, em todas as nossas obras: colocar Cristo no cume de todas as atividades dos homens; e assim contribuiremos para que a luz e a vida de Jesus Cristo sejam graça, paz e amor para a humanidade inteira»[28].

Para realizarmos fielmente a missão que o Senhor nos confiou, é imprescindível «termos uma única aspiração», agir a todo instante com a mesma finalidade; em outras palavras, é indispensável a *unidade de vida*. No nosso firmamento espiritual, deve haver um único norte: o cumprimento da Vontade de Deus. Qualquer outro interesse ou finalidade nobre deve ficar subordinado, incorporado, ao querer do Senhor; e, se for necessário, devemos saber rejeitá-lo – ainda que, humanamente, seja algo bom e atraente *de per si* – se trouxer consigo o risco de perdermos o ponto de mira sobrenatural. Deste modo, as variadíssimas atividades que nos ocupam em cada dia não terão um caráter desagregador para nós, mas uma forte coerência: serão a trama da nossa luta pela santidade pessoal e serão ocasião e meio para desenvolvermos uma profunda ação apostólica.

Só com o esforço constante para que nada fique sub-

---
(28) São Josemaria, *Carta*, 15/10/1948, n. 41.

traído ao nosso amor a Deus e, por Ele, às almas, é que se torna cada vez mais forte a unidade de vida – que é, sim, *dom* de Deus, mas, ao mesmo tempo, também *tarefa* executada por nós fielmente dia após dia. Recordai aquele maravilhoso programa de vida que o nosso Fundador nos propõe: «Cumprir a Vontade de Deus no trabalho, contemplar Deus no trabalho, trabalhar por amor a Deus e ao próximo, converter o trabalho em meio de apostolado, dar valor divino ao humano: esta é a unidade de vida, simples e forte, que temos de possuir e ensinar»[29].

Esse horizonte de vida exige que – com a graça de Deus, que não nos faltará – retifiquemos a intenção constantemente, porque cada pessoa – você, eu – tende desordenadamente para si mesma, tende a satisfazer o seu próprio egoísmo... Assim que o percebamos, afoguemos imediatamente esses baixos motivos e elevemo-nos de novo até o Senhor! Insisto: às vezes, você terá de renunciar a um determinado projeto, se descobrir que não está ordenado para a glória de Deus; mas, em outras muitas circunstâncias, a retidão de intenção o levará a propor-se metas mais altas na vida interior, no trabalho profissional e na tarefa apostólica, superando o comodismo com o amor. Ao mesmo tempo, não vamos ficar parados, com receio de que essas ambições nobres sejam desvirtuadas pela nossa soberba ou pelo nosso orgulho. Retifique a intenção e adiante!, com fome de servir esse Deus que sempre nos procura e que sempre se entrega a nós.

Aproxima-se a Semana Santa: a Morte e a Ressurreição do Senhor. Nestes dias da Quaresma, o afã de pôr

---

(29) São Josemaria, *Carta*, 11/03/1940, n. 14.

Cristo no cume das atividades humanas – a nossa «única aspiração» – adquire o tom de uma mortificação e de uma penitência mais intensas. São Paulo, que se reconhecia outro Cristo, afirmava com audácia: *Sofro na minha carne aquilo que falta à paixão de Cristo, pelo seu corpo, que é a Igreja*[30]. Você e eu podemos repetir esta afirmação? Você procura de verdade fazer arraigar a sua felicidade, a sua alegria na Cruz? Põe em tudo – nos seus sentidos, na sua imaginação, no seu caráter... – «o sal da mortificação»[31]. Depois, não o esqueça, vem – também para nós – a glória da ressurreição: *Os padecimentos do tempo presente nada são em comparação com a glória que há de se manifestar em nós*[32].

A verdadeira felicidade só se encontra na Cruz. Doar-nos aos outros por amor a Deus é a receita para sermos felizes também na terra

1º de abril de 1993

Chegamos ao limiar da Semana Santa. Daqui a poucos dias, ao assistirmos às cerimônias litúrgicas do solene Tríduo Pascal, participaremos das últimas horas da vida terrena de Nosso Senhor Jesus Cristo, quando se ofereceu ao Pai Eterno como Sacerdote e Vítima da Nova Aliança, selando com o seu Sangue a reconciliação de todos os homens com Deus. Apesar da sua carga dramática, à qual não podemos nem devemos nos acostumar – o Inocente carre-

---

(30) Col 1, 24.
(31) Josemaria Escrivá, *Amigos de Deus*, n. 159.
(32) Rm 8, 18.

gado com as culpas dos pecadores, o Justo que morre no lugar dos injustos! –, a tragédia da Semana Santa é fonte da mais pura alegria para os cristãos: *Feliz culpa, que mereceu tal Redentor!*[33], canta a Igreja no Pregão pascal a propósito do pecado dos nossos primeiros pais e – dizemo-lo nós – dos nossos erros pessoais diários, na medida em que servem para que retifiquemos, cheios de dor de amor, e para que cresçamos em espírito de compunção.

Minhas filhas e meus filhos, nestes dias que se avizinham, aconselho-os a que procurem fomentar nas suas almas muitos atos de reparação e de dor – dor de amor –, pedindo ao Senhor perdão pelas faltas de vocês e pelas da humanidade inteira. Ponham-se junto de Cristo com o pensamento e com o desejo naquelas provas amargas da Paixão, e procurem consolá-lo com as suas palavras cheias de carinho, com as suas obras fiéis, com a sua mortificação e com a sua penitência generosa, sobretudo no cumprimento fiel dos deveres de cada momento. Se assim o fizerem, podem ter a certeza de que ajudarão Jesus a levar a Cruz – essa Cruz que pesa e que pesará sobre o Corpo místico de Cristo até o final dos séculos –, sendo corredentores com Ele. Participarão da glória da sua Ressurreição, porque padeceram com Ele[34], e ficarão repletos de alegria, de uma alegria que nada nem ninguém poderá tirar-lhes[35].

Filhas e filhos da minha alma, nunca esqueçamos que o *gaudium cum pace*, a alegria e a paz que o Senhor nos prometeu se somos fiéis, não depende do nosso bem-es-

---

(33) Missal Romano, Vigília Pascal (Pregão pascal).
(34) Cf. Rm 8, 18.
(35) Cf. Jo 16, 22.

tar material nem de que as coisas corram na medida dos nossos desejos. Não se fundamenta em motivos de saúde nem no êxito humano. Em todo caso, essa seria uma felicidade efêmera, perecedoura, ao passo que nós aspiramos a uma bem-aventurança eterna. A alegria profunda que preenche completamente a alma tem a sua origem na união com Nosso Senhor. Lembrem-se daquelas palavras que o nosso amadíssimo Fundador repetiu numa das suas últimas tertúlias: «Se queres ser feliz, sê santo; se queres ser mais feliz, sê mais santo; se queres ser muito feliz – já na terra! –, sê muito santo»[36].

Minha filha, meu filho: a receita está muito experimentada, porque o nosso santo Fundador, que tanto sofreu pelo Senhor, foi felicíssimo na terra. Melhor dito: precisamente por ter-se unido intimamente a Jesus Cristo na Santa Cruz – nisto consiste a santidade, em identificarmo-nos com Cristo crucificado –, recebeu o prêmio da alegria e da paz.

Escutai o que nos confiava em 1960, pregando uma meditação na Sexta-feira Santa. Na sua oração pessoal, rememorava essa forja de sofrimentos que foi a sua vida e animava-nos a não termos «medo da dor, nem da desonra, sem pontos de soberba. O Senhor, quando chama uma criatura para que seja dEle, faz que ela sinta o peso da Cruz. Sem pôr-me como exemplo, posso dizer-vos que, ao longo da minha vida, sofri dor, amargura. Mas, em meio a tudo isso, encontrei-me sempre feliz, Senhor, porque Tu foste o meu Cireneu.

---

(36) São Josemaria, *Notas de uma reunião familiar*, 7/06/1975 (AGP, biblioteca, P01, VII-1975, pág. 219).

«Rejeita o medo da Cruz, meu filho! Tu vês Cristo pregado nela e, apesar disso, procuras apenas aquilo que é prazeroso? Isso não está certo! Não te lembras de que o discípulo não é mais do que o Mestre? (cf. Mt 10, 24).

«Senhor, mais uma vez renovamos a aceitação de tudo aquilo que, na ascética, se chama tribulação, embora eu não goste desta palavra. Eu não tinha nada: nem idade, nem experiência, nem dinheiro; sentia-me humilhado, não era... nada, nada! E, dessa dor, chegavam respingos aos que estavam ao meu lado. Foram anos tremendos, mas jamais me senti desgraçado. Senhor, que os meus filhos aprendam da minha pobre experiência. Sendo miserável, nunca estive amargurado. Caminhei sempre feliz! Feliz, chorando; feliz, com penas. Obrigado, Jesus! E perdoa-me por não ter sabido aproveitar melhor a lição»[37].

Ao meditarmos nestas palavras do nosso Padre, a conclusão que temos de tirar é clara: nunca, em nenhuma circunstância, devemos perder a alegria sobrenatural que emana da nossa condição de filhos de Deus. Se alguma vez ela vier a faltar-nos, recorreremos imediatamente à oração e à direção espiritual, ao exame de consciência bem feito, a fim de descobrirmos a causa e aplicarmos o remédio oportuno.

É verdade que, por vezes, essa ausência de alegria pode nascer da doença ou do cansaço; então, é obrigação grave dos diretores facilitar a esses seus irmãos o descanso e os cuidados oportunos, estando atentos para que ninguém – por causa de uma sobrecarga excessiva de trabalho, por falta de sono, por esgotamento ou por

---

(37) São Josemaria, *Notas de uma meditação*, 15/04/1960.

qualquer outra razão – chegue a uma situação que ocasione um dano à sua resposta interior.

Em outros momentos, como o nosso Padre nos assinalava, a perda da alegria esconde raízes ascéticas. Sabeis qual é a mais frequente? A preocupação excessiva pela própria pessoa, o dar voltas e mais voltas em torno de si mesmo. Se cada um de nós é tão pouca coisa, como pode passar pela sua cabeça, meu filho, minha filha, girar em torno do próprio eu? «Se amamos a nós mesmos de um modo desordenado», escreve o nosso Padre, «há motivo para estarmos tristes. Quanto fracasso, quanta pequenez! A posse dessa nossa miséria tem de causar-nos tristeza, desalento. Mas se amamos a Deus sobre todas as coisas e os outros e nós mesmos em Deus e por Deus, quantos motivos de alegria!»[38]

Esse foi o exemplo do Mestre, que entregou a sua vida por nós. Correspondamos ao que Deus nos pede da mesma maneira, por Ele e pelos outros. Afastemos qualquer preocupação pessoal do nosso horizonte cotidiano; e se alguma nos assaltar, abandoná-la-emos com plena confiança no Sagrado Coração de Jesus e no Coração Dulcíssimo de Maria, nossa Mãe, e ficaremos tranquilos. Minhas filhas e meus filhos, temos de *preocupar-nos* – melhor dito, temos de ocupar-nos – somente das coisas de Deus, que são as coisas da Igreja, da Obra, das almas. Não percebeis que, até humanamente, saímos ganhando? E, além disso, somente assim estaremos sempre cheios do *gaudium cum pace*, da alegria e da paz, e atrairemos muitas outras pessoas ao nosso caminho.

Permiti-me que insista nisto com outras considerações

---

(38) São Josemaria, *Carta*, 24/03/1931, n. 25.

do nosso Padre, tomadas da tertúlia a que me referia anteriormente. «Ser santo», repisava, «é ser feliz, também aqui na terra. Padre, e o senhor foi sempre feliz? Eu, sem mentir, dizia há poucos dias [...] que nunca tive uma alegria completa; quando chega uma alegria, dessas que satisfazem o coração, o Senhor fez-me sentir sempre a amargura de estar na terra; como uma faísca do Amor... E, contudo, nunca fui infeliz, não recordo ter sido infeliz nunca. Percebo que sou um grande pecador, um pecador que ama Jesus Cristo com toda a sua alma»[39].

Você e eu, minha filha, meu filho, nós, sim, somos pecadores. Mas amamos o Senhor com toda a nossa alma? Esforçamo-nos para retificar uma vez e outra – *felix culpa!* –, tirando motivos de mais amor, de maior compunção, dos nossos tropeços?

Mortificação para levar adiante o trabalho com as almas

1º de setembro de 1992

É preciso passar por muitas tribulações para entrarmos no reino de Deus[40]. Nestas palavras dos Atos dos Apóstolos, que lemos na Missa de beatificação do nosso Padre, o Papa João Paulo II sintetizava a raiz dos abundantes frutos espirituais da existência do nosso Fundador. «A vida espiritual e apostólica do novo Bem-aventurado», recordou o Santo Padre na sua homilia, «esteve fundamentada em saber-se,

---

(39) São Josemaria, *Notas de uma reunião familiar*, 07/06/1975 (AGP, biblioteca, P01, VII-1975, pág. 219).
(40) At 14, 22.

pela fé, filho de Deus em Cristo. Dessa fé alimentava-se o seu amor ao Senhor, o seu ímpeto evangelizador, a sua alegria constante, até mesmo nas grandes provas e dificuldades que teve de superar»[41].

O nosso Deus, infinitamente onipotente, podia ter redimido os homens por outros caminhos, mas escolheu o da Cruz, na qual, de uma maneira impressionante e muito próxima, nos foi revelado o infinito amor de Deus por cada um de nós. O Sacrifício da Redenção, que se faz atualmente presente na Santa Missa, prolonga-se de alguma forma na nossa vida pessoal, também mediante a nossa participação voluntária e íntima na *via sacra* do Senhor, na senda real que o Verbo Encarnado nos abriu com a sua Paixão e Morte. Como recordava também João Paulo II, «se a via para o reino de Deus passa por muitas tribulações, então, no final do caminho, encontrará também a participação na glória; na glória que Cristo revelou-nos na sua ressurreição»[42].

Firmemente assentado nesta verdade, o nosso Padre ensinou-nos a recorrer com generosidade em todo momento, e especialmente à hora de levarmos adiante qualquer trabalho com as almas, à mortificação, que é «*a oração dos sentidos*»[43]. Por isso, na nova etapa que a sua beatificação inaugurou na história da Obra e de cada um de nós, devemos utilizar com alegria as armas da mortificação e da penitência pessoais, que conseguirão de Deus um contínuo

---

[41] São João Paulo II, *Homilia na Missa de beatificação de Josemaria Escrivá de Balaguer*, 17/05/1992.
[42] *Ibidem*.
[43] Josemaria Escrivá, *É Cristo que passa*, n. 9.

incremento da eficácia apostólica – que talvez não vejamos com os olhos – no nosso serviço à Igreja e ao mundo. «Não esqueças que, ordinariamente, andam emparelhados o começo da Cruz e o começo da eficácia»[44].

Minha filha, meu filho, examina – eu também o faço – como você está seguindo as pegadas do Mestre. Abrace com amor a Cruz de cada dia, aquela que você procura na mortificação voluntária e aquela que vem ao seu encontro nas pequenas ou grandes contrariedades? Com a luz da fé, vê nela ocasiões preciosas de união com Jesus Cristo? Queixa-se perante as adversidades? Às vezes, não conseguirá evitar um primeiro movimento de desgosto; procura sempre, e especialmente nessa hora, rezar em seguida, como o nosso Padre: «Tu o queres, Senhor?... Eu também o quero!»[45] O nosso Fundador não gostava de ouvir falar de cruzes em tom lamuriento, porque «quando há Amor, o sacrifício é prazeroso – ainda que custe – e a cruz é a Santa Cruz»[46]. Por isso, assegurava – e vimo-lo feito realidade na sua própria conduta – que «a alma que sabe amar e entregar-se assim, enche-se de alegria»[47] e fica repleta do gozo íntimo – embora continue a sofrer – de sentir-se corredentora com Cristo.

Meus filhos, este é o segredo para que a Cruz não nos oprima: o amor. Desde a sua juventude, o nosso Padre agiu fascinado por Jesus Cristo que se imola, a quem amava com loucura; esse amor foi o motivo que o le-

---

(44) Josemaria Escrivá, *Sulco*, n. 256.
(45) Josemaria Escrivá, *Caminho*, n. 762.
(46) Josemaria Escrivá, *Sulco*, n. 249.
(47) *Ibidem*.

vou – como afirmava o Papa em 17 de maio – «a entregar-se para sempre a Ele e a participar no mistério da sua paixão e ressurreição»[48], com a consequência de uma maravilhosa fecundidade apostólica. Esse é o caminho que nós, as suas filhas e os seus filhos, temos de seguir cada dia, cada instante: «Da Cruz, com Cristo, até a glória imortal do Pai»[49], confiantes em que, ao pé da Cruz, encontraremos sempre a fortaleza, o carinho e o consolo materno de Nossa Senhora. Peçamos ao Senhor na Cruz que saibamos desaparecer, que nos decidamos a enterrar o nosso eu, que procuremos com sinceridade o holocausto cotidiano da nossa vida, mas que essa aspiração não fique apenas em desejos: envolvamos a nossa existência numa penitência diária, centrada no cumprimento bem acabado do nosso dever.

A nossa missão corredentora e a Santa Missa

1º de abril de 1984

O nosso queridíssimo Padre ensinou-nos que «a Redenção – com a qual Cristo nos redimiu do pecado e nos converteu em oferendas agradáveis a Deus – continua a fazer-se; e vós e eu somos corredentores»[50]. Nestes próximos dias da Semana Santa e sempre, reparem como o Senhor se abraça com gosto à Cruz; e aprendam a pregar-se com Ele, também com gosto, na Cruz do cumprimento amo-

---

(48) São João Paulo II, *Homilia na Missa de beatificação de Josemaria Escrivá de Balaguer*, 17/05/1992.
(49) São Josemaria, *Instrução*, 19/03/1934, n. 29.
(50) São Josemaria, *Carta*, 09/01/1959, n. 2.

roso e fiel dos deveres de cada dia, mortificando o egoísmo e as tendências desordenadas, sendo generosos na prática da mortificação interior, da mortificação corporal e dos sentidos, embora alguns, farisaicamente, se escandalizem, porque – como afirma o apóstolo – «o homem animal não aceita as coisas do Espírito de Deus, pois para ele são loucuras, nem as pode compreender»[51]. Eu quereria que cada uma e cada um de nós meditasse, nesta Quaresma, se tem aprofundado numa penitência real; se se tem preparado – com a participação na *Via Sacra* – para seguir os passos do Mestre; se, como o Mestre, tem pensado em dar – ainda que o corpo resista – até o último alento na entrega de cada hora.

Não deixemos o Senhor sozinho na Cruz. Quando tantas pessoas fogem apavoradas de Deus, procurando unicamente prazeres e gozos terrenos, nós devemos pôr a luz e o sal da penitência cristã em toda a nossa vida, bem certos de que assim consolamos o Senhor, nos identificamos mais e mais com Ele e contribuímos eficazmente para o bem da Igreja e do mundo, para a salvação das almas.

Como é necessária essa tarefa corredentora! Nunca nos sintamos alheios às ofensas que se cometem contra Deus e contra as coisas de Deus. Peçamos ao nosso santo Fundador que mantenha as nossas almas *em carne viva*, para descobrirmos com rapidez aquilo que desagrada o Senhor na nossa vida pessoal e na dos outros. De bom grado, sejam almas que desagravam, sem medo do sacrifício, a fim de acompanhar o nosso Redentor e a sua Mãe bendita e conduzir muitas pessoas por caminhos de

---

(51) 1 Cor 2, 14.

vida eterna. No Opus Dei, todos nós temos de contribuir para formar – tenho consciência de o ter dito muitas vezes – *um muro* de contenção que detenha as almas na sua louca fuga de Deus. Assim levaremos a cabo essa missão que o Céu espera que realizemos.

Para sermos um muro forte, como requerem os tempos em que vivemos, não existe outra receita senão estar unidíssimos a Jesus Cristo Redentor, que se entrega a nós cada dia no Santo Sacrifício da Missa. Tenho de repetir-lhes, com palavras do nosso Fundador, que «para cumprirdes essa Vontade do nosso Rei, Cristo, é mister que tenhais muita vida interior, que sejais almas de Eucaristia, viris!, almas de oração»[52], de modo que nos esforcemos seriamente – com a graça de Deus – para fazer da Santa Missa «*o centro e a raiz*» da nossa existência. É na Missa que Cristo vence o pecado, oferecendo-se como Vítima de propiciação pelos pecados do mundo, de cada homem e de cada mulher, até o fim dos tempos. Somente se fizermos do nosso dia *uma Missa*, em estreita união com o Sacrifício do Altar, seremos capazes de colaborar eficazmente na obra da salvação.

Imitem o exemplo que o nosso santo Fundador sempre nos deu, ele que encontrava na Santa Missa energias sempre novas para a sua luta de cada dia e para o seu trabalho apostólico; esse entreter-se sem pressa com o «*nosso Jesus*»[53], com delicadezas de enamorado, amando-o também pelos que não o amam, desagravando também pelos que o ofendem, entretendo-se com Ele em conversa íntima depois da

---

(52) São Josemaria, *Instrução*, 01º/04/1934, n. 3.
(53) Josemaria Escrivá, *Caminho*, n. 497.

Comunhão. Como prêmio ao seu grande amor pela Eucaristia, o Senhor concedeu-lhe o dom de experimentar no seu corpo e na sua alma, durante a renovação do Santo Sacrifício, o cansaço de um trabalho divino. Minhas filhas e meus filhos, também nós temos de pôr o que estiver ao nosso alcance para viver a Santa Missa como o nosso Padre a vivia: o esforço cotidiano por evitar as distrações e para afastar a rotina, no caso – Deus não o permita! – de que se introduzisse em nós em alguma ocasião.

Assim, meditem em como saboreiam a Santa Missa cada dia; com que carinho a preparam, como a celebram ou assistem a ela, que sentimentos enchem a sua alma nesses momentos – de adoração, de gratidão, de reparação e de súplicas –, como se esforçam para que a ação de graças por vocês terem recebido o Senhor – esses dez minutos depois do Santo Sacrifício e, depois, ao longo de todo o dia – seja intensa, cheia, bem aproveitada. Esta é uma boa ocasião para considerar essas questões, uma vez que acabamos de agradecer a Deus o sacerdócio do nosso fundador, no passado dia 28 de março, e nos dispomos a celebrar, também com ação de graças, a sua primeira comunhão, aquele momento – que o nosso Padre recordava com alma agradecida – em que Jesus Sacramentado chegou pela primeira vez ao seu corpo e à sua alma, há já tantos anos, pondo no seu coração uma semente que haveria de frutificar abundantemente.

Se procurarmos viver a Santa Missa com piedade, será mais fácil permanecer unidos a Jesus Cristo ao longo do dia, colaborando na aplicação da obra redentora. E como o nosso Padre, sentiremos sobre o nosso coração o doce compromisso de fazer companhia – de longe e de perto – a Jesus no Sacrário, porque é ali, no Tabernáculo, onde se renova a nossa fidelidade à chamada divina, mantendo-se sempre jovem e cheia de alegria; ali nos inflamamos em ânsias de levar esse amor a outros corações, mediante um apostolado cada dia mais extenso e mais intenso; ali, junto do Senhor Sacramentado, aprendemos lições de humildade, de serviço abnegado e generoso às outras pessoas, e especialmente aos nossos irmãos. Ali se fortalece a nossa decisão de servir a Igreja e o Romano Pontífice com toda a nossa alma.

Em cada Missa, que é renovação incruenta do Sacrifício do Calvário, está presente de algum modo Maria Santíssima, que, por desígnio divino, soube estar cheia de fortaleza *iuxta crucem Iesu*[54], junto à Cruz de Jesus. No domingo passado, em união com o Romano Pontífice e com a Igreja universal, confiamos ao seu Coração Dulcíssimo e Imaculado as angústias e as penas da humanidade que se afasta de Deus. Aproximemo-nos muito mais dEla nestes dias de Páscoa que se avizinham e peçamos-lhe insistentemente que vele pela Igreja, pela Obra, por cada um de nós: *Cor Mariae dulcissimum, iter serva tutum!* – Coração dulcíssimo de Maria, conserva-nos um caminho seguro! Impetremos a sua intercessão poderosa colocando-nos ao seu lado, ao pé da Cruz, para que a Redenção operada por Cristo no Calvário chegue a todas as almas, sem excluir nenhuma; que essa Redenção «seja abundante: ainda mais, mais, mais abundante! Divinamente abundante!»[55] Que o triunfo glorioso do seu Filho – vencedor do demónio, do pecado e da

---

(54) Jo 19, 25.
(55) São Josemaria, *Notas de uma meditação*, 04/02/1962 (AGP, biblioteca, P18, pág. 170).

morte –, a que Ela foi associada plenamente, se derrame sobre o mundo inteiro.

Relacionamento com a Humanidade Santíssima do Senhor para nos identificarmos com Ele e sermos apóstolos

1º de abril de 1985

O aniversário da ordenação sacerdotal do nosso queridíssimo Padre, que acabamos de celebrar, terá trazido à memória de cada um de vocês – mais uma vez e com uma força renovada – a figura amabilíssima do nosso Fundador, que é para nós o modelo acabado de correspondência ao Amor divino. Configurado com Cristo, Sacerdote Eterno, entregou-se com alegria ao ministério sacerdotal desde o primeiro momento, naquela pequena vila aonde foi destinado – faz já sessenta anos – a fim de atendê-la durante a Semana Santa e no tempo da Páscoa. Nesses numerosos dias, como o nosso Padre se *gastou* para aproximar as almas de Deus! Passados os anos, com quanto entusiasmo recordava aqueles primeiros momentos do seu sacerdócio!

Minhas filhas e meus filhos, nós também temos de colaborar com o Senhor na aplicação da Redenção. O sacerdócio real com que Deus selou as nossas almas no Batismo e na Crisma foi reforçado em nós por meio da nossa vocação divina ao Opus Dei, que nos capacita a levar o nome de Cristo a todos os ambientes onde os homens trabalham e vivem. Mas não se esqueçam de que, para ser verdadeiramente eficaz, o apostolado tem de fundamentar-se numa união profunda, habitual, diária com

Jesus Senhor Nosso; como dizia o nosso Padre, todos nós temos de ser não só *«alter Christus»*, outro Cristo, mas *«ipse Christus»*, o próprio Cristo. Para isso, filhas e filhos da minha alma, vocês devem intensificar o relacionamento com Jesus no Pão e na Palavra, na Eucaristia e na oração, com todas as suas forças.

De modo particular, desejo estimulá-los a relacionar-se muito com Jesus Cristo na sua Humanidade Santíssima. Ele mesmo disse: «*Eu sou o Caminho, a Verdade e a Vida; ninguém vem ao Pai senão por mim*»[56]. Com que amor apaixonado o nosso Padre falava sempre de Jesus Cristo, Deus e Homem verdadeiro! Com quanta força nos animava a que nos relacionássemos mais com Ele cada dia! «Amai a Santíssima Humanidade de Jesus Cristo!», repetia. «Não há nisso nada de sensualidade, de equívoco. Pelo contrário, é amar a passagem de Deus pela terra. Repito-vos o que já fazia considerar aos primeiros que vieram junto a mim. Queria fazer com que descobrissem a obrigação de amar a Jesus, que se aniquilou, fazendo-se como nós, para que pudéssemos amá-lo com mais facilidade»[57].

Esforcem-se por conhecer mais e mais o Senhor; não se conformem com um relacionamento superficial. Vivam o Santo Evangelho; não se limitem a lê-lo. Sejam um personagem a mais; deixem que o coração e a cabeça reajam. Tenham fome de ver o Rosto de Jesus, como tinha o nosso queridíssimo Padre. Perguntem-se com sinceridade, na presença de Deus: como anda a minha vida

---

(56) Jo 14, 6.
(57) São Josemaria, *Notas de uma reunião familiar*, 18/08/1968 (AGP, biblioteca, P01, XI-1968, págs. 22-23).

de oração? Não poderia ser mais pessoal, mais íntima, mais recolhida? Não poderia esforçar-me um pouco mais no relacionamento com Jesus, na meditação da Sagrada Paixão, no amor à sua Humanidade Santíssima? Como é a minha oração vocal? Falo com Deus enquanto rezo? Encho as ruas da cidade de Comunhões espirituais, de jaculatórias etc.? Sim, minha filha, meu filho. Desse exame você tirará – todos nós tiraremos – a convicção de que podemos e devemos contemplar com mais pausa e amor os Mistérios do Rosário, obter mais fruto da leitura diária do Santo Evangelho, acompanhar Cristo mais de perto pelos caminhos que Ele percorreu na terra.

São perguntas que devemos fazer-nos com frequência, pois, sem querer, podemos habituar-nos às coisas mais santas; com esse exame, endireitaremos o rumo dos nossos passos. Procurem jaculatórias que os ajudem a manter e a dar vida ao seu relacionamento com o Senhor, com Nossa Senhora, com São José, de acordo com as necessidades da sua alma. O nosso Padre ensinou-nos que é mais fácil chegar a Jesus pela mão de Santa Maria e do santo Patriarca; sobretudo se lhes pedirmos, com uma confiança infantil, que nos façam conhecer e amar o seu Filho. Depois, «da Humanidade de Cristo, passaremos ao Pai, com a sua Onipotência e a sua Providência, e ao fruto da Cruz, que é o Espírito Santo. E sentiremos a necessidade de perder-nos nesse Amor para assim encontrar a verdadeira Vida»[58]. Minhas filhas e meus filhos, se soubermos entregar-nos com generosidade, secundando as moções do Paráclito nas nossas almas, a nossa vocação conduz-nos até

---

(58) *Ibidem.*

os mais altos cumes da santidade. E como nos ensinou o nosso Padre, isso ocorre na vida habitual, nas circunstâncias em que normalmente nos encontramos com os nossos iguais, sem aspirar a coisas extraordinárias; o nosso amor a Deus e às almas é o verdadeiramente extraordinário, e tem de fazer-nos sentir a urgência de um apostolado e de um proselitismo cada dia mais intensos.

No começo destas linhas, eu os convidava a corresponder com generosidade ao Amor de Deus, que se doa por inteiro a cada um de nós. Não esqueçam o conselho que o nosso Padre repetiu sempre: «*Amor com amor se paga*. Correspondemos ao amor divino sendo fiéis, muito fiéis; e como consequência dessa fidelidade, levando o amor que recebemos a outras pessoas, para que desfrutem desse encontro com Deus»[59]. Para que as almas venham e perseverem, é necessário que cada um de nós entregue o seu próprio eu, esmerando-se na renúncia pessoal, chegando à mais profunda intimidade da nossa alma, para que seja toda de Deus e para que só demos vida de Deus aos outros. Enquanto não existir essa decidida determinação, o nosso apostolado pessoal não terá toda a eficácia de que o Senhor precisa.

Minhas filhas e meus filhos, apostolado. Afã de levar muitas almas até os pés de Jesus, no Santo Sacramento da Penitência, onde nos são aplicados os merecimentos que Jesus Cristo nos ganhou na Cruz. Empenho perseverante para que as amigas e os amigos de vocês caminhem como que por um *plano inclinado*, até que a sua vida interior se consolide, levando-os aos meios de formação que a Obra

---

(59) *Ibidem*.

lhes oferece: a direção espiritual, os círculos, os recolhimentos... Assim, se o Semeador divino o quiser, terão condições de receber a chamada específica ao Opus Dei, que é vocação de serviço abnegado e fiel à Igreja Santa e a todas as almas.

Recorram ao Sacrário para que Jesus aumente esse afã nos seus corações. Preparem-se muito bem para recebê-lo sacramentalmente cada dia, com especial empenho neste mês em que celebraremos o aniversário da Primeira Comunhão do nosso Fundador. E digam a Nossa Senhora e a São José, que não se afastam do Tabernáculo nem por um instante, que nos ensinem a nos relacionarmos cada dia melhor com o «*nosso Jesus*»[60].

A Santa Missa, centro e raiz da vida interior
1º de abril de 1986

Guiados pela liturgia da Igreja na Semana Santa, revivemos mais uma vez os últimos dias da vida terrena de Nosso Senhor: a sua Paixão e Morte, a sua gloriosa Ressurreição. Fica para trás a tarde da Quinta-feira Santa, quando Jesus Cristo, não satisfeito com padecer e morrer para salvar-nos, quis instituir esse prodígio de carinho que é a Sagrada Eucaristia. Com a ajuda do nosso Padre, que nos ensinou a aprofundar nesse Mistério de Amor, consideramos os sentimentos de Jesus que, tendo de voltar ao Céu ao mesmo tempo em que desejava ficar na terra, realizou esse milagre inefável. Desde então – para você, para mim; por você, por

---

(60) Josemaria Escrivá, *Caminho*, n. 497.

mim – e até o fim dos séculos, na Eucaristia, *alimentamo-nos de Cristo, realiza-se a memória da Paixão do Senhor, a alma enche-se de graça e é-nos dado o penhor da glória eterna*[61].

Nestas linhas, pretendo deter-me num aspecto essencial do Mistério eucarístico: a renovação incruenta do Sacrifício do Calvário, que se realiza diariamente sobre os nossos altares, até o fim dos séculos, em cumprimento do mandato de Cristo: *Fazei isto em memória de mim*[62]. Minha filha, meu filho, desejo que você aplique à própria vida estas palavras, este encargo divino – que o Senhor dirigiu direta e principalmente aos Apóstolos e aos seus sucessores no sacerdócio ministerial –, porque, pelo Batismo e pela Confirmação, todos nós participamos de um modo ou de outro do sacerdócio de Cristo e todos nós temos *alma sacerdotal*.

A Missa. Não nos acostumemos nunca a celebrá-la ou a participar do Santo Sacrifício! Uma alma com fé, como o são todas as minhas filhas e todos os meus filhos, reconhece no Sacrifício do Altar o portento mais extraordinário que se leva a cabo neste nosso mundo. Assistir à Santa Missa – para os sacerdotes, celebrá-la – significa tanto como desligar-se dos laços caducos de lugar e de tempo, próprios da nossa condição humana, para nos situarmos no cume do Gólgota, junto da Cruz onde Jesus morre pelos nossos pecados, participando ativamente do seu Sacrifício redentor. Como nos teríamos comportado se tivéssemos tido a graça de acompanhar Cristo naquelas horas amargas, junto da Santíssima Virgem, de São João e das santas mulheres, sabendo que se cumpria a libertação do gênero humano, a

---

(61) Missal Romano, Antífona *O sacrum convivium*.
(62) Lc 22, 19.

redenção das nossas almas e dos nossos corpos? Sem dúvida, teríamos procurado uma união intensa e imediata com o nosso Redentor, na adoração, na ação de graças, na reparação e na impetração que, durante aqueles momentos, Jesus Cristo apresentava por nós a Deus Pai.

Pois então – meditai-o bem! –, é assim que a nossa Missa tem de transcorrer cada dia. Porque, no Sacrifício do Altar, o mesmo Cristo Senhor Nosso, que morreu, ressuscitou e subiu ao Céu, continua a imolar-se a Deus, agora por meio do sacerdote, e aplica-nos os infinitos méritos que ganhou na Cruz para nós. «É tanto o Amor de Deus pelas suas criaturas», escreveu o nosso Padre, «e deveria ser tanta a nossa correspondência que, ao celebrar-se a Santa Missa, os relógios deveriam parar»[63]. Peçamos perdão à Santíssima Trindade pelas nossas negligências passadas e – amparando-nos na intercessão do nosso santo Fundador e seguindo o seu exemplo – façamos o propósito de viver o Santo Sacrifício como *trabalho de Deus*; um trabalho que absorve, que encanta, que custa, que esgota, porque requer que ponhamos os nossos sentidos e potências, todo o nosso ser, nessa ação divina.

Com palavras que depois foram recolhidas pelo Concílio Vaticano II, o nosso Fundador ensinou-nos também que a Santa Missa deve ser «*o centro e a raiz da nossa vida interior*». Ao mesmo tempo, esta expressão de grande conteúdo teológico traz consigo consequências práticas para a nossa vida diária.

Em primeiro lugar, a Missa é *centro*; deve ser, portanto, o ponto de referência de cada um dos nossos pen-

---

(63) Josemaria Escrivá, *Forja*, n. 436.

samentos e de cada uma das nossas ações. Na sua vida, nada deve ocorrer à margem do Sacrifício eucarístico. Na Missa, encontramos o modelo perfeito da nossa entrega. Ali está Cristo vivo, palpitante de amor. Em aparente inatividade, oferece-se constantemente ao Pai, com todo o seu Corpo místico – com as almas dos seus –, em adoração e ação de graças, em reparação pelos nossos pecados e em impetração de dons, num holocausto perfeito e incessante. Jesus Sacramentado dá-nos um impulso permanente e gozoso para que, com naturalidade, dediquemos toda a nossa existência à salvação das almas, tomados por esse divino afã em que se concretiza o modo de viver lealmente, sem medianias, a nossa vocação ao Opus Dei.

Minhas filhas e meus filhos, que assim seja o nosso caminhar pela terra. Como o nosso Padre escreveu, temos de servir a Deus «não só no altar, mas no mundo inteiro, que é altar para nós. Todas as obras dos homens se fazem como que num altar, e, de alguma forma, cada um de vós, nessa união de almas contemplativas que é o vosso dia, reza *a sua Missa*, que dura vinte e quatro horas, à espera da Missa seguinte, que durará outras vinte e quatro horas, e assim até o fim da nossa vida»[64].

Para nós, filhos de Deus no Opus Dei, o *altar* em que a nossa alma sacerdotal se exercita constantemente é o lugar de trabalho, o lar de família, o lugar onde convivemos ombro a ombro com as outras pessoas. Toda a nossa atividade pode e deve orientar-se para a Missa. Imitem o exemplo

---

(64) São Josemaria, *Notas de uma meditação*, 19/03/1968 (AGP, biblioteca, P09, pág. 98).

do nosso Fundador; quando alguém lhe comunicava um sofrimento ou lhe pedia que rezasse pelas suas intenções, a sua resposta era sempre a mesma: que teria aquilo presente no Santo Sacrifício. Por isso, no altar, o nosso Padre sentia-se carregado das necessidades de todos. Mediador entre os homens e Deus, identificado com Cristo como todo sacerdote quando chega ao altar – sendo *ipse Christus*! –, esmerava-se cotidianamente na celebração da Missa; preparava-se muito bem cada dia, rezava as orações sem pressa, saboreando-as; vivia com intensidade os *mementos*; olhava amorosamente para Jesus, que se entrega a nós; adorava-o com profunda piedade; cuidava da ação de graças... Em poucas palavras, esforçava-se verdadeiramente para fazer da Santa Missa o centro de toda a sua vida.

Por isso – é possível que muitos de vocês o tenham ouvido dele mesmo –, gostava de dividir o dia em duas partes: desde que terminava a Missa até o Ângelus, era um tempo contínuo de ação de graças; tudo o que realizava nessas horas, oferecia-o a Deus em ação de graças por ter renovado o Santo Sacrifício. A partir das doze horas, começava a preparar-se para a Missa seguinte, fomentando os desejos de receber Jesus, repetindo Comunhões espirituais, pensando no milagre colossal de que Deus, infinitamente grande, se escondesse sob as aparências de um pedaço de pão, a fim de vir até nós – «a este muladar do meu peito»[65], como dizia com profunda e sincera humildade.

E esta tem de ser a nossa luta, a sua e a minha, em cada dia da nossa vida, se queremos que a Santa Missa seja real-

---

(65) São Josemaria, *Notas de uma reunião familiar*, 19/03/1973 (AP, biblioteca, P01, IV-1973, pág.46).

mente o centro da nossa vida interior. Portanto, pergunte-se como você se prepara a cada dia para celebrar ou assistir ao Santo Sacrifício; como vive o tempo da noite[66]; como cuida do ofertório – oferecendo, junto com o pão e o vinho, o seu trabalho e o seu cansaço, as suas penas e as suas alegrias, os seus entusiasmos e as suas falhas –, para que Ele una ao seu Sacrifício aquilo que você lhe oferece; como você se esforça para rezar cada dia pela Igreja e pela Obra, pelo Papa, pelo Padre e pelos bispos, pelos seus irmãos, pelos sacerdotes, por todos os fiéis vivos e defuntos; como você aproveita a Comunhão eucarística, esses minutos em que Jesus Cristo, Sol de justiça, está no seu peito, vivificando-o, transformando-o nEle; como o seu coração vai até o Sacrário, durante o resto das horas do dia, para você oferecer de novo ao Senhor o trabalho e o descanso, o riso e as lágrimas, os seus afãs de apostolado, a sua fome de almas... Examine-se e formule propósitos bem concretos para cada dia.

Se toda a nossa existência deve ser corredenção, não se esqueça de que é na Santa Missa que a sua vida adquire essa dimensão corredentora, dela recebe a sua força e nela se manifesta especialmente. Por isso, a Missa é a *raiz* da vida interior. Temos de estar bem unidos a essa raiz, e isso depende também da nossa correspondência. Daí que – concretizo, parafraseando o nosso Padre – a nossa entrega vale o que valer a nossa Missa; falando sobrenaturalmente, a nossa vida é eficaz na medida da piedade, da

---

(66) São Josemaria chamava «tempo da noite» o período compreendido entre o exame de consciência feito ao final de um dia e o momento da Comunhão eucarística realizada na Missa do dia seguinte, durante o qual recomendava que houvesse uma preparação mais intensa para a recepção de Jesus Cristo na Sagrada Hóstia. (N. do E.)

fé, da devoção com que celebramos ou assistimos ao Santo Sacrifício do Altar, identificando-nos com Jesus Cristo e com o seu afã redentor.

Com efeito, no Santo Sacrifício, recuperamos as forças gastas na luta cotidiana e enchemo-nos de desejos de santidade e de apostolado. Lembrem-se do que narra a Escritura Santa sobre o profeta Elias. Depois de um longo caminho, sentiu fome e sede. Esgotado, adormeceu profundamente por causa do cansaço, mas um anjo acordou-o e apresentou-lhe um pão cozido sob a cinza e um copo d'água. Após ter comido e bebido, estimulado pela fortaleza daquele alimento, aquele homem de Deus andou durante quarenta dias e quarenta noites até chegar ao lugar que o Senhor lhe indicara[67]. Imaginem a eficácia do manjar eucarístico naqueles que o recebem bem dispostos! Minhas filhas e meus filhos, é muito maior, muito maior! Com esse alimento da alma, com o Corpo e o Sangue de Cristo, nós podemos caminhar, não já quarenta dias com as suas noites, mas toda a vida, até chegarmos com passo rápido e alegre ao Céu – onde o Senhor e Nossa Senhora esperam por nós –, arrastando conosco, ademais, muitas outras almas.

Sim, minhas filhas e meus filhos. Na Santa Missa, encontramos o remédio para a nossa debilidade, a energia capaz de superar todas as dificuldades da nossa tarefa apostólica. Tenham a certeza de que, para abrirem no mundo sulcos de amor a Deus, precisam viver bem a Santa Missa! Para levarem a termo a nova evangelização da sociedade que a Igreja nos pede, cuidem cada dia mais da Missa! Para que o Senhor nos envie vocações com di-

---

(67) Cf. 1 Re 19, 3-8.

vina abundância e para que se formem bem, recorram ao Santo Sacrifício! *Importunem* o Dono da messe um dia e outro, bem unidos à Santíssima Virgem, enchendo a Missa a que assistem de petição!

No fim deste mês, celebraremos um novo aniversário da Primeira Comunhão do nosso Padre. Como o nosso Fundador se preparou para esse momento, com a ajuda dos avós! Nunca se apagou da sua alma a impressão daquela primeira vez em que Jesus Cristo veio sacramentalmente à sua alma. A nós, que somos seus filhos, essa festa enche-nos de alegria e, ao mesmo tempo, estimula-nos a nos preparar muito bem para as nossas Comunhões eucarísticas. E o melhor que podemos fazer para conseguir isso – insisto – é cuidar cada dia da Santa Missa. «Ajudar-te-á», digo a cada um de vós, com palavras autobiográficas do nosso Padre, «aquela consideração que fazia de si para si um sacerdote enamorado: – É possível, meu Deus, participar na Santa Missa e não ser santo?

«– E continuava: – Cumprindo um propósito antigo, ficarei metido em cada dia na Chaga do Lado do meu Senhor!

«– Anima-te!»[68]

Continuem a pedir pelas intenções da minha Missa. Todos os dias, ao aproximar-se do altar, renovem a sua oração por elas, bem certos de que o Senhor prepara coisas maravilhosas para nós, antes, mais e melhor do que pensamos, se não afrouxarmos nesse empenho de fé e de obras. Permita-me perguntar-lhe ao ouvido: você apresenta diariamente esse pedido, cheio de atualidade, quan-

---

(68) Josemaria Escrivá, *Forja*, n. 934.

do se oferece o pão e o vinho que depois se converterão no Corpo e no Sangue de Nosso Senhor Jesus Cristo?

A Redenção é fruto da obediência livre de Jesus Cristo à Vontade do Pai. Pela obediência, sujeitemo-nos àqueles que representam a Deus

1º de abril de 1988

Hoje, Sexta-feira Santa, a Igreja comemora de modo solene a Paixão e Morte de Nosso Senhor. Os ritos litúrgicos do Tríduo Pascal põem diante dos nossos olhos, mais uma vez, o Amor infinito de Deus pelas suas criaturas; um amor *mais forte do que a morte*[69], que foi a causa da Encarnação da Segunda Pessoa da Santíssima Trindade, a fim de oferecer-se em Sacrifício redentor pela salvação dos homens.

Toda a vida de Jesus, desde a concepção até a Morte, é presidida pelo afã exclusivo de cumprir os desígnios divinos. *Eis que venho [...] para cumprir, ó Deus, a tua Vontade*[70], são as palavras que o autor inspirado põe na sua boca, quando é enviado visivelmente ao mundo. Depois, no transcorrer dos anos, Jesus manifesta de mil modos o seu ardente desejo de cumprir a Vontade do Pai. Afirma que é o seu alimento, que para isso veio à terra, que ardentemente tinha desejado que soasse *a hora* da nossa Redenção, assinalada desde a eternidade pelo seu Pai do

---

(69) Cant 8, 6.
(70) Hb 10, 7.

Céu[71]. Durante a agonia no Horto das Oliveiras, mostra-se a nós como exemplo de união perfeita com o querer de Deus: *Não se faça a minha vontade, mas a tua*[72]. No Gólgota, manifesta-se plenamente esse amor de Cristo: *Oboediens usque ad mortem, mortem autem crucis*[73], obediente até a morte, e morte de Cruz.

O fruto dessa obediência – nunca o esqueçamos, filhos da minha alma – é a Redenção da humanidade inteira. O Senhor podia ter perdoado os nossos pecados de mil modos diversos, mas dispôs o Sacrifício redentor do seu Unigênito, para que a obediência de Cristo reparasse a desobediência de Adão ao preceito divino; *assim como pela desobediência de um só homem foram todos constituídos pecadores, assim pela obediência de um só todos se tornarão justos*[74].

Cristo não manteve uma sujeição meramente exterior à Vontade divina, mas uma obediência interior, fruto do imenso amor ao seu Pai e a todas as almas. E assim pôde afirmar: *Por isso o Pai ama-me, porque dou a minha vida a fim de retomá-la. Ninguém a tira de mim, mas dou-a livremente e tenho o poder de dá-la, assim como tenho o poder de reassumi-la*[75]. Com liberdade soberana, ofereceu seus padecimentos e dores, por amor, no altar da Cruz. Desse modo, como ensina a Igreja, a obediência de Nosso Senhor é a alma do Sacrifício redentor do Calvário, que perdura e se renova na Santa Missa cada dia.

---

(71) Cf. Jo 4, 34; 17, 4; Lc 12, 50.
(72) Lc 22, 42.
(73) Fil 2, 8.
(74) Rm 5, 19.
(75) Jo 10, 17-18.

A consideração atenta das cenas da Paixão ajuda-nos a valorizar mais e mais a importância da obediência na economia da nossa salvação. Por isso, se nós, os cristãos, devemos percorrer o mesmo caminho de Cristo – *seguir as suas pegadas*, como recomenda o Príncipe dos Apóstolos[76] –, também devemos manifestar grande apreço por esta virtude santa, que nos enxerta no plano divino da Redenção e torna possível que sejamos corredentores de verdade. A obediência dos católicos – a nossa, portanto, pois somos sacerdotes seculares e leigos comuns iguais aos outros – tem de ser uma obediência como a de Cristo, que nasce do amor e que se ordena para o amor, que a todo momento se vê sustentada e impelida pelo amor.

Como consequência do pecado original, daquela primeira desobediência, todos nós trazemos na própria vontade um germe de rebeldia e de arrogância. A criatura percebe-o claramente no seu interior e, ao mesmo tempo, esse germe se manifesta com evidência em tantos ambientes. Hoje, há como que um ataque generalizado contra tudo o que signifique autoridade, e, em primeiro lugar, contra a autoridade de Deus e da Igreja. Com frase de São Paulo, vemo-nos obrigados a reconhecer que *non omnes oboediunt Evangelio*[77], nem todos os cristãos obedecem às exigências do Evangelho, e cada um de nós deve lutar com decisão para que a sua própria lealdade pessoal aos desígnios de Deus cresça cada dia. Na verdade, essa rebeldia de que lhes falo não apresenta nada

---
(76) 1 Pe 2, 21.
(77) Rm 10, 16.

de novo: sempre ocorreu e haverá esse risco enquanto o mundo durar; mas, nestes momentos, o eco da primeira rebeldia – o *non serviam!* pronunciado por Satanás e pelos anjos apóstatas – parece ser mais persistente.

Minhas filhas e meus filhos, o Senhor espera que demos testemunho de Jesus Cristo, mostrando aos homens e às mulheres que nos rodeiam as maravilhas de uma conduta cristã íntegra, em que a obediência brilha como uma joia esplêndida. Sujeição, por Deus, à legítima autoridade nas diversas ordens da vida humana. Obediência, acima de tudo, ao Romano Pontífice e ao Magistério da Igreja. Os fiéis do Opus Dei, pela sua honradez de cristãos, obrigam-se também – com um verdadeiro compromisso de justiça e de fidelidade – a aceitar e a obedecer incondicionalmente aos mandatos e diretrizes do Prelado e dos Diretores, em tudo o que se refere ao fim espiritual e apostólico da Prelazia [...].

No Opus Dei, somos tão amigos da liberdade pessoal como aquele que mais o é, e, ao mesmo tempo, muito amigos da obediência. Aprendemo-lo do nosso queridíssimo Fundador, que bebeu esse ensinamento na fonte límpida do Evangelho e nos ensinou a ver, tanto nos mandatos legítimos da autoridade como na obediência devida a esses preceitos, uma raiz comum: o afã de servir os outros; e uma mesma seiva, isto é, o amor, que vivifica tanto os que governam como os que obedecem.

Na Prelazia, todos nós somos solidários no cumprimento da missão espiritual que o Senhor nos confiou dentro da Igreja, que não diminui nem modifica a nossa condição de fiéis comuns. Pomos todas as nossas energias, todos os nossos talentos – poucos ou muitos – que

Deus concedeu a cada um de nós a serviço dessa missão. Por isso, ao obedecer, fazemo-lo «com todas as energias da inteligência e da vontade»[78], com espírito de iniciativa e senso de responsabilidade, como nos ensinou o nosso queridíssimo Fundador.

A nossa obediência deve ser profunda, incitando-nos não só à rendição da vontade, mas à «submissão do entendimento»[79], à identificação do nosso critério com o dos Diretores, em toda a tarefa apostólica. Uma obediência plena, como a de Cristo, própria dos filhos e amigos de Deus, que conhecem e amam a Vontade do seu Pai celestial; *já não vos chamo servos, porque o servo não sabe o que faz o seu senhor. Mas chamei-vos amigos, pois vos dei a conhecer tudo quanto ouvi de meu Pai*[80]. E se, alguma vez, acontecer que vocês não entendam o porquê dos mandatos recebidos – por causa da limitação humana ou devido à cegueira de um momento, que o Senhor pode permitir para o nosso bem –, esforcem-se por obedecer «como nas mãos do artista obedece um instrumento – que não se detém a considerar por que faz isto ou aquilo –, certos de que nunca vos mandarão coisa que não seja boa e para toda a glória de Deus»[81]. Desse modo, ficará especialmente em evidência essa *obediência da fé* que vemos refletida na vida de Santa Maria, e que é um dos frutos mais preciosos da ação do Paráclito nas almas.

O espírito do Opus Dei ensina-nos a obedecer com

---

(78) São Josemaria, *Carta,* 06/05/1945, n. 39.
(79) Josemaria Escrivá, *Caminho*, n. 856.
(80) Jo 15, 15.
(81) Josemaria Escrivá, *Caminho*, n. 617.

plena voluntariedade atual. Não vemos qualquer oposição entre a liberdade e a obediência, porque sabemos muito bem – com quanta clareza o contemplamos nas cenas da Semana Santa! – que uma e outra se exigem mutuamente, pois têm a sua origem num mesmo amor e encaminham-se para um mesmo fim: a participação na missão de Cristo, a santificação das almas.

Desse modo, a obediência na Obra é fruto da unidade de vida. Obedecemos *porque realmente queremos*, com a ajuda de Deus; isto é, procuramos assimilar os critérios apostólicos e espirituais transmitidos, torná-los nossos e pô-los em prática, sem reserva interior de nenhum tipo, plenamente solidários às indicações dos Diretores, em tudo o que se refere ao fim sobrenatural da Prelazia; e, ao mesmo tempo, somos conscientes de que cada um de nós é pessoalmente responsável pelos seus atos, que realiza – insisto – *porque realmente quer*. Justamente porque tentamos viver esta virtude assim, delicadamente, o mandato mais forte no Opus Dei é um *por favor*.

Minhas filhas e meus filhos, examinem se a obediência de vocês tem estas características; examinem se, como cristãos, vocês se perguntam diariamente: estou fazendo o que Deus quer de mim?; se agem com espontaneidade em todas as suas atuações; se assumem, também diariamente, a sua responsabilidade ao obedecer livremente e com prontidão, sem distinguir entre aquilo que lhes parece importante e aquilo que parece de menor transcendência; se consultam os Diretores com simplicidade e se sabem prestar contas dos encargos apostólicos recebidos; se se sentem verdadeiramente comprometidos na tarefa de *fazer* o Opus Dei na terra, em união com os seus Diretores e com todos os seus irmãos, para o melhor serviço da Igreja. Essa profunda unidade de espíritos e de corações é condição indispensável para que se produzam em nós e ao nosso redor – com a graça divina – frutos de santidade e de apostolado, que é o único fim que buscamos.

Vir oboediens loquetur victoriam[82], só os que sabem obedecer alcançarão a vitória. A liturgia da Igreja recorda-o nestes dias, quando nos convida a imitar Cristo, que obedeceu até a morte, por amor: *Por isso Deus o exaltou e lhe outorgou um nome que está acima de todo o nome, para que ao nome de Jesus se dobre todo joelho no céu, na terra e nos infernos, e toda a língua confesse que Jesus Cristo é Senhor, para a glória de Deus Pai*[83].

O sentido da filiação divina manifestou-se na vida de São Josemaria em momentos de contradição e de sofrimento. Com essas luzes, enfrentemos as contrariedades na vida interior e no apostolado

1º de fevereiro de 1991

São incontáveis as riquezas encerradas nesta gozosa realidade [a filiação divina], que informa toda a nossa existência e o nosso agir. Nesta Carta, desejo deter-me num aspecto concreto que o nosso Fundador pôs em evidência muitas vezes: a íntima conexão entre a filiação divina e a união com a Cruz salvadora. É preciso tê-lo

---

(82) Prov 21, 28.
(83) Fil 2, 9-11.

sempre presente, de modo particular nestes dias, quando celebraremos um novo aniversário daquele dia 14 de fevereiro em que o Senhor quis coroar o Opus Dei com a Santa Cruz[84].

Não podemos esquecer nem passar por alto que o nosso Padre recebeu do Senhor o dom de saber-se especialmente filho de Deus precisamente em momentos de sofrimento intenso. Como sabem, foi em Madri, no ano de 1931; concretamente, no dia 17 de outubro. Nos seus *Apontamentos íntimos* – aquelas *catarinas*[85] que escrevia levado pela mão de Deus –, deixou escrito: «Dia de Santa Edwiges 1931: Quis fazer oração, depois da Missa, na quietude da minha igreja. Não consegui. Em Atocha, comprei um jornal (o ABC) e tomei o bonde. A estas horas, ao escrever isto, não pude ler mais do que um parágrafo do diário. Senti afluir a oração de afetos, copiosa e ardente. Assim estive no bonde e até a minha casa»[86].

Anos depois, em várias ocasiões, o nosso Fundador aludiu a esse fato; por exemplo, numa das suas Cartas, referindo-se ao sentido da filiação divina, escreveu: «Esse traço típico do nosso espírito nasceu com a Obra, e, em 1931, tomou forma; em momentos humanamente difíceis, nos quais, contudo, eu tinha a certeza do

---

(84) No dia 14 de fevereiro de 1943, São Josemaria recebeu luzes divinas para fundar a Sociedade Sacerdotal de Santa Cruz, que resolveu a maneira de incardinar os fiéis do Opus Dei que receberiam a ordenação sacerdotal a serviço dos apostolados da Obra e de todas as almas. D. Álvaro foi um dos três primeiros a ser ordenados sacerdotes, em junho de 1944. (N. do E.)

(85) São Josemaria chamava de «*catarinas*» os seus *Apontamentos íntimos* por causa da sua devoção a Santa Catarina de Sena, autora do tratado espiritual chamado *O diálogo*, em que a santa recolhe os seus diálogos com Cristo. (N. do E.)

(86) São Josemaria, 17/10/1931, em *Apontamentos íntimos*, n. 334.

impossível – daquilo que hoje contemplais feito realidade –, senti a ação do Senhor que fazia germinar no meu coração e nos meus lábios, com a força de algo imperiosamente necessário, esta terna invocação: *Abba! Pater!* Encontrava-me na rua, num bonde»[87].

Desses «momentos humanamente difíceis» também há constância nas anotações daqueles anos. Com emoção, tomo outro parágrafo das *catarinas*: «Dia 9 de setembro de 1931: Estou com uma tribulação e desamparo grandes. Motivos? Realmente, os de sempre. Porém, é algo personalíssimo que, sem tirar-me a confiança no meu Deus, faz-me sofrer, porque não vejo saída *humana* possível para a minha situação»[88]. Para entrever, ainda que seja só de forma muito genérica, a dureza da situação em que o nosso Padre se encontrava, basta pensarmos no ambiente de violência sacrílega contra a religião e os sacerdotes que se desencadeara em Madri naquele mesmo ano de 1931; e, sobretudo, na viva consciência do nosso Padre acerca da sua própria incapacidade para cumprir a Vontade de Deus – fazer o Opus Dei – que, aos olhos humanos, apresentava-se simplesmente como algo impossível.

Anos depois, o nosso Fundador explicaria o sentido profundo dessa íntima relação entre a filiação divina e a união com a Cruz: «Quando o Senhor me dava aqueles golpes, lá pelo ano de trinta e um, eu não entendia. E, de repente, em meio àquela amargura tão grande, estas palavras: *Tu és meu filho* (Sal 2, 7), tu és Cristo. E eu só sabia

---

(87) São Josemaria, *Carta*, 09/01/1959, n. 60.
(88) São Josemaria, 09/09/1931, em *Apontamentos íntimos*, n. 274.

repetir: *Abba, Pater! Abba, Pater! Abba, Abba, Abba!* E agora o vejo com uma luz nova, como uma nova descoberta, tal como se vê, com o passar dos anos, a mão do Senhor, da Sabedoria divina, do Todo-poderoso. Senhor, Tu fizeste que eu entendesse que ter a Cruz é ter a felicidade, a alegria. E a razão – vejo-o com mais clareza do que nunca – é esta: ter a Cruz é identificar-se com Cristo, é ser Cristo, e, por isto, ser filho de Deus»[89]. E, em outra ocasião, o nosso Padre comentava: «Talvez tenha sido a oração mais elevada que o Senhor me deu. Aquilo foi a origem da filiação divina que vivemos no Opus Dei. Que certeza em meio à minha necessidade! Que alegria em meio à minha pena! Que filho tão ruim nas mãos de um Pai tão bom! E sentia-me tão filho, tão seguro...! Que Pai!»[90]

A nossa identidade cristã consiste em sermos filhos de Deus em Cristo, de cuja vida participamos por meio do Espírito Santo. Nesta realidade tão inefável, concentra-se o ensinamento da Sagrada Escritura, particularmente claro nas cartas de São Paulo. Essa identificação com Cristo, iniciada no Batismo, faz-se mais e mais intensa mediante a recepção dos outros sacramentos, especialmente o da Eucaristia, e encontra a sua pedra de toque na forja da Cruz – a dor, recebida cristãmente, une-nos intimamente a Cristo crucificado, identifica-nos mais e mais com Ele –, e torna-se operante por meio das virtudes teologais da fé, da esperança e da caridade.

---

(89) São Josemaria, *Notas de uma meditação*, 28/04/1963 (AGP, biblioteca, P01, XII-1963, págs. 12-13).
(90) São Josemaria, *Notas de uma meditação*, 15/04/1954 (AGP, biblioteca, P01, 1991, pág. 120).

Quando um cristão, plenamente consciente de tão profunda realidade, se esforça por agir como Cristo, é lógico que tropece com dificuldades, que choque com o ambiente descristianizado que há em tantos lugares. A mesma coisa aconteceu com Nosso Senhor, e *o discípulo não é mais que o Mestre*[91]. Somos do mundo, mas não mundanos. Somos do mundo e vivemos no mundo para santificá-lo, para reconduzi-lo a Deus. Por isso, não nos deixamos levar pela falsa naturalidade de quem oculta a sua condição de cristão quando as circunstâncias do ambiente não são favoráveis; nem nos camuflamos, adotando hábitos ou costumes contrários ao nosso ser *em Cristo*. Sem fanatismos de nenhum tipo – que não podem surgir quando há superabundância de caridade –, não nos inibimos perante os clamores dos que se comportam como *inimigos da Cruz de Cristo*[92], que, para muitos, continua a ser loucura ou escândalo[93].

Minhas filhas e meus filhos, como os primeiros cristãos, tenham sempre a coragem salutar, apostólica, de praticar com simplicidade e naturalidade as exigências amáveis da nossa vocação, sem temor de chocar com os costumes paganizados difundidos entre as pessoas com quem tantas vezes vocês têm de relacionar-se. O nosso Padre pedia-nos – pede-nos agora! – com força: «Manifestai claramente o Cristo que sois através da vossa vida, através do vosso Amor, através do vosso espírito de serviço, através do vosso afã de trabalho, através da vossa com-

---

(91) Mt 10, 24.
(92) Fil 3, 18.
(93) Cf. 1 Cor 1, 18.

preensão, através do vosso zelo pelas almas, através da vossa alegria»[94]. Insisto: não devemos surpreender-nos nem assustar-nos perante as dificuldades exteriores e interiores. Nós não trabalhamos por entusiasmo nem confundimos a alegria com o bem-estar ou com a ausência de sofrimento. Mais ainda, quando resistimos às pressões desta sociedade em que atuamos e nos esforçamos para trazer conosco o nosso próprio ambiente – o ambiente de Cristo –, nunca nos faltará o *gaudium cum pace*, a alegria e a paz interior, frutos delicados da ação do Espírito Santo.

Em todo caso, minha filha, meu filho, se chegarem à sua vida e à minha momentos ou temporadas de contradição, de aridez espiritual, de aparente fracasso apostólico, imitemos Cristo que, na sua imensa desolação – *meu Deus, meu Deus, por que me abandonastes?*[95] –, respondeu: Pai, nas tuas mãos encomendo o meu espírito[96]; e, desse modo, cumpriu a Redenção do mundo, obtendo para nós o dom do Espírito Santo, que nos faz filhos de Deus.

Toda a nossa existência resume-se nessa identificação com Cristo. Assim, seguiremos o exemplo do nosso Padre que, naqueles primeiros anos, dos quais falei antes, e em outros tempos de duríssimo sofrimento, jamais se fechou em si mesmo, mas, a partir de Deus – bem apoiado, pela fé, no sentido da filiação divina –, entregou-se em todos os momentos a um fecundíssimo trabalho pelas almas, com total esquecimento de si mesmo e dos seus próprios

---

(94) São Josemaria, *Notas de uma reunião familiar*, 13/06/1974 (AGP, biblioteca, P04, 1974, vol. I, págs. 518-519).
(95) Mt 27, 46.
(96) Lc 23, 46.

sofrimentos. Ao seguir os passos do nosso Fundador, também nós experimentaremos cada vez mais a profunda verdade daquelas suas palavras: «A Santa Cruz far-nos-á perduráveis, sempre com o mesmo espírito do Evangelho, que dará o apostolado da ação como fruto saboroso da oração e do sacrifício»[97].

Ao pé da Cruz, encontramos Maria. Ela sempre põe uma nota decisiva de delicadeza naquela tremenda cena do Gólgota. Invoquemo-la em todas as nossas necessidades, certos de que sempre escuta as súplicas dos seus filhos. Pelas suas mãos, desejo fazer chegar até o Céu a nossa gratidão à Santíssima Trindade.

---

(97) São Josemaria, *Instrução*, 19/03/1934, n. 28.

Páscoa
A fonte da verdadeira alegria

> **A alegria pascal é fruto da obediência de Cristo. Também nós temos de identificar-nos com a Vontade divina, pois aí se encontra a fonte da verdadeira felicidade. Piedade no relacionamento com Deus**
>
> 1º de maio de 1987

Como todos os anos, nos dias da Páscoa, revivemos a Paixão, Morte e Ressurreição do Senhor. Depois das horas amargas do *fracasso* de Cristo na Cruz, sentimo-nos ébrios de alegria ante o seu triunfo sobre o demônio, o pecado e a morte; e desejamos levar essa alegria – *gaudium cum pace* – às nossas vidas, no grande e no pequeno, até as últimas consequências. Nestas semanas do tempo pascal, a Igreja é embargada por um júbilo profundo e sereno, que Nosso Senhor quis deixar como herança para todos os cristãos e que é especialmente – como o nosso Padre afirmava com plena convicção – patrimônio dos filhos de Deus no seu Opus Dei; um contentamento cheio de conteúdo sobrenatural que nada nem ninguém poderá tirar-nos, se nós não o permitirmos.

Portanto, com um imperativo divino que nasce da união que o Senhor nos pede, digo a todos vocês: minhas filhas e meus filhos, caminhemos sempre alegres, porque a alegria faz parte da nossa chamada. Quando assimilamos bem o espírito da Obra, fazendo-o carne da nossa carne e vida da nossa vida, não encontramos senão motivos de paz à nossa volta, mesmo nos acontecimentos mais dolorosos que possam sobrevir – doenças, incompreensões, falta de meios, contrariedades de qualquer tipo –, uma vez que, ao provirem da mão do nosso Pai-Deus, necessariamente são bons e fecundos, assim como são plenamente fecundos os sofrimentos de Cristo em prol da redenção do gênero humano. Contemplemos cada um desses passos e meditemos no fato de que o Senhor os aceitou por amor, em obediência filial à Santíssima Vontade do seu Pai, sem impor condições.

Filhos da minha alma, aqui radica a chave para obtermos fruto – fruto sobrenatural e também humano – de todas as circunstâncias que se apresentarem no decorrer da nossa existência: transformar a Vontade de Deus em alimento da nossa vida, com um esforço sincero para cumpri-la como Ele deseja, até nos seus mínimos pormenores. Não se lembram daquele programa claro e atraente que o nosso amadíssimo Fundador nos traçou? «Gradação: resignar-se com a Vontade de Deus; conformar-se com a Vontade de Deus; querer a Vontade de Deus; amar a Vontade de Deus»[1].

---

(1) Josemaria Escrivá, *Caminho*, n. 774.

Nestes momentos, quando ainda temos tão próximo na nossa memória o exemplo de Cristo, *obediente até à morte, e morte de Cruz*[2], em cumprimento pleno do desígnio divino, podemos perguntar-nos se a nossa atitude perante as exigências concretas que Deus nos propõe a cada um de nós recebe essa resposta plena. Sabemos que a sua Vontade se manifesta para nós no cumprimento dos deveres familiares, sociais e profissionais próprios do estado de cada um; na fidelidade constante aos compromissos que assumimos livremente ao responder «sim» à nossa vocação; nas circunstâncias fortuitas que acompanham o nosso caminho na terra. Empenhamo-nos em reconhecer esse querer divino na nossa existência cotidiana? Abraçamo-lo com alegria, quando traz consigo uma renúncia, grande ou pequena, aos nossos projetos talvez demasiado humanos? Ou não nos resta outro remédio senão reconhecer – e oxalá o reconhecêssemos com verdadeira contrição! – que, por vezes, nos limitamos a aceitá-lo com resignação, com tristeza, com queixas, como algo inevitável, de que não podemos fugir?

Minhas filhas e meus filhos, procuremos reagir com energia se alguma vez descobrimos essa resistência no nosso coração. Seria então o momento de fomentar com urgência o sentido da nossa filiação divina, verdadeiro fundamento do nosso espírito, e de insistir na oração e na penitência, pedindo ao nosso Deus que não nos negue as suas luzes e nos ajude a compreender que *omnia in bonum*[3], que tudo concorre para o bem dos

---

(2) Fil 2, 8.
(3) Rm 8, 28.

que o amam. Repitamos devagar, saboreando-a, aquela oração filial e forte que o nosso Padre nos ensinou: «Faça-se, cumpra-se, seja louvada e eternamente glorificada a justíssima e amabilíssima Vontade de Deus sobre todas as coisas. – Assim seja. – Assim seja»[4]. E garanto-lhes que – como promete o nosso santo Fundador – alcançaremos a paz.

Por outro lado, filhos, uma decidida determinação de secundar *até o fim* a Vontade divina é o único modo de percorrer o nosso caminho na terra sendo verdadeiramente felizes, com a felicidade relativa – só no Céu será completa – que podemos atingir aqui embaixo. Pensai bem: por que víamos o nosso Padre sempre tão contente, apesar das dificuldades de todo tipo que encontrou no seu caminho? Por que os santos se mostram cheios de paz até no meio da dor, da desonra, da pobreza, das perseguições? Por que as minhas filhas e os meus filhos, no mundo inteiro – temos já muita experiência disto, graças a Deus –, são semeadores de paz e de alegria em todos os caminhos dos homens? A resposta está claramente esboçada: porque procuram identificar-se com a Vontade do Pai do Céu, imitando Cristo; porque, perante o agradável e o desagradável, perante o que exige pouco esforço e perante aquilo que talvez exija muito sacrifício, decidem colocar-se na presença de Deus e afirmar com clara atitude: «Tu o queres, Senhor?... Eu também o quero!»[5] Aí está a raiz da eficácia e a fonte da alegria!

---

(4) Josemaria Escrivá, *Caminho*, n. 691.
(5) *Idem*, n. 762.

Não tenho a menor dúvida de que as minhas filhas e os meus filhos procuram cumprir a Vontade de Deus em toda a sua vida. Na Obra, todos nós agimos – e agradeço-o ao Senhor com toda a minha alma – com essa boa determinação. Mas também é evidente que só os bons desejos não bastam; que o passar dos dias, com a multiforme variedade de atividades e afãs que cada um deles traz consigo, não raramente leva a um enfraquecimento da decisão de cumprir sempre e em tudo a Vontade divina. Por isso, é indispensável reafirmar uma e outra vez o nosso empenho de servir fielmente ao Senhor, de responder como Cristo – somos outros Cristos! – nos pequenos e nos grandes acontecimentos de cada dia. E é também aqui que a piedade pessoal, constantemente renovada nas nossas Normas, adquire particular importância.

Minhas filhas e meus filhos, cuidai com esmero da oração da manhã e da tarde, dos exames de consciência, e de todas as Normas e Costumes da Obra. Nunca sejamos superficiais na piedade; a nossa devoção tem de ser firme, profunda, sincera, de maneira que impregne – graças à unidade de vida – o trabalho e o descanso, os deveres profissionais e sociais, as relações de parentesco e de amizade com as outras pessoas. Quando está firmemente arraigada nas nossas almas, a piedade conduz ao trabalho, à entrega, ao serviço fraterno e ao apostolado. Caso contrário, não é uma piedade verdadeira, mas uma caricatura! Permitam-me que lhes recorde umas palavras que o nosso Fundador referia à nossa bendita fraternidade, mas que podem ser aplicadas a todos os outros campos da nossa vida. Escrevia o nosso Padre: «Piedade, piedade, piedade;

se faltas com a caridade, será por falta de vida interior, e não por teres mau caráter»[6].

Aprofundemos mais ainda, pois, na nossa piedade pessoal. Não nos faltará a ajuda de Nossa Senhora, que, durante os seus anos na terra e também agora, no Céu, sempre se distinguiu e se distingue pelos seus ardentes desejos de que se cumpra a Vontade divina. Como Ela experimentou bem a eficácia dessa submissão alegre e incondicionada ao querer de Deus! Vocês se lembram do seu *fiat!*[7] em Nazaré, ao longo da vida pública de Cristo e no Calvário? Ainda ressoa, com uma força que define a sua resposta santa, aquele conselho que deu aos servos da casa de Caná: *Fazei o que Ele vos disser*[8]; e é o mesmo que agora dá a cada uma e a cada um de nós, que apresenta aos homens e mulheres de todos os tempos. Eu quereria – é a Santíssima Trindade que me inspira esse desejo na alma – que meditássemos a fundo sobre esta necessidade de fazer «o que Ele nos disser!» Porque indica a você e a mim que cuidemos da vocação com particular esmero; que nos convençamos de que é preciso que façamos o Opus Dei em todas as horas; que não admitamos outro plano senão o de encarnar plenamente o espírito próprio do nosso caminho; que sejamos leais à Santa Igreja e às almas, com uma lealdade inquebrantável às exigências da nossa chamada divina.

Bom momento é o mês de maio, que agora começamos, para seguir esta maternal recomendação de Nossa

---

(6) São Josemaria, *A sós com Deus*, n. 26 (AGP, biblioteca, P10).
(7) «*Faça-se* em mim a tua palavra», Lc 1, 38. (N. do E.)
(8) Jo 2, 5.

Senhora. Minhas filhas e meus filhos, esmerem-se por cumpri-la melhor do que nunca, aconselhando este sugestivo programa às pessoas – os seus parentes, colegas, amigos – que irão convidar para honrá-la neste mês nas suas ermidas e santuários[9].

Amor e devoção ao Espírito Santo. Chegamos a Ele por meio de Nossa Senhora

1º de maio de 1986

A devoção à Terceira Pessoa da Santíssima Trindade, o Espírito Santo, a quem nosso Padre tanto amou desde que era sacerdote jovem, ocupa um lugar importante no espírito do Opus Dei. Um amor e uma amizade que nós, as suas filhas e os seus filhos, devemos cultivar na nossa vida pessoal, se de verdade queremos fazer o Opus Dei e ser nós mesmos *Opus Dei*, obra divina.

Na vida sobrenatural – o ensinamento é de São Paulo –, *ninguém pode dizer «Jesus é Senhor», a não ser sob a ação do Espírito Santo*[10]; não somos capazes de realizar a menor ação com alcance eterno sem a ajuda do Paráclito. Ele nos estimula a clamar *Abba, Pater!*, de modo que possamos saborear a realidade da nossa filiação divina. Como Advogado, Ele nos defende nas batalhas da vida interior; é o Enviado que nos traz os dons divinos; o Consolador que

---

(9) Referência ao Costume de fazer em maio uma breve Romaria, rezando as três partes do Santo Rosário (uma delas no Santuário que se visita), com sentido apostólico e de penitência, oferecendo alguma pequena mortificação. (N. do E.)

(10) 1 Cor 12, 3.

derrama nas nossas almas o *gaudium cum pace*, a alegria e a paz que temos de semear pelo mundo inteiro.

Assim, procuremos aumentar a nossa intimidade com o Espírito Santo. Renovemos o propósito de nos relacionarmos muito com Ele por meio das obras, dos nossos esforços diários. Como o nosso Fundador costumava repetir cada dia, peço à Santíssima Trindade que, para as filhas e os filhos de Deus no Opus Dei – para você! –, o Divino Espírito nunca seja o *Grande Desconhecido*. Assim o chamava o nosso Padre com imensa dor, ao comprovar que a maior parte dos cristãos tem tão pouca intimidade com Ele e que não lhe agradecem as constantes graças que nos envia.

Além disso, atrevo-me a afirmar que, na Obra, estamos especialmente obrigados a conhecer e a amar o Divino Paráclito. Como nosso Fundador ressaltou em incontáveis ocasiões, a única finalidade do Opus Dei é que todos os seus membros se santifiquem e façam apostolado, vivendo as virtudes cristãs segundo o modo específico que Deus traçou para nós. Em outras palavras, a tarefa da Obra concretiza-se em que nos disponhamos para receber com fruto a ação do Espírito Santo e ajudemos as pessoas com quem nos relacionamos para que sejam dóceis a essa ação santificadora. Veem por que temos de conviver assiduamente com a Terceira Pessoa da Santíssima Trindade?

Meu filho, você considera com frequência na sua oração a verdade, tão consoladora, de que somos templos vivos do Paráclito? Cultiva com sincero interesse as ânsias de conhecer melhor e de amar o Deus Trino que habita na sua alma pela graça? Procura descobrir e renovar os expedientes humanos que nos ajudam tanto a manter um diálogo constante com o Senhor, a viver na sua presença, a dizer-lhe palavras de carinho? Ao aproximar-se a solenidade de Pentecostes, que bom momento é este para que cada um de nós renove os propósitos de frequentar o convívio com o Espírito Santo.

Como o nosso Fundador insistia com frequência, «falamos com o Pai que está nos Céus repetindo as palavras que Jesus, Nosso Senhor, ensinou aos Apóstolos: *Pai nosso, que estais nos Céus, santificado seja o vosso nome...* Falamos com o Filho, porque o amamos na Cruz e lhe agradecemos que nos tenha redimido. Mas do Espírito Santo quase não nos lembramos, e é Ele quem age nas almas em graça, quem repousa em nós para fazer-nos templos da Santíssima Trindade, ainda que, por não haver mais que um só Deus, quando o Espírito Santo está na alma de um cristão, ali estão também o Pai e o Filho»[11].

A atividade do Espírito Santo passa inadvertida. É como o orvalho que encharca a terra e a torna fecunda, como a brisa que refresca o rosto, como a chama que irradia calor na casa, como o ar que respiramos quase sem o perceber. Acabo de citar alguns dos exemplos que a Sagrada Escritura utiliza para falar da ação do Paráclito, desse Santificador que se manifestou aos Apóstolos como vento impetuoso e sob a forma de línguas de fogo[12], e a quem o próprio Senhor comparava com um manancial do qual nasceriam – no seio dos que cressem nEle – rios de água viva[13].

Uma das razões pelas quais nosso Padre era tão devoto

---

(11) São Josemaria, *Notas de uma reunião familiar*, 28/10/1972 (AGP, biblioteca, P04, 1972 vol. II, pág. 697).

(12) Cf. At 2, 1-4.

(13) Cf. Jo 7, 38.

do Espírito Santo era justamente esta: porque admirava e agradecia constantemente o trabalho eficaz e silencioso do Paráclito nas almas em graça. E de tal maneira se deixou moldar pelo Santificador que chegou a identificar-se com Cristo já desde muito jovem, tornando sua esta faceta tão própria do nosso Consolador: «Ocultar-me e desaparecer é o que me cabe, que só Jesus brilhe»[14] foi sempre o lema da sua conduta.

Para que vocês possam adquirir familiaridade no relacionamento com o Paráclito, aconselho que assimilem com profundidade e considerem com frequência na sua meditação pessoal aquela oração composta pelo nosso Fundador em plena juventude, e que é um magnífico ato de disponibilidade perante o Senhor: «Vem, ó Santo Espírito! Ilumina o meu entendimento para conhecer os teus mandatos; fortalece o meu coração contra as insídias do inimigo; inflama a minha vontade... Ouvi a tua voz, e não quero endurecer-me e resistir, dizendo: depois..., amanhã. *Nunc coepi!* Agora! Não aconteça que o amanhã me falte.

«Ó Espírito de verdade e de sabedoria, Espírito de entendimento e de conselho, Espírito de alegria e de paz! Quero o que queres, quero porque queres, quero como queiras, quero quando quiseres...»[15].

Interessa-me que você se pergunte: como me esforço para responder à graça divina que o Paráclito me obtém? Muitas vezes, escutei do nosso Padre esta consideração: «A devoção ao Espírito Santo, profunda, ardente, é tradicional na Obra desde o começo: que não se perca!» Pense

---

(14) São Josemaria, *Carta*, 28/01/1975.
(15) São Josemaria, *Nota manuscrita*, abril de 1934.

se você está em sintonia com esta realidade, e descobrirá que nisto talvez se encontre o caminho para que a sua vida de apóstolo tenha toda a eficácia que o Senhor deseja. Em qualquer caso, ouça mais uma vez o nosso Fundador, que nos escrevia: «Propósito: "frequentar", se possível sem interrupção, a amizade e o trato amoroso e dócil com o Espírito Santo. – *Veni, Sancte Spiritus...!* – Vem, Espírito Santo, morar na minha alma!»[16]

O mês de maio, que acabamos de começar, oferece-nos uma ocasião privilegiada para nos aproximarmos mais do Espírito Santo. Como? Convivendo com piedade filial com a nossa Mãe, a Santíssima Virgem. Vocês terão refletido muitas vezes que, na economia da salvação, Deus quis associar intimamente Santa Maria à ação do Paráclito. Quando o Filho é enviado ao mundo pelo Pai, encarna-se *de Spiritu Sancto, ex Maria Virgine*[17]: por obra do Espírito Santo, de Maria Virgem, como rezamos no Credo. Quando a Igreja se manifesta publicamente, mediante o envio do Paráclito no Pentecostes, a Mãe de Jesus e Mãe da Igreja encontra-se entre os Apóstolos, como um ímã que atraiu para a terra o Espírito divino naqueles momentos.

Se desejamos aproximar-nos mais e mais do Espírito Santo e deixá-lo agir nas nossas almas sem levantar nenhum obstáculo, temos de caminhar amparados pela mão daquela que é – de modo especialíssimo, em virtude da sua maternidade divina e da sua plenitude de graça – Templo vivo da Santíssima Trindade e Esposa do Paráclito. A Virgem Maria conduz-nos ao Espírito Santo e o Espírito

---
(16) Josemaria Escrivá, *Forja*, n. 514.
(17) Missal Romano, Ordinário da Missa, *Credo*.

Santo move-nos a recorrer a Ela, a fim de que seja mais fácil para nós honrar a Santíssima Trindade.

Por isso, unamos a devoção, o afeto, a petição à Mãe de Deus e Mãe nossa ao nosso amor dedicado e à nossa piedade sincera para com a Terceira Pessoa da Santíssima Trindade. Assim cumpriremos mais fiel e eficazmente a missão que Deus nos confiou: santificar-nos nos nossos afazeres cotidianos, santificando as pessoas que estão ao nosso redor na vida familiar, profissional, social etc. Tornar-se-ão realidade – «*antes, mais, melhor*» – as ânsias que consumiam o nosso Padre quando, num dia do mês de maio de 1970, diante da imagem de Nossa Senhora de Guadalupe, fazia assim a sua oração pessoal: «Este mês de maio que vivemos agora resplandecerá sempre. Ofereço-te um futuro de amor, com muitas almas. Eu – que não sou nada, que sozinho não posso nada – atrevo-me a oferecer-te muitas almas, infinidade de almas, uma maré de almas em todo o mundo e em todos os tempos, decididas a entregar-se ao teu Filho e ao serviço dos outros, para levá-los a Ele»[18].

Neste mesmo mês de maio, no domingo dedicado à Santíssima Trindade, o Santo Padre João Paulo II conferirá a ordenação sacerdotal a um grupo de irmãos de vocês. Que boa ocasião para agradecer ao Senhor – ao Pai, ao Filho, ao Espírito Santo; à Trindade, que é um só Deus – as graças e os dons que derrama constantemente sobre a Obra e sobre as nossas pobres pessoas! Que excelente oportunidade para rezar pela unidade da Obra

---

(18) São Josemaria, *Oração pessoal na* Villa *de Guadalupe*, 20/05/1970 (AGP, biblioteca, P01, 1977, pág. 792).

com mais ardor e agradecimento! Porque essa oração pelo nosso Opus Dei deve ser mais forte a cada dia; se não, que agradecimento seria o nosso? Minhas filhas e meus filhos, deem-lhe graças por tudo; também por aquilo que pode parecer-nos – talvez num primeiro momento – duro ou difícil de aceitar, pensando na Igreja, na Obra. «Dá-lhe graças por tudo», repetia o nosso Fundador, «porque tudo é bom»[19] se puder ser dirigido para Ele.

Minhas filhas e meus filhos, peço-lhes de novo que se unam à minha oração e que – para alcançarmos do Senhor o que pedimos – recorram com imensa confiança à Santíssima Virgem, continuando por esse caminho de amizade com o Espírito Santo que o nosso Padre nos legou; senda ampla e facilmente transitável para as almas que desejam viver uma piedade firme, bem fundada, como na Obra se exige de todos nós. Invoquem-no, a fim de que nós, todos os filhos de Deus no Opus Dei, saibamos percorrê-la até o fim e para que nos ajude a superar os obstáculos que possam apresentar-se no nosso caminho.

Deste modo, como tantas vezes lhes recordei, conseguiremos que o Espírito Santo nos limpe, aplaque a nossa sede de Deus e nos comunique o seu fogo, a fim de que estendamos o reinado de Cristo por toda a terra. Permitam-lhe – digo-o a você, minha filha, meu filho! – que penetre sempre no seu coração e na sua vida, que nunca encontre em nenhum de nós o estorvo da soberba, da sensualidade, da preguiça, da vaidade...; que, ao percebermos as moções divinas na alma, mos-

---

(19) Josemaria Escrivá, *Caminho*, n. 268.

tremo-nos maleáveis como a cera, de modo que o Paráclito possa moldar-nos à sua vontade, sem encontrar resistências nem demoras, e assim imprima em nós os traços firmes de Jesus, nosso divino Redentor.

Mês de maio: santa pureza, apostolado e romarias a Nossa Senhora

1º de maio de 1984

Começa o mês de maio, que a Igreja tradicionalmente dedica a honrar a Mãe de Deus e Mãe nossa de modo especial. Por isso, as palavras que lhes dirijo nesta ocasião não têm outra finalidade senão a de animar todos a viver muito unidos a Nossa Senhora, dando vibração mariana a toda a nossa conduta.

Vem à minha memória aquele dia 20 de maio de 1970, quando o nosso queridíssimo Padre – romeiro de Maria na *Villa* de Guadalupe – abria o seu coração com grande confiança à Nossa Mãe do Céu. Lá embaixo, na nave da Basílica, muitas pessoas aproximavam-se de joelhos da imagem de Nossa Senhora, levando nas mãos umas flores ou umas moedas e muito amor no seu coração. Então o nosso Fundador recordou esse costume de oferecer flores à Virgem Maria no mês de maio, que tinha vivido desde a sua infância. E acrescentou: «Senhora nossa, agora te trago – não tenho outra coisa – espinhos, os que tenho no meu coração; mas estou seguro de que, por meio de ti, se transformarão em rosas»[20].

---

(20) São Josemaria, *Oração pessoal na* Villa *de Guadalupe*, 20/05/1970 (AGP, biblioteca, P01, págs. 788-790).

Aqueles espinhos que faziam o coração do nosso Padre sangrar, agora são – pela intercessão todo-poderosa de Nossa Senhora – esplêndidas rosas que perfumam a nossa vida no Opus Dei com a sua deliciosa fragrância e nos levam a dar graças a Deus por todos os seus dons, especialmente pelo da configuração jurídica definitiva[21], que, naquela ocasião, o nosso Fundador também pôs nas mãos puríssimas de Maria. Minhas filhas e meus filhos, nunca deixem de agradecer à Santíssima Virgem este imenso benefício que Ela nos alcançou do seu Filho. Ao mesmo tempo, como lhes tenho repetido tantas vezes, continuem a rezar para que nos proteja frente a todos os obstáculos, externos ou internos, que o demônio venha a pôr no nosso caminho. *Cor Mariae dulcissimum, iter serva tutum!* – Coração Dulcíssimo de Maria, conserva seguro o nosso caminho!

Que *flores* levaremos à nossa Mãe neste mês de maio? Transmito-lhes o conselho do nosso Fundador, aquilo que sempre nos ensinou a praticar quando nos recomendava oferecer a Maria «rosas pequenas, as da vida cotidiana, corriqueiras, mas cheias do perfume do sacrifício e do amor»[22]. Assim, procuremos colocar mais empenho – mais amor – nos nossos deveres de cada instante: na fidelidade aos compromissos divinos que nos unem a Deus e à Obra; na santa preocupação pelos nossos irmãos e por todas as almas; no cumprimento das obrigações próprias

---

(21) D. Álvaro se refere à ereção do Opus Dei em Prelazia pessoal, configuração jurídica que permite custodiar adequadamente a secularidade da Obra querida por Deus desde a fundação, em 1928. (N. do E.)

(22) São Josemaria, *Oração pessoal na* Villa *de Guadalupe*, 20/05/1970 (AGP, biblioteca, P01, págs. 788-790).

do estado de cada um; na realização de um trabalho profissional exigente e ordenado...

O *bom odor de Cristo*[23], do qual Nossa Senhora esteve repleta e que deve perfumar a nossa vida inteira, tem, entre outros, o ingrediente precioso da santa pureza, com o qual o amor dos nossos corações mantém-se sempre fresco e viçoso, como essas flores que colocamos sobre o altar. Infelizmente, o mundo atual – este mundo no qual estamos imersos por vocação divina e que desejamos pôr aos pés de Cristo – ataca descaradamente, das maneiras mais diversas, esta virtude que torna os homens tão gratos a Deus e à sua Mãe bendita. Por esta razão, temos de vivê-la com primorosa delicadeza, de acordo com as circunstâncias do estado a que cada um foi chamado.

Não podemos baixar a guarda, porque é no coração que se encontram os aliados e os cúmplices que poderiam ressecar esse *Amor Formoso*. Cuidem com esmero do pudor e da modéstia. Sejam exigentes na guarda da imaginação e dos sentidos. Não afrouxem na vida de piedade. Cultivem uma consciência delicada, que saiba evitar até a menor ocasião de falta de amor para com o nosso Deus e que nos leve a ter uma sinceridade absoluta na Confissão sacramental e na Conversa Fraterna; uma sinceridade *selvagem*, se for preciso. E como o nosso Padre nos ensinou, estendam por todo o mundo – com o exemplo da sua vida limpa e com o seu apostolado constante – uma *cruzada* de castidade e de pureza que devolva aos cristãos o sentido da dignidade humana e da inefável dignidade

---

(23) 2 Cor 2, 15.

a que foram elevados pela graça, ao serem transformados em filhos de Deus.

A Santíssima Virgem é Modelo perfeito de fidelidade à Vontade divina. Ela quer apenas e unicamente aquilo que o seu Filho deseja. E pelo que anseia o Senhor, senão por que *todos os homens se salvem*?[24] Por isso, durante este mês de maio, ao nos relacionarmos com Maria de modo mais íntimo, cresceremos necessariamente no afã de almas, no espírito apostólico e proselitista. Não se esqueçam do que venho repetindo propositadamente nestes meses: Deus Nosso Senhor quer necessitar do nosso esforço constante, sem pausas, para tocar inumeráveis pessoas com a sua graça e conceder a muitos o dom da nossa mesma vocação divina.

Minhas filhas e meus filhos, marquem para si mesmos metas altas e aprofundem no seu apostolado pessoal. Não se conformem apenas com acompanhar algumas pessoas de modo superficial. Nesse nosso apostolado de amizade e confidência, é preciso chegar a muita gente – quanto mais, melhor –, com paciência e tenacidade. Temos de suscitar em muitos homens e mulheres a decisão de viver seriamente a vocação cristã, de modo que a fé em Jesus Cristo informe a sua maneira de pensar, de sentir e de agir. Mobilizem as consciências; tirem da indiferença os preguiçosos, provocando neles desejos de ser cristãos de verdade, dispostos a pôr a sua vida a serviço da tarefa redentora.

Para dar início ao relacionamento apostólico com os outros, ou aprofundar nele, dispomos entre outros de um meio maravilhoso que o nosso Padre nos deixou: as roma-

---

(24) 1 Tim 2, 4.

rias de maio, que se fundamentam na oração e no espírito de sacrifício, e que têm sempre um caráter claramente apostólico. Animem os seus conhecidos a acompanhá-los nessas romarias à Virgem Maria!

Em muitos casos, esse convite para rezar a Nossa Senhora é o primeiro passo para que uma alma volte a praticar a vida cristã, porque, com frequência, o carinho para com a Mãe do Céu é como a brasa escondida debaixo do rescaldo: permanece durante anos e anos no fundo da consciência, oculto talvez por trás de uma crosta de ignorância e de pecado, mas pronto para ressurgir e inflamar-se com o sopro do Espírito Santo no sacramento da Penitência.

Em outras ocasiões, vocês convidarão pessoas com uma certa vida de piedade, que poderiam servir mais e melhor o Senhor e a Igreja, mas que não se decidem a dar novos passos na sua vida cristã. É a tudo isso que o nosso Padre se referia ao escrever que «muitas conversões, muitas decisões de entrega ao serviço de Deus foram precedidas por um encontro com Maria. Nossa Senhora fomentou os desejos de procura, ativou maternalmente as inquietações da alma, fez ansiar por uma mudança, por uma vida nova»[25].

Assim, encham-se de confiança e de segurança na intercessão de Nossa Senhora e sejam audazes para convidar muitas pessoas a honrar a Senhora com essas romarias. Vocês farão um grande bem a elas, porque, ao considerar os mistérios do Santo Rosário, ao rezar sem pressa, saboreando-as, essas orações vocais maravilhosas que a Igreja nos transmitiu, ao oferecer com alegria alguma mortifi-

---

(25) Josemaria Escrivá, *É Cristo que passa*, n. 149.

cação pequena em honra da nossa Mãe, irão aprendendo as lições da disponibilidade mais absoluta no serviço de Deus e das almas que nos dá a Escrava do Senhor, a criatura mais perfeita que saiu das mãos de Deus.

A amizade pessoal com o Espírito Santo é indispensável para alcançarmos a santidade. Seguindo o exemplo de São Josemaria, temos de aumentar a nossa devoção ao Paráclito

1º de maio de 1991

Ao começar esta carta, o meu pensamento logo se dirige à Santíssima Virgem, que espera as nossas visitas em tantos santuários ou em pequenas ermidas, às vezes esquecidas, em qualquer canto do mundo. Este Costume da Obra – a romaria de maio –, que vivemos com amor de filhos e com afã apostólico, agrada muito a nossa Mãe, e é como que uma confirmação da índole profundamente mariana do nosso espírito. Quando vocês forem rezar a Nossa Senhora, tenham muito presentes as minhas intenções; começo já com este pedido, porque preciso da sua insistência junto à Santíssima Trindade para que conceda tudo o que peço como Pastor desta porção do povo de Deus. Sintam a bendita responsabilidade de ajudar-me.

Nestas semanas do tempo pascal, contemplamos as aparições de Cristo Ressuscitado. Que alegria os Apóstolos devem ter experimentado ao estar de novo com Jesus! A Sagrada Escritura diz-nos expressamente: *Encheram-se de alegria por verem o Senhor*[26]. Que conversas deviam ter

---

(26) Jo 20, 20.

com Ele! Quanta felicidade ao seu lado! No entanto, o Senhor adverte-os: *Convém a vós que eu me vá. Se eu não for, o Consolador não virá a vós*[27]. Minhas filhas e meus filhos, pensem como é grande o dom do Espírito Santo se Cristo diz estas palavras: *Convém a vós que eu me vá...* Podemos vislumbrar um pouco dessa grandeza se meditamos em que Jesus é o Verbo feito Homem, Deus conosco; e que o Espírito Santo, a Terceira Pessoa da Santíssima Trindade, vem à nossa alma, onde habita com o Pai e o Filho: Deus *em* nós. Cristo é o nosso Redentor e o nosso modelo; e o Espírito Santo, o nosso Santificador, que age dentro de você e de mim para que tenhamos consciência de ser filhos de Deus e vivamos de acordo com essa dignidade; numa palavra, para fazer de cada um de nós «*outro Cristo, o próprio Cristo*», como nos recordava o nosso santo Fundador.

Desde muito jovem, o nosso Padre cultivou uma grande devoção ao Espírito Santo, que foi crescendo ao longo do seu peregrinar neste mundo, às vezes por meio de grandes *descobrimentos*. Uma dessas ocasiões foi a 8 de novembro de 1932. Nesse dia, pela manhã, o nosso Padre anotou um conselho que acabava de receber na direção espiritual, fazia pouco menos de uma hora: «Disse-me: "Tenha amizade com o Espírito Santo. Não fale: ouça-o"». Ao acabar aquela conversa, outra vez na rua, «fazendo oração», escreve nosso Padre, «uma oração mansa e luminosa, considerei que a vida de infância, ao fazer-me sentir que sou filho de Deus, deu-me amor ao Pai; que, antes, fui por Maria a Jesus, a quem adoro como

---

(27) Jo 16, 7.

amigo, como irmão, como apaixonado que sou por Ele... Até agora, sabia que o Espírito Santo habitava na minha alma, para santificá-la..., mas não *captara* essa verdade da sua presença [...]. Sinto o Amor dentro de mim, e quero relacionar-me com Ele, ser seu amigo, seu confidente..., facilitar-lhe o trabalho de polir, de arrancar, e inflamar... No entanto, não saberei fazê-lo; Ele é que me dará forças, Ele é que fará tudo, se eu quiser... e quero! Divino Hóspede, Mestre, Luz, Guia, Amor: que este pobre burrico saiba agasalhar-te, e escutar as tuas lições, e inflamar-se, e seguir-te e amar-te.

«Propósito: *frequentar*, se possível sem interrupção, a amizade e o relacionamento amoroso e dócil com o Espírito Santo. *Veni Sancte Spiritus!...*»[28]

Tenho de confessar a vocês que me emociona sempre mais e me comove – como certamente acontece também com vocês – a leitura destas confidências do nosso queridíssimo Fundador, que nos revelam tanto do seu amor apaixonado a Deus e da sua vida contemplativa. A amizade com a Terceira Pessoa da Santíssima Trindade, já intensa, cresceu vigorosamente na sua alma desde aquele dia em que *descobriu* a impressionante verdade da sua presença santificadora – «sinto o Amor dentro de mim» –, a necessidade de secundar as suas moções – «relacionar-me com Ele, ser seu amigo, seu confidente..., facilitar-lhe o trabalho de polir...» –, a sua incapacidade pessoal para tornar realidade esse desejo e, ao mesmo tempo, a absoluta confiança na ajuda do Paráclito: «Ele é que me dará forças, Ele é que fará tudo, se eu quiser...».

---

(28) São Josemaria, 8/11/1932, em *Apontamentos íntimos*, n. 864.

Minha filha, meu filho, convido-o a confrontar a sua resposta diária à graça com estas palavras do nosso Padre. Você se dará conta de que ainda tem muito caminho pela frente, até chegar a essa intimidade com o Espírito Santo; talvez lhe pareça até que Ele continua a ser para você «*o Grande Desconhecido*». Não desanime. Comece pedindo-lhe que o ilumine para que você possa *descobrir* a presença dEle na sua alma; que Ele inflame a sua vontade com o fogo do amor; que o fortaleça para você poder seguir as suas inspirações. Você poderá servir-se, para isso, daquela oração que o nosso Padre compôs no mês de abril de 1934: « Vem, ó Santo Espírito! Ilumina o meu entendimento para conhecer os teus mandatos; fortalece o meu coração contra as insídias do inimigo; inflama a minha vontade... Ouvi a tua voz, e não quero endurecer-me e resistir, dizendo: depois..., amanhã. *Nunc coepi!* Agora! Não aconteça que o amanhã me falte.

«Ó Espírito de verdade e de sabedoria, Espírito de entendimento e de conselho, Espírito de alegria e de paz! Quero o que queres, quero porque queres, quero como queiras, quero quando quiseres...»[29]

Uma oração profunda, para que você a medite com calma, agora que se aproxima a festa de Pentecostes. «Ouvi tua voz», escreve o nosso Padre. Que voz é essa do Espírito Santo senão a chamada a sermos santos? «Santos de verdade, autênticos, canonizáveis», como o nosso Fundador nos repetia insistentemente[30]. Uma santidade

---

(29) São Josemaria, *Nota manuscrita,* abril de 1934.
(30) São Josemaria, *Notas de uma meditação,* 19/03/1960 (AGP, biblioteca, P01, XII-1961, pág. 12).

«sem paliativos, sem eufemismos, que chega até às últimas consequências; sem medianias, em plenitude de vocação vivida de cheio»[31]. Minha filha, meu filho, é preciso que você escute com fina delicadeza esta voz do Paráclito, que não lhe negue o que lhe está pedindo agora mesmo e de maneira concreta. Talvez Ele lhe peça que corte algum fiozinho sutil que o impede de voar alto na sua vida interior; ou que você se decida a lutar seriamente num propósito que já formulou em outros momentos, mas não cumpriu; ou que desarraigue – sempre com sua ajuda – um defeito que ainda o domina; ou que vença – e Ele lhe concede a graça para conseguir fazê-lo – esses *poréns* que, no apostolado, você costuma inventar por comodismo. Coisas pequenas... ou não tão pequenas; e sempre obstáculos grandes, porque nos afastam da intimidade com Deus. Talvez exija de você uma mudança mais radical e profunda das suas disposições e até mesmo do seu caráter, uma verdadeira conversão: que se decida, sem barganhas de nenhum tipo, a ser *humilde de coração*[32]. O Espírito Santo quer formar Cristo em você, e, às vezes, tem de fazê-lo a golpe de cinzel, por meio da contradição, da dor ou das humilhações, pequenas ou grandes. Não dê espaço ao medo e abra a sua alma a essa ação divina. *Hodie, si vocem eius audieritis, nolite obdurare corda vestra*[33], recorda reiteradamente a Sagrada Escritura: se você ouvir a voz de Deus, não endureça o coração.

O nosso Padre sentia fortemente a responsabilidade

---

(31) *Ibidem.*
(32) Mt 11, 29.
(33) Sl 94, 8; Hb 3, 8.15; 4, 7.

de ser santo. Estava persuadido de que, nos planos divinos, pela bondade do Céu, muitas coisas dependiam da sua fidelidade. Os frutos estão diante de nós: você e eu, e tantas pessoas no mundo todo que se aproximaram e se aproximam de Cristo, da Igreja, por meio do Opus Dei. O Senhor quis realizar tudo isso servindo-se da correspondência do nosso Padre. Por isso, medite agora – e na hora do desânimo, do cansaço, da tentação – naquilo que temos pela frente, como os Apóstolos em Pentecostes: milhões de almas às quais Deus deseja que transmitamos a fé e o espírito da Obra; considere esse ambiente familiar, profissional e social do nosso tempo, que podemos e devemos contribuir para cristianizar. «De que tu e eu nos portemos como Deus quer – não o esqueças – dependem muitas coisas grandes»[34]. Como você se comporta diante dessa responsabilidade? Procura lutar com todas as suas forças para ser santo, para identificar-se com Cristo, secundando livre e totalmente a ação do Espírito Santo?

Quando se fala de responsabilidade, geralmente a imaginamos como um peso. Neste caso, é verdade só até certo ponto, porque *o meu jugo é suave e o meu peso é leve*[35], como o Senhor nos assegura. Suave e leve, porque é o jugo do amor e a carga do amor. O Espírito Santo, que mora nas nossas almas, é o Amor do Pai e do Filho, e o efeito da sua presença consiste em cumular-nos de amor: *O amor de Deus foi derramado nos nossos corações pelo Es-*

---

(34) Josemaria Escrivá, *Caminho*, n. 755.
(35) Mt 11, 30.

pírito Santo que nos foi dado[36]. Deste modo acontece uma coisa maravilhosa, que parece um contrassenso mas não o é: quem se entrega de verdade a Deus e assume esse jugo e essa carga de amor, caminha mais livremente que qualquer outra pessoa. São Tomás explicava-o dizendo que, quanto mais amor se tem, mais liberdade se possui, porque *onde está o Espírito do Senhor, aí está a liberdade*[37]. Por isso, o nosso Padre ensinava: «Eu não consigo entender a liberdade sem a entrega, nem a entrega sem a liberdade; uma realidade acentua e afirma a outra [...]. É por amor a essa liberdade que queremos estar bem atados. Além disso, a maior mostra de liberdade é dizermos ao Senhor: põe-me algemas de ferro, ata-me a ti, porque eu só quero servir-te e amar-te»[38].

Minhas filhas e meus filhos, vamos terminar com um propósito, esse mesmo do nosso Padre que lhes recordava: «"Frequentar", se possível sem interrupção, a amizade e o relacionamento amoroso e dócil com o Espírito Santo». Se você deseja concretizá-lo ainda mais, sugiro-lhe dois pontos: procurar o recolhimento interior, sempre necessário para escutarmos o Espírito Santo no meio dos afazeres diários; e ter uma docilidade *ativa* na direção espiritual, que o leve não só a ouvir, mas a lutar nas coisas que lhe indicam, comentando na Conversa Fraterna seguinte como você as pôs em prática.

Aproximamo-nos da solenidade de Pentecostes, que

---

(36) Rm 5, 5.
(37) 2 Cor 3, 17. Cf. São Tomás de Aquino, *Comentário ao livro III das Sentenças*, d. 29, q. 1, a. 8, qla. 3, s.c.
(38) São Josemaria, *Notas de uma reunião familiar*, 19/03/1964 (AGP, biblioteca, P01, 1986, Págs. 759-760).

deu início à missão da Igreja entre as nações. Nesse dia, renovaremos mais uma vez a consagração do Opus Dei ao Espírito Santo. Vamos pedir com muita fé: «Nós vos pedimos que assistais sempre a vossa Igreja, e em particular o Romano Pontífice»[39]. E para nos prepararmos bem, reunamo-nos com os Apóstolos junto de Nossa Senhora, pedindo, pela sua intercessão, um afã de almas que nos faça arder por dentro: «*Ure igne Sancti Spiritus!*»

Neste mês dedicado à nossa Mãe, não posso terminar sem recordar-lhes que Ela é a criatura que teve a relação mais íntima e perfeita com cada uma das Divinas Pessoas. Por isso, convido-os a ser muito marianos; só assim crescerá o nosso diálogo confiado com o Pai, com o Filho e com o Espírito Santo. Desejo também, de todo o coração, que a sua existência inteira corra pelos caminhos percorridos pelo nosso Fundador, que amou e ama a Santíssima Virgem com ternura.

A existência cristã deve estar repleta do sentido da filiação divina, que facilita o nosso apostolado

1º de maio de 1988

Começa o mês de Nossa Senhora e escrevo-lhes com alegria, com a mesma que embargava o nosso Padre todas as vezes que falava de Santa Maria; e desejo que saibamos amá-la como o nosso Fundador: com o coração e com a cabeça, a fim de que, com Ela, nos aproximemos da vida

---

(39) São Josemaria, *Consagração do Opus Dei ao Espírito Santo*.

da Santíssima Trindade, num relacionamento transbordante com cada uma das Pessoas divinas.

Logicamente, tanto nas ideias como nas frases deste escrito, recorrerei ao que aprendi do nosso Padre. Não vou sublinhá-las, mas quero que vocês saibam que tudo o que eu possa lhes dizer a respeito da nossa Mãe, eu o aprendi com a vida e os ensinamentos do nosso Fundador, tão transidos da doutrina católica que se chegou a ser carne da sua carne.

No primeiro dia deste mês, a Igreja celebra a memória litúrgica de São José, Esposo virginal de Santa Maria, a criatura que se relacionou com Deus e com a sua bendita Mãe Imaculada com mais intimidade e carinho. Vem-me ao pensamento todo o ambiente da Sagrada Família em Nazaré, porque o Opus Dei é – como nosso Padre afirmava cheio de alegria – um cantinho daquele modelo de lar, ao qual todos nós pertencemos. Nas alegrias da nossa vida cristã em família, não descobrem vocês um vestígio do carinho que reinava naquela casa, em que todos competiam para servir mais e melhor os outros? Assim deve ser sempre nos Centros da Prelazia e em qualquer lugar onde um filho de Deus na Obra se encontre, porque sentirmo-nos filhos de Deus, de Santa Maria, irmãos uns dos outros, é um aspecto fundamental do espírito do Opus Dei, que todos e cada um de nós devemos defender, proteger e fomentar, como um direito fundamental.

Este ar de família, tão próprio da Obra, não se baseia em laços naturais; está arraigado na realidade de uma mesma vocação sobrenatural e de um mesmo espírito. Não procede *do sangue, nem da vontade da carne, nem do querer do homem, mas de Deus*[40]. A nossa vocação específica apoia-se firmemente na dignidade de filhos de Deus que recebemos no Batismo. Mais ainda, é um desdobramento – que Deus pede especificamente àqueles que chama ao Opus Dei – das virtualidades contidas na vocação cristã, mediante o impulso eficaz de uma graça particularíssima de Deus que nos leva a tomar consciência de que somos especialmente filhos seus, e a comportar-nos de acordo com tão excelsa dignidade. Por isso, o sentido da filiação divina é o fundamento da vida espiritual de todos os fiéis da Prelazia. «Para fazer os alicerces de um edifício», escrevia o nosso Fundador já nos primeiros anos da Obra, «às vezes é preciso cavar muito, chegar a uma grande profundidade, fazer grandes suportes de ferro e fincá-los até que se apoiem sobre a rocha. Mas não há necessidade disso se logo se encontra terreno firme. Para nós, a rocha é esta: piedade, filiação divina»[41].

Filhos de Deus! Tudo o que esta certeza traz consigo qualifica de tal modo a nossa fisionomia que essa relação filial permeia completamente todas as manifestações dos nossos apostolados e a própria existência dos fiéis da Prelazia. É uma graça inerente à nossa vocação que nos configura com Cristo dia após dia, até nos identificarmos com Ele pela ação do Espírito Santo, mediante a ação especialmente intensa – se não levantamos obstáculos – do dom da piedade.

Se não levantamos obstáculos, acabo de escrever; ou melhor, se colaboramos positivamente com o querer de

---
(40) Jo 1, 13.
(41) São Josemaria, *Carta*, 24/03/1931, n. 7.

Deus, que deseja que lutemos vinte e quatro horas por dia como bons filhos seus. Nesse combate de amor e de paz, às vezes travado a contragosto, com aridez, com secura, resume-se a ascética própria da Obra, que deve renovar-se constantemente no próprio *eu* de cada um de nós, para que *sejamos* Opus Dei *lutando* para seguir de modo fidelíssimo todos os seus aspectos, todas as suas manifestações, em todas as circunstâncias em que nos encontremos. Por isso, na Prelazia, como característica essencial dos compromissos que assumimos, é-nos pedido o empenho de cultivar nas nossas almas o sentido da filiação divina, que deve transformar-se no fio condutor de todo o nosso dia[42]. Assim, com a ajuda de Deus, esforcemo-nos seriamente para que a nossa oração, o nosso trabalho, o nosso apostolado sejam a oração, o apostolado e o trabalho de uma filha ou de um filho que tem consciência de ser outro Cristo; mais ainda, *ipse Christus!*, o próprio Cristo, porque somos os seus membros e Ele vive e age em nós e por meio de nós.

Para nos identificarmos com Cristo e deixarmos que a sua vida se manifeste através da nossa pobre pessoa – da minha e da sua –, é preciso tirar o obstáculo do próprio eu, a soberba, o amor-próprio; numa palavra, morrer para nós mesmos, entregando-nos de verdade com Cristo na Cruz, como ensina o Apóstolo: *Com Cristo, eu fui pregado na Cruz. Eu vivo, mas não sou eu que vivo: é Cristo que vive em mim*[43]. Por isso, minhas filhas e meus filhos, a Santa Missa, renovação incruenta do Sacrifício do Cal-

---

(42) Como é lógico, este conselho serve para todos os cristãos. (N. do E.)
(43) Gl 2, 20.

vário, é o centro e a raiz da nossa vida sobrenatural: é a «"nossa" Missa»[44]. Você, eu, pela força e em virtude do sacerdócio comum de todos os fiéis cristãos recebido no Batismo, fortalecido na Confirmação e tornado mais vivo e operante pela graça da nossa vocação divina, oferecemos o Santo Sacrifício com Jesus, pelo Espírito Santo, a Deus Pai, para que a Redenção obtida de uma vez por todas no Calvário produza frutos eficazes em todas as almas. Assim o resume nosso Fundador ao terminar as suas considerações sobre a Via Sacra, com palavras que são um programa de vida para os filhos de Deus: «Temos de converter em vida nossa a vida e a morte de Cristo. Morrer pela mortificação e pela penitência, para que Cristo viva em nós pelo Amor. E seguir então os passos de Cristo, com ânsias de corredimir todas as almas.

«Dar a vida pelos outros. Só assim se vive a vida de Jesus Cristo e nos fazemos uma só coisa com Ele»[45]. É para isto que o Senhor se entrega a nós na Sagrada Eucaristia todos os dias: para que nos transformemos nEle, para que vivamos a vida dEle.

Volto às palavras com que dei início a esta Carta: começamos o mês de maio, *o mês mariano do Ano Mariano*[46]. Como sempre, queremos rejuvenescer o nosso carinho por Nossa Senhora cuidando das diversas manifestações da piedade mariana que impregnam o caminhar dos filhos de Deus na Obra de Deus. Nas romarias que

---

(44) Josemaria Escrivá, *Caminho*, n. 533.

(45) Josemaria Escrivá, *Via Sacra*, XIV estação.

(46) Na ocasião em que foi escrita esta carta, o Papa São João Paulo II havia convocado toda a Igreja a celebrar um Ano Mariano, especialmente dedicado a Nossa Senhora. (N. do E.)

vocês venham a fazer, acompanhados pelos seus amigos, peçam à Rainha do Opus Dei que nos consiga do seu divino Filho muitas vocações, necessárias para servir mais e melhor à Igreja e todas as almas. Além disso, como fruto desse maior empenho no relacionamento com a Virgem Maria, peço especialmente à Santíssima Trindade que aumente em todos os fiéis da Prelazia a consciência da riqueza e da profundidade da nossa filiação divina. Deposito esta intenção nas mãos de Maria, cuja missão é levar os homens até Jesus, para que, por Cristo, com Cristo e em Cristo, se reconheçam como filhos do Pai do Céu.

No entanto, minhas filhas e meus filhos, embora isto seja principalmente obra do Espírito Santo, sentirmo-nos filhos de Deus e comportarmo-nos de acordo com esta imensa dignidade depende também, em boa parte, de cada um de nós, da humildade com que o pedimos, do empenho que pomos em considerar frequentemente esta verdade consoladora, da perseverança com que lutamos por alcançar as metas concretas que nos propusemos.

O nosso Fundador falava, sem nunca o exigir de ninguém, do caminho de infância espiritual: ver-se como uma criança pequena diante do nosso Pai-Deus e da nossa Mãe, a Virgem Maria, necessitado de todos os cuidados, com um abandono ativo. Em outras ocasiões, animava-nos a que nos considerássemos filhos mais velhos do nosso Pai do Céu, com a responsabilidade de amparar e defender os direitos de Deus na sociedade. Seja como for, exorto-os a que vocês se comportem como bons filhos. Deus nos pede isso, e os homens e as mulheres desta nossa terra – talvez inconscientemente, sem se darem conta – também o exigem de nós.

Assim, insto cada um de vocês a fazer um trabalho apostólico cada dia mais amplo e mais profundo. Não se conformem com o que já estão fazendo; lancem um olhar ao seu redor – aos seus parentes mais próximos e mais distantes, ao seu ambiente de trabalho ou de estudo, àquele círculo de pessoas com que se relacionam por razões esportivas, sociais, profissionais – e descubram outras pessoas, para que, por meio do espírito da Obra, se aproximem mais de Deus. De maneira especial, prestem atenção às pessoas jovens, para que se incorporem aos meios tradicionais do apostolado de São Rafael. Se já estivermos avançados em anos, a nossa idade não servirá como desculpa, porque todos nós podemos e devemos tomar parte – cada um ao seu modo – no desenvolvimento desse apostolado, que é importantíssimo para a recristianização da sociedade e para o crescimento da nossa família sobrenatural. Examinem-se diariamente sobre esse ponto, marquem para si mesmos objetivos concretos. Peço aos meus filhos Diretores que estimulem os seus irmãos nesta tarefa, tão bela e tão repleta com a promessa dos frutos.

Saber que somos filhos muito amados de Deus há de animar-nos poderosamente a realizar esta tarefa. Com efeito, a meditação frequente dessa verdade traz consigo consequências bem precisas à luta interior, ao trabalho e à tarefa apostólica – à toda a nossa conduta. Com os impulsos da piedade filial, a fé torna-se inabalável, a esperança segura, a caridade ardente. Nenhuma dificuldade, de dentro ou de fora, será capaz de fazer o nosso otimismo vacilar, mesmo que as circunstâncias externas, em algum momento, nos parecessem todas contrárias.

E como prenda inseparável deste dom preciosíssimo, vem à alma o *gaudium cum pace*, a alegria cheia de paz, tão própria dos filhos de Deus no seu Opus Dei, para que a semeemos abundantemente ao nosso redor. Resumirei com palavras do nosso Fundador: «Para o apostolado, nenhuma rocha é mais segura que a filiação divina; para o trabalho, não há nenhuma fonte de serenidade fora da filiação divina; para a vida de família, nenhuma receita é melhor – e assim tornamos agradável a vida aos outros – que considerar a nossa filiação divina; para os nossos erros, ainda que toquemos as nossas misérias, não há outro consolo nem maior facilidade, se de verdade queremos buscar o perdão e a retificação, que a filiação divina»[47].

Procuremos o relacionamento com a Santíssima Trindade, que habita na alma pela graça; assim chegamos a ser contemplativos no meio do mundo

1º de maio de 1989

Neste mês, voltaremos a celebrar, cheios de alegria, a solenidade da Santíssima Trindade, mistério central da nossa fé, que ilumina com o seu esplendor e leva à plenitude a nossa vida de cristãos. Fomos batizados em nome do Pai, e do Filho e do Espírito Santo. A mesma invocação é pronunciada pelo sacerdote toda vez que nos dá a absolvição sacramental. Na Missa, renovação do Sacrifício que

---

(47) São Josemaria, *Notas de uma reunião familiar* (AGP, biblioteca, P01, 1969, pág. 301).

Cristo ofereceu ao Pai pelo Espírito Santo[48], as três Pessoas divinas agem conjuntamente. Trata-se de uma efusão de amor aos homens que suscitava no nosso Fundador gratidão e desejos eficazes de corresponder, com uma entrega pessoal mais completa, à inefável doação que Deus faz de si mesmo na Sagrada Eucaristia a cada um de nós. Minhas filhas e meus filhos, oxalá se repita e se renove essa reação sobrenatural nas nossas almas ao meditarmos nestas maravilhosas realidades divinas!

Chegaremos bem preparados ao domingo da Santíssima Trindade se, entre outros meios, alimentamos a nossa oração pessoal com textos litúrgicos da Ascensão e do Pentecostes. Levados pela mão da Santíssima Virgem, nossa Mãe – a quem honramos especialmente durante o mês de maio e de quem sempre queremos aprender –, contemplamos como Jesus Cristo ascende ao Céu para que a sua Humanidade Santíssima ocupe o lugar de glória que lhe está reservado à direita de Deus Pai. Nosso Senhor vai-se, mas, segundo a sua promessa, envia-nos o Consolador, o Espírito Santo, para que habite conosco eternamente. Junto de Nossa Senhora, preparemo-nos para a vinda do Paráclito, imitando os Apóstolos e as santas mulheres[49]. Assim crescerá em nós a familiaridade com o Pai, com o Filho e com o Espírito Santo, e se fará mais sólida a necessidade de nos relacionarmos com cada uma das três Pessoas divinas, distinguindo entre Elas, como o nosso Padre fazia. Não contentes com glorificar e amar o nosso Deus no domingo da Santíssima Trindade – e, por meio da oração do Trisá-

---

(48) Cf. Hb 9, 14; Ordinário da Missa (Oração para antes da Comunhão).
(49) Cf. At 1, 14.

gio⁵⁰, nos dias precedentes –, deleitar-nos-emos em venerá-lo ainda mais apaixonadamente poucos dias depois, na solenidade do Corpus Christi, quando prestarmos a nossa homenagem de adoração e reconhecimento a Jesus Cristo, realmente presente sob as espécies eucarísticas, a quem estão inseparavelmente unidos o Pai e o Espírito Santo.

Em certa ocasião, o nosso Padre confiava-nos: «Já faz tempo que procuro mergulhar no mistério da Santíssima Trindade, com a ajuda do Senhor. Umas vezes, parece-me que tenho luzes; outras, que tenho sombras. E posso dizer-vos que fico muito contente de não entender, entendendo»[51]. Todos os dias – constantemente! –, você e eu também temos de fazer o esforço de *mergulhar* nesse oceano imenso de Bondade, de Beleza, de Perfeição, de Amor que é Deus Nosso Senhor. Por experiência, sabemos bem que, sozinhos, não podemos nada; mas, movidos pelo Paráclito, firmamo-nos na consciência de ser realmente filhos de Deus Pai, porque Cristo vive em nós e age através das nossas pobres pessoas[52]. Na nossa oração pessoal, podemos clamar com Santo Agostinho: «Meu Senhor e meu Deus, minha única esperança, escutai-me [...], fazei que eu busque sempre o vosso rosto com ardor. Dai-me forças para a busca, Vós que me fizestes encontrar-vos e me destes esperança de um conhecimento mais perfeito. Diante de Vós está a minha firmeza e a minha

---

(50) O Triságio angélico é uma antiga oração à Santíssima Trindade, que os membros da Obra, assim como muitos outros cristãos, costumam rezar nos dois dias que antecedem a festa da Santíssima Trindade e na própria festa. (N. do E.)
(51) São Josemaria, *Notas de uma reunião familiar*, 19/03/1971 (AGP, biblioteca, P01, IV-1971, págs. 75-76).
(52) Cf. Rm 8, 10.

fraqueza; cura esta, confirma aquela [...]. Fazei que eu me lembre de Vós, que vos compreenda e vos ame. Aumentai em mim estes dons até minha completa reforma»[53].

Já como simples criaturas, *em Deus existimos, nos movemos e somos*[54]; dEle procedemos e a Ele tendemos. Mas, além disso, por termos sido regenerados nas águas batismais, nascemos para uma vida nova: somos filhos de Deus pela graça que nos fez *divinae consortes naturae*[55], participantes da própria natureza divina. E, *guiados pelo Espírito de Deus*[56], que nos identifica com Cristo, verdadeiramente podemos e devemos chamar-nos filhos de Deus Pai. Minhas filhas, meus filhos, lutemos diariamente no grande e no pequeno, para nos comportarmos de acordo com essa felicíssima dignidade!

Regnum Dei intra vos est[57], diz-nos Jesus no Evangelho. Estamos certos – com a certeza que a fé nos confere – de que a Santíssima Trindade inabita na nossa alma em graça: as três divinas Pessoas tomaram posse de nós e ali permanecem, permitindo que desfrutemos da sua amizade; isso se não as expulsarmos pelo pecado. Se alguma vez essa tremenda desgraça acontece conosco, a misericórdia do nosso Deus limpa-nos no Santo Sacramento da Penitência e volta a infundir em nós a alegria de nos sabermos filhos seus queridíssimos, mediante o envio do Espírito Santo. Como devemos dar graças a Deus por essa maravilha que

---

(53) Santo Agostinho, *A Trindade*, XV, 28, 51.
(54) At 17, 28.
(55) 1 Pe 1, 4.
(56) Rm 8, 14.
(57) Lc 17, 21.

Ele confiou à Igreja! Mas devemos mostrar-nos verdadeiramente agradecidos, com obras: «Temos de empenhar-nos o máximo possível para lançar fora o que é supérfluo e reunir o que é útil, para repudiar a luxúria e conservar a castidade, para desdenhar a avareza e buscar a misericórdia, para desprezar o ódio e amar a caridade. Se fizermos isso com a ajuda de Deus – ensina um Padre da Igreja –, nós o atrairemos imediatamente para o templo do nosso coração e do nosso corpo»[58].

«Aconselho-vos a desenvolver o costume de procurar a Deus no mais fundo do vosso coração. Isto é a vida interior»[59], repetia o nosso Padre. Dizia-nos que todos nós temos uma *linha direta* com a Santíssima Trindade, porque podemos falar com Deus a qualquer momento do nosso dia, sem necessidade de «ficar na sala de espera»; basta que o procuremos no centro da nossa alma. Mas esse dom – porque se trata de um dom – requer docilidade às inspirações do Paráclito, esforço pessoal para nos mantermos constantemente na presença de Deus por meio do cumprimento amoroso das Normas de piedade do nosso plano de vida.

Nunca se esqueçam de que a prática habitual da mortificação interior e dos sentidos é totalmente necessária para sermos contemplativos, isto é, homens ou mulheres que se esforçam por caminhar no recolhimento da alma, até mesmo no meio das atividades mais desgastantes. Somente nesse clima de silêncio interior é possível ouvir a

---

(58) São Cesário de Arles, *Sermão 229*, 3.
(59) São Josemaria, *Notas de uma reunião familiar* (AGP, biblioteca, P01, IX-1973, pág. 8).

voz do Senhor, entreter-nos com Ele em uma conversa íntima e captar as exigências do seu Amor.

Para ajudar-nos a ser contemplativos, o espírito da Obra ensina-nos a cuidar do tempo de trabalho da tarde e das horas do repouso noturno; momentos em que devemos esforçar-nos mais especialmente, se é possível, para controlar os sentidos, a imaginação e as outras potências, de maneira que os nossos pensamentos girem somente em torno da Trindade e se centrem em Deus e nos outros por Deus. Desse modo e por ocasião das circunstâncias e dos acontecimentos que compõem o nosso dia, manteremos um autêntico diálogo com Deus Uno e Trino, presente na nossa alma. Minha filha, meu filho, pergunte a si mesmo: procuro trabalhar com intensidade ao longo do dia, também nos momentos de cansaço, sem concessões à preguiça? Esforço-me por cuidar da presença de Deus, recordando – como nos advertia o nosso Padre – que, precisamente nas primeiras horas da tarde, Cristo consumou o Sacrifício redentor no Calvário? E de noite, quando me retiro para descansar, luto por centrar os meus pensamentos em Deus, em diálogo de amor vivo, preparando-me com carinho e piedade para a Missa e a Comunhão do dia seguinte?

Com luz sobrenatural, o nosso Fundador marcou-nos muito claramente o caminho que devemos percorrer, a fim de chegarmos a ser – eficazmente e na prática – almas contemplativas no meio dos afãs terrenos. «Primeiro uma jaculatória, e depois outra, e mais outra..., até que parece insuficiente esse fervor, porque as palavras se tornam pobres..., e se dá passagem à intimidade divina, num olhar para Deus sem descanso e sem cansaço. Vivemos então como cativos, como prisioneiros. Enquanto realizamos com a maior perfeição possível, dentro dos nossos erros e limitações, as tarefas próprias da nossa condição e do nosso ofício, a alma anseia por escapar-se. Vamos rumo a Deus, como o ferro atraído pela força do ímã»[60]. E o nosso santo Fundador acrescentava que mediante o relacionamento com Jesus e Maria, vivendo o nosso espírito de filiação divina, chega um momento em que – se somos perseverantes – «o coração necessita [...] de distinguir e adorar cada uma das Pessoas divinas. [...]. E entretém-se amorosamente com o Pai e com o Filho e com o Espírito Santo; e submete-se facilmente à atividade do Paráclito vivificador, que se nos entrega sem o merecermos: os dons e as virtudes sobrenaturais!»[61]

Com claridade crescente, no meio da luminosa obscuridade da fé, adoraremos o Deus três vezes Santo e nos enamoraremos mais e mais dEle, se nos esforçamos por percorrer, *todos os dias*, o caminho que – seguindo os planos do Céu – o nosso Padre nos traçou. Caminhando assim, o Espírito Santo agirá no mundo através de nós com toda a sua força, como uma manifestação concreta dessa presença sua que, desde o dia de Pentecostes, preenche todas as coisas.

«Faz anos», afirmava o nosso Padre em certa ocasião, «escrevi que chegaria o Pentecostes da Obra. Penso que já estamos nessa felicíssima situação. Muitos de vós fostes como línguas de fogo, que foram de um lugar para outro da terra para levardes a sabedoria e a fortaleza de Deus a outras criaturas [...]. Peçamos ao Senhor que, no seu

---

(60) Josemaria Escrivá, *Amigos de Deus*, n. 296.
(61) *Idem*, n. 306.

Opus Dei, o Pentecostes seja contínuo; que nunca faltem almas de apóstolo que transmitam – com a doutrina e a vida da Igreja – o espírito da Obra a todos os homens de todas as raças»[62]. Por ocasião da minha recente viagem à África, que alegria me deu comprovar mais uma vez a verdade destas palavras do nosso Padre! Também nesse queridíssimo continente, pessoas de raças e línguas tão diferentes já andam pelo caminho que Deus abriu por meio do nosso Fundador, para a sua glória e a serviço da Igreja.

Com outra imagem do Evangelho, o nosso Padre recordava também que «o efeito do fermento não se produz bruscamente. Dizei-o aos vossos irmãos das regiões onde se está começando, onde passam penas e sofrem por ainda serem poucos. Não se produz esse efeito violentamente nem parcialmente, mas o fermento age silenciosamente, sem violência, por uma virtude intrínseca, e em toda a massa»[63]. O que faz falta – com a graça que Deus nos concede de modo sobreabundante – é que você e eu, no meio do mundo, não percamos o vigor divino próprio da nossa vocação, mas o reforcemos cada dia, à base de cuidar fidelissimamente do compromisso de amor que nos une ao Senhor no Opus Dei.

Minha filha, meu filho, o nosso Padre anima-nos a perseguir o que é grande – esse relacionamento contínuo com Deus Uno e Trino, que é *o fruto e o fim de toda a nossa vida*[64] –, pondo um esmerado amor nas coisas peque-

---

(62) São Josemaria, *Notas de uma meditação*, 05/06/1960.
(63) São Josemaria, *Notas de uma meditação*, 27/03/1962.
(64) São Tomás de Aquino, *Comentário ao livro I das Sentenças*, dist. 2, q. 1, exórdio.

nas. E, para que seja uma realidade também no seu ambiente apostólico, «um novo Pentecostes, que abrase outra vez a terra»[65], pedi a cada um de vocês que procurasse aproximar ao menos uma pessoa dos meios de formação, convidando-a a fazer uma romaria à Virgem Maria durante o mês de maio. Nossa Senhora, *Regina Apostolorum*, não deixará de escutar-nos neste tempo dedicado especialmente a Ela, e obterá do Céu as graças que tornem eficazes os nossos desejos de dilatar mais e mais a sementeira de santidade que o Opus Dei vem realizar.

Cultivem um intenso relacionamento com Santa Maria. Não há caminho mais seguro para aprimorar a nossa vida interior, progredindo na amizade com Deus Uno e Trino, e para alcançar a eficácia apostólica. Saboreiem – repitam! – esses galanteios que nos mostram a sua dignidade incomparável: Filha de Deus Pai, Mãe de Deus Filho, Esposa de Deus Espírito Santo. E utilizem o *atalho* que o nosso Fundador nos recomendou: ir por Maria e José a Jesus para, a partir da *trindade* da terra, chegar até a Trindade do Céu.

A solenidade do Corpus Christi é um convite para melhorar a nossa devoção eucarística. O verdadeiro culto exterior nasce do coração

1º de junho de 1993

O mês que agora começamos é rico em celebrações que nos devem ajudar muito a dar um forte impulso à

---
(65) Josemaria Escrivá, *Sulco*, n. 213.

nossa vida interior e ao nosso apostolado pessoal. Nestas poucas linhas, gostaria de animá-los a tirar proveito das graças que o Senhor nos concede por ocasião destes acontecimentos da Igreja universal e, portanto, da Obra.

A primeira coisa que me vem ao pensamento é que dentro de duas semanas celebraremos a grande festa do Corpo e do Sangue de Cristo [...]. Ao considerarmos o prodígio de amor que é a Sagrada Eucaristia, vemo-nos obrigados a fomentar com mais força os atos de adoração e as ações de graças, os atos de reparação e as petições. Nessas atitudes da alma verdadeiramente eucarística resume-se o sentir da Igreja ao instituir – faz já tantos séculos – a solenidade do Corpus Christi e também a do Sagrado Coração de Jesus. Essa nossa Mãe pretende que todos os seus filhos, conscientes dos imensos benefícios que Deus nos concede nesse Augustíssimo Sacramento, manifestemos a nossa gratidão e a nossa adoração a Jesus Cristo e o desagravemos com coração grande por todas as ofensas que lhe foram infligidas, por nós mesmos e por todos os homens e mulheres.

Não podemos esquecer que Deus tem o direito de receber culto público por parte da sociedade e, logicamente, isso deveria acontecer de modo especial nos países tradicionalmente católicos. A procissão do Corpus Christi oferece-nos um meio esplêndido de cumprir esse dever, sempre que as circunstâncias o permitirem. Por isso, agrada-me que também vocês, individualmente, sem formar grupo – porque seria contrário ao nosso espírito –, assim como os outros fiéis cristãos correntes, procurem participar desse ato de culto à Eucaristia, se as suas ocupações não o impossibilitarem, e que aproveitem essa ocasião para convidar os seus amigos e parentes, levando-os a expressar assim, publicamente, a sua fé e o seu amor.

Muitas vezes não será possível participar fisicamente dessas demonstrações da fé do povo de Deus. Com mais razão, vocês devem então empenhar-se por fomentar as disposições interiores que se requerem para participar de qualquer ação litúrgica. Porque «as manifestações externas de amor devem nascer do coração e prolongar-se por meio do testemunho de uma conduta cristã. Se fomos renovados pela recepção do Corpo do Senhor, devemos manifestá-lo com obras. Que os nossos pensamentos sejam sinceros: de paz, de entrega, de serviço. Que as nossas palavras sejam verdadeiras, claras, oportunas; que saibam consolar e ajudar, que saibam, sobretudo, levar a luz de Deus aos outros. Que as nossas ações sejam coerentes, eficazes, acertadas: que tenham esse *bonus odor Christi* (2 Cor 2, 15), o bom odor de Cristo, por recordarem o seu modo de comportar-se e de viver»[66].

Fazendo eco ao nosso Padre, protagonista também nesse aspecto da grande tradição da Igreja, gosto de considerar que os adornos com que, em tantos lugares, o povo cristão enfeita as fachadas dos edifícios para honrar Jesus Sacramentado, assim como as flores e as ervas aromáticas que espalha ao passar pelas ruas, são um símbolo das virtudes que devem embelezar as nossas almas. Jesus deseja ardentemente encontrar nas suas filhas e nos seus filhos – em você e em mim – obras concretas

---

(66) Josemaria Escrivá, *É Cristo que passa*, n. 156.

que revelem a nossa entrega. Procura em nós realidades diárias, constantes, de amor e de serviço abnegado a Ele e, por Ele, aos outros, que são como essas flores que se atiram com veneração ao passar a Eucaristia. Espera que lhe ofereçamos as nossas horas de trabalho intenso e bem terminado, composto de pequenos sacrifícios que nem se notam, da mesma forma como é discreto – embora agradável – o aroma da hortelã e da giesta que, em alguns lugares, se colocam ao longo do percurso da Hóstia Santa pelas ruas das cidades e povoados. Aguarda que saiamos ao seu encontro com mil detalhes de delicadeza nas Normas – pontualidade, esmero, esforço para terminá-las bem –, pois, desse modo, são como o incenso que se queima em silêncio diante do Santíssimo e que sobe até o céu.

Minha filha, meu filho, contemple por sua conta, num exame sincero, a sua piedade eucarística e tire resoluções precisas. Como é o seu relacionamento com Jesus na Eucaristia? Você se prepara com cuidado, com amor, para recebê-lo sacramentalmente cada dia? Aprimora a sua ação de graças depois da Comunhão? Põe carinho e atenção na Visita ao Santíssimo? Que empenho demonstra em *assaltar* os Sacrários que você avista no seu caminho pelas ruas? Você o desagrava com profunda contrição pelos seus pecados e os de todas as criaturas?... Recorde o que nos ensinava o nosso amadíssimo Fundador, que é mestre amabilíssimo da arte de amar com loucura Jesus na Sagrada Eucaristia: «Amor com amor se paga! Pensa nas tuas genuflexões diante do Sacrário, nas tuas visitas ao Santíssimo, nesse lembrar-se dEle quando passas perto de um Tabernáculo, que deve ser uma lembrança cada vez mais ardente. Amor com amor se paga!»[67]

As festas do Sagrado Coração de Jesus e do Coração Imaculado de Maria são um convite para corredimir e reparar pelos pecados

1º de junho de 1986

Hoje, enquanto ia acompanhando Nosso Senhor na procissão eucarística em sua honra, uma vez mais ofereci a Jesus Sacramentado a Obra inteira e a vida dos fiéis da Prelazia; ou seja, a luta pessoal de todos vocês por serem santos e o seu apostolado, o seu descanso e o seu trabalho, as suas penas e as suas alegrias. Agrada ao Senhor que renovemos a nossa entrega com frequência; sabemos bem que, por muito que façamos, não conseguiremos corresponder à doação generosa, ao holocausto que Ele consumou sobre a Cruz por cada um de nós e que renova diariamente sobre o Altar.

Começamos *o mês do Sagrado Coração*. Gostaria que todos vocês se preparassem muito bem para essa grande solenidade que a Igreja comemora em junho, e que, nas semanas seguintes, vivessem bem dentro dEle. De que nos fala o Coração de Cristo senão de amor, de entrega, de sacrifício feito de bom grado? «Jesus na Cruz, com o coração trespassado de Amor pelos homens, é uma resposta eloquente – as palavras são desnecessárias – à per-

---

(67) São Josemaria, *Notas de uma meditação*, 14/04/1960 (AGP, biblioteca, P06, vol. II, pág. 332).

gunta sobre o valor das coisas e das pessoas. Valem tanto os homens, a sua vida e a sua felicidade, que o próprio Filho de Deus se entrega para os redimir, para os purificar, para os elevar»[68].

Minha filha, meu filho, não o comove a figura de Cristo pregado na Cruz, com os braços e o Coração abertos de par em par, acolhendo a todos? Não sente brotar na sua alma os desejos de corresponder a esse Amor, de reparar pelos seus pecados e faltas pessoais e pelos do mundo inteiro? Não lhe dá vontade de desagravar o Senhor, de fazer-lhe companhia continuamente, de dizer-lhe palavras de carinho? Pois então, não se contenha, porque a alma contemplativa precisa expandir-se, transformar em realidade esses afãs que o próprio Deus põe no seu coração.

Há tanto para reparar! Lance um olhar sobre a sua vida – eu olho para a minha –, e você encontrará lacunas, omissões, vazios de amor, pecados, que – embora não passem habitualmente de faltas pequenas, pela graça de Deus – entristecem muito o Senhor, justamente porque nos ama com amor de predileção. E você, minha filha, meu filho, experimenta uma dor sincera pelas suas faltas? Recorre cada semana à Confissão sacramental, como previsto no nosso plano de vida, com o desejo de purificar bem a sua alma, de melhorá-la, de inflamá-la mais no Amor a Deus? Detesta – assim mesmo: com verdadeiro ódio, e não só da boca para fora – o pecado venial deliberado? Emprega os meios para lutar com decisão, um dia e outro, sem compactuar jamais com essa ofensa a Deus?

---

(68) Josemaria Escrivá, *É Cristo que passa*, n. 165.

Ao escrever-lhes, percebo que lanço mão de expressões próprias do nosso Padre, e encho-me de alegria. Oxalá eu saiba imitá-lo e falar-lhes através das realidades de amor a Deus e de reparação tão próprias do nosso Fundador; e peço-lhe que assim aconteça também com vocês.

Olhe ao seu redor, para este mundo que amamos e do qual fazemos parte por vocação divina: como se ofende a Deus, como Ele é desprezado! Todos os dias, cometem-se pecados gravíssimos, novos golpes de lança no Coração amabilíssimo do Redentor! Releiam o que o nosso Padre nos escrevia em 1972, com grande dor na sua alma: «Todas essas traições à Pessoa, à doutrina e aos Sacramentos de Cristo, e também à sua Mãe Puríssima… parecem uma vingança: a vingança de um ânimo miserável contra o amor de Deus, contra o seu amor generoso, contra essa entrega de Jesus Cristo […]. Claridade com escuridão, assim lhe temos pagado. Generosidade com egoísmos, assim lhe temos pagado. Amor com frialdade e desprezo, assim lhe temos pagado»[69]. Diga-lhe, com o nosso Padre: Senhor, nunca mais! Ajude-me a mudar!

Pela intercessão do nosso santo Fundador, peço ao Senhor que nenhum dos fiéis do Opus Dei *se acostume* a ver o mal no mundo; desejo que todos nós mantenhamos em carne viva a nossa sensibilidade diante do pecado – próprio e alheio –, de modo que reajamos sempre com atos de amor e desagravo, com ânsias de reparar. Como o nosso Fundador aconselhava, recomendo-lhes que deem um sentido de reparação à sua vocação, procurando – também

---

(69) São Josemaria, *Notas de uma meditação*, fevereiro de 1972 (AGP, biblioteca, P09, págs. 157-158).

era um conselho dele – uma jaculatória pessoal que os ajude a suplicar a Deus o perdão dos pecados de todos os homens, e especialmente dos cristãos.

No entanto, não esqueçam que a melhor reparação oferecida ao Coração Sacratíssimo de Jesus é aquela que fazemos ao levar à prática, sem hesitações, as exigências da nossa chamada, com plena fidelidade ao nosso compromisso de amor; quando abraçamos com alegria o sacrifício escondido e silencioso de cada dia, no cumprimento dos nossos deveres profissionais, familiares, sociais; quando levamos almas ao Santo Sacramento da Penitência, divino tribunal do perdão e da misericórdia; quando aceitamos com alegria interior as contrariedades diárias.

Nessas ocasiões e sempre, tenham presente que o Senhor nos escolheu como corredentores e que, por isso, nos põe perto da Cruz para que o ajudemos a salvar todas as almas. Tenham a convicção de que é uma manifestação de confiança da sua parte e, ao mesmo tempo, de que Ele lhes concede graças mais do que suficientes para superar a prova. Tenham certeza disso!

Temos de aproximar-nos da Cruz com a serenidade e a alegria do Mestre. Por isso, quando o horizonte humano parecer fechado, perante a incompreensão, perante a doença, perante o aparente – só aparente! – fracasso de uma iniciativa apostólica..., se buscamos somente a glória de Deus, permaneçamos tranquilos, meus filhos, tranquilos! Redobrem a confiança no Senhor e na Virgem Santíssima. Situem-se ainda mais dentro do Coração de Cristo, onde encontrarão a paz: *Vinde a mim* – diz Ele a cada uma e a cada um de vocês – *todos os que estais cansados e carregados de fardos, e Eu vos aliviarei. Tomai sobre vós o meu jugo e aprendei de mim, que sou manso e humilde de coração, e encontrareis descanso para as vossas almas*[70].

Se nos mantivermos fiéis à Igreja, à nossa vocação e bem unidos entre nós, trabalhando sem cessar na tarefa da nossa santificação pessoal e no apostolado, asseguro-lhes – são palavras do Espírito Santo – que não trabalharão em vão: *Electi mei non laborabunt frustra*[71]. No Coração amabilíssimo do nosso Redentor, encontramos sempre a energia necessária para perseverar no seu santo serviço e para vencer as dificuldades, pois – como reza a Igreja na Liturgia – o Senhor permitiu que uma lança transpassasse o seu lado *para que todos os homens, atraídos pelo Coração aberto do seu Salvador, pudessem beber com alegria nas fontes da salvação*[72].

Minhas filhas e meus filhos, recordo-lhes o conselho do nosso queridíssimo Padre: «Nós, os filhos de Deus no Opus Dei, *adeamus cum fiducia* – temos de ir com muita fé – *ad thronum gloriae*, ao trono da glória, à Virgem Santíssima, Mãe de Deus e Mãe nossa, a quem tantas vezes invocamos como *Sedes Sapientiae, ut misericordiam consequamur*, para alcançarmos misericórdia.

«Através do Coração Dulcíssimo de Maria, vamos ao Coração Sacratíssimo e Misericordioso de Jesus, para pedir-lhe que, pela sua misericórdia, manifeste o seu poder na Igreja e nos encha de fortaleza para seguirmos em frente no nosso caminho, atraindo muitas almas a Ele.

«*Adeamus cum fiducia ad thronum gloriae, ut miseri-*

---

(70) Mt 11, 28-29.
(71) Is 65, 32.
(72) Missal Romano, Solenidade do Sagrado Coração de Jesus (Prefácio).

cordiam consequamur (cf. Hb 4, 16). Que tenhais isso muito presente nestes momentos e também depois. Eu diria que é um querer de Deus que coloquemos a nossa vida interior pessoal dentro dessas palavras que acabo de dizer-vos. Às vezes, vós as escutareis sem ruído nenhum, na intimidade das vossas almas, quando menos esperardes. *Adeamus cum fiducia*: ide – repito – com confiança ao Coração Dulcíssimo de Maria, que é Mãe nossa e Mãe de Jesus. E com Ela, que é Medianeira de todas as graças, ao Coração Sacratíssimo e Misericordioso de Jesus Cristo. Com confiança também e oferecendo-lhe reparação por tantas ofensas. Que nunca vos falte uma palavra de carinho: quando trabalhais, quando rezais, quando descansais e também por ocasião das atividades que parecem menos importantes – quando vos divertis, quando contais um episódio, quando praticais um tempo de esporte... Em uma palavra, em toda a vossa vida. Ponde um fundamento sobrenatural em tudo e um relacionamento de intimidade com Deus»[73].

Peço ao Senhor que as minhas filhas e os meus filhos aumentem sempre na sua alma esse sentido sobrenatural da sua vida e do seu trabalho. Rogo à Santíssima Trindade especialmente por aqueles que se encontram mais necessitados, para que saibam unir-se ao sofrimento redentor de Jesus Cristo e alcancem do Senhor a paz. Confio esta oração à intercessão do nosso amadíssimo Padre, agora que nos preparamos para o décimo primeiro aniversário da sua ida ao Céu. Que o nosso Fundador nos alcance

---

(73) São Josemaria, *Notas de uma reunião familiar*, 9/09/1971 (AGP, biblioteca, P01, X-1971, págs. 13-14).

graça abundante de Deus; que o Espírito Santo, *como rio de paz*, por meio do trabalho apostólico das minhas filhas e dos meus filhos, inunde muitos corações e faça germinar neles frutos de santidade para a glória de Deus, para o serviço à Igreja e para o bem de toda a humanidade.

Quero insistir com vocês num bom modo de se disporem para o próximo dia 26 de junho: preparemos com especial cuidado as nossas confissões semanais – a pontualidade, o arrependimento, os propósitos – e, neste mês, todos os dias, intensifiquemos esse bendito *apostolado da Confissão*, que o nosso Padre tanto nos animou a fazer e cuja necessidade e urgência são cada dia maiores.

Minhas filhas e meus filhos, recorram com piedade e confiança à nossa Mãe. Peçam-lhe pela santidade de todas e de todos nós. Façamos nossa a experiência do nosso Fundador, quando nos dizia: «Na vossa oração, ponde-vos muito perto do seu Coração, e daí, sem perceberdes, ireis ao Coração de Jesus, *Cor Iesu Sacratissimum et Misericors*, com os coros dos Anjos, com o patrocínio de São José e com a acolhida inefável da Santíssima Trindade»[74].

---

(74) São Josemaria, *Notas de uma reunião familiar*, 21/08/1971 (AGP, biblioteca, P01, 1971, pág. 1091).

Tempo Comum
Santificar a vida corrente

Para sermos contemplativos no meio do mundo, temos de olhar ao nosso redor com os olhos de Cristo; vivamos de fé, de esperança e de caridade

1º de novembro de 1991

Temos de ser «contemplativos no meio do mundo»[1]. Quantas vezes escutamos isso nos meios de formação! É uma dessas ideias mestras que devemos esforçar-nos por compreender cada vez melhor. Nunca pode reduzir-se a uma frase feita que se repete mecanicamente. Agora mesmo, enquanto escrevo pensando em cada uma e em cada um de vocês, peço ao Senhor que, com a sua graça, saibamos aprofundar nesse ensinamento do nosso Fundador e transmiti-lo a muitas almas, encarnando-o bem na nossa vida.

---

(1) São Josemaria, *Instrução*, maio de1935, 14/09/1950, nota 72.

Para nós, em que consiste ser «*contemplativos no meio do mundo*»? Responderei com poucas palavras: é ver Deus em todas as coisas com a luz da fé, estimulados pelo amor, e com a firme esperança de contemplá-lo face a face no Céu. São Paulo escreve que *agora vemos num espelho, confusamente; mas, então, veremos face a face. Agora conheço apenas em parte, mas, então, conhecerei completamente, tal como sou conhecido*[2]. Nesta terra, não podemos conhecer Deus como Ele nos conhece; nós o contemplamos de modo imperfeito. Mas, sim, podemos começar a amá-lo como Ele nos ama, pois *o amor se derramou nos nossos corações pelo Espírito Santo que nos foi dado*[3]. Esse amor impele-nos a exercitar a fé para buscarmos e vermos Deus nas mais diversas circunstâncias da nossa existência. E como a fé nos permite apenas entrever *confusamente*, acende-se em nós a esperança de alcançar a visão clara do Céu. Não se trata de uma simples aspiração, mas de verdadeira esperança – como a de quem aguarda a pessoa amada e sabe com certeza que ela não faltará ao encontro –, porque conhecemos e cremos no amor que Deus tem por nós[4]. Assim, a contemplação é um exercício de fé, de esperança e de amor [...].

Meditemos uma e outra vez neste mistério sublime: *O Verbo se fez carne e habitou entre nós*[5]. Deus tomou a nossa natureza humana, veio a esta terra e ficou realmente presente na Santíssima Eucaristia. É possível uma mos-

---

(2) 1 Cor 13, 12.
(3) Rm 5, 5.
(4) Cf. 1 Jo 4, 16.
(5) Jo 1, 14.

tra mais patente de que já agora podemos contemplá-lo? Está ali, na Hóstia Santa, para que o tratemos com fé, esperança e amor. Quando o sacerdote eleva Nosso Senhor, depois da Consagração, é o momento de suplicarmos, como o nosso Padre fazia em silêncio: *Adauge nobis fidem, spem, caritatem!*[6] Minhas filhas e meus filhos, para ser contemplativos, temos de ser *almas de Eucaristia*. Jesus ficou no Sacrário porque deseja vir às nossas almas e habitar em nós, de modo que cada um de nós seja «*outro Cristo, o próprio Cristo*». Insta-nos a que o contemplemos não apenas no Tabernáculo, mas também dentro de nós, onde a sua Pessoa divina permanece com o Pai e o Espírito Santo. Pretende morar em você, para que, ao pôr os olhos naquilo que o rodeia, o seu olhar seja o olhar dEle. Assim somos contemplativos.

«Que eu veja com os teus olhos, Cristo meu, Jesus da minha alma»[7], rogava o nosso Fundador pouco tempo antes de ir ao Céu. Você e eu temos de repetir aquela pergunta que também ouvíamos com frequência dos seus lábios: como seria o olhar de Jesus? Para encontrar a resposta, basta abrirmos o Evangelho. Cristo dá-nos o exemplo constante de como *ver* Deus em tudo. Nas criaturas: *Olhai os lírios do campo..., como Deus os veste*[8]; nas situações mais diversas, também na dor[9], na doença ou

---

(6) Aumenta-nos a fé, a esperança e a caridade. (N. do E.)
(7) São Josemaria, *Notas de uma meditação*, 19/03/1975 (AGP, biblioteca, P01, 1991, pág. 1079).
(8) Cf. Mt 6, 29-30.
(9) Cf. Jo 9, 1.

na morte das pessoas queridas[10]. Aproveite tudo como ocasião para falar com Deus Pai, e louvar, e renovar a sua ação de graças, e reparar[11]. O seu olhar é sempre de amor pelas almas: *Ao ver as multidões, Jesus encheu-se de compaixão por elas, porque estavam [...] como ovelhas que não têm pastor. Então disse aos discípulos: a messe é grande, mas os trabalhadores são poucos...*[12] Na sua oração pessoal – viva, fervorosa –, medite nessa atitude redentora de Cristo e pergunte-lhe: Senhor, como Tu olharias as pessoas e o ambiente que me rodeiam, no trabalho, na família, na rua? Peça-lhe que você *veja* sempre com os seus olhos; que a visão penetre através dos seus olhos.

«Definimos a vocação à Obra como contemplativa porque procuramos ver Deus em todas as coisas da terra: nas pessoas, nos acontecimentos, naquilo que é grande e naquilo que parece pequeno, naquilo que nos agrada e naquilo que se considera doloroso»[13]. Essas palavras têm de cumprir-se na nossa conduta. É preciso que saibamos descobrir esse «*algo divino*»[14], escondido nas circunstâncias da existência cotidiana, de modo que todas elas sejam ocasião para o nosso relacionamento com o Pai, com o Filho e com o Espírito Santo. Assim viveremos, de verdade, «no céu e na terra»[15].

---

(10) Cf. Jo 11, 4, 15 ss.
(11) Cf. Mt 11, 25 ss; Jo 11, 41; Lc 23, 34.
(12) Mt 9, 36-38.
(13) São Josemaria, *Notas de uma meditação*, 25/12/1973 (AGP, biblioteca, P09, págs. 200-201).
(14) Josemaria Escrivá, *Entrevistas com Mons. Josemaria Escrivá*, n. 116.
(15) São Josemaria, *Notas de uma reunião familiar*, 20-03-1975 (AGP, biblioteca, P02, 1975, pág. 736).

Poderia parecer impossível que uma pessoa com uma intensa dedicação profissional, que deve ir de um lado para o outro, ou permanecer horas concentrada no seu lugar de trabalho, consiga manter uma contínua conversa com Deus *por meio dessas mesmas tarefas*. Desde 1928, pela Bondade divina e pela correspondência santa do nosso Padre, é uma meta acessível, com meios concretos, para milhões de homens e de mulheres. A vocação à Obra – escreveu o nosso Fundador – «tem de levar-nos a ter uma vida contemplativa no meio de todas as atividades humanas [...], tornando realidade este grande desejo: quanto mais dentro do mundo estivermos, tanto mais temos de ser de Deus»[16]. Pensem que esse ideal realizou-se no nosso Fundador e que nós, os seus filhos, se realmente queremos ser mais de Deus, temos de seguir os seus passos. Não podemos admitir o pensamento – seria uma tentação diabólica – de que o exemplo do nosso Padre é só para ser admirado, e não para ser imitado fielmente. Minhas filhas e meus filhos, que ressoem nas nossas cabeças estas suas palavras: «Uma alma que não for contemplativa dificilmente poderá perseverar no Opus Dei»[17].

No nosso caso, as realidades nobres da tarefa familiar, profissional e social transformam-se em meio para nos aproximarmos de Deus. Um meio *necessário*, porque «ou sabemos encontrar o Senhor na nossa vida de todos os dias, ou não o encontraremos nunca»[18]. Mas sempre *um meio*. O fim é a contemplação amorosa de Deus. Por isso,

---

(16) São Josemaria, *Instrução*, maio de 1935, 14/09/1950, n. 45.
(17) *Idem*, nota 72.
(18) Josemaria Escrivá, *Entrevistas com Mons. Josemaria Escrivá*, n. 114.

se correspondermos às exigências da nossa vocação, acontecerá conosco como com o nosso Padre: «Enquanto realizamos com a maior perfeição possível, dentro dos nossos erros e limitações, as tarefas próprias da nossa condição e do nosso ofício, a alma anseia por escapar-se. Vamos rumo a Deus, como o ferro atraído pela força do ímã»[19].

O Senhor quis conceder ao nosso Fundador graças especiais que o confirmavam na segurança de que as realidades cotidianas não são obstáculo para a contemplação; e de que, ao mesmo tempo, são apenas um meio. Assim transparece na seguinte anotação do ano de 1932: «É incompreensível: sei de quem está frio (apesar da sua fé, que não admite limitações) junto ao fogo diviníssimo do Sacrário e, depois, em plena rua, entre o barulho de automóveis, bondes e transeuntes, ao ler um jornal!, vibra com arrebatamentos de loucura de amor de Deus»[20]. Ao meditar nessas palavras, reparem também que o nosso Padre vibrava com essa «loucura de amor de Deus» porque permanecia fiel à meditação, ainda que estivesse frio como o gelo durante esse tempo. Quantas vezes ouvi-o repetir que, se não cuidássemos das meias horas de oração, não acreditaria na nossa presença de Deus!

Minhas filhas e meus filhos, ponhamos todo o nosso esforço e tiremos os obstáculos! Que esforço? Antes de mais nada, o cumprimento fiel das Normas, que nos conduz pouco a pouco a uma presença de Deus constante. Sem esquecermos que a presença de Deus é também uma Norma *de sempre*, ou seja, que é preciso buscá-la em

---

(19) Josemaria Escrivá, *Amigos de Deus*, n. 296.
(20) São Josemaria, 26/03/1932, em *Apontamentos íntimos*, n. 673.

si mesma, e não apenas como resultado das outras Normas. E quais obstáculos? Sobretudo, os que se opõem mais diretamente à caridade, pois se não há amor, a contemplação não é possível. Por isso o nosso Padre adverte: «Para sermos contemplativos no meio do mundo, temos de embeber-nos do espírito da Obra, que nos levará a nos preocuparmos sempre com os outros, por amor a Deus, e a não pensar em nós mesmos; de modo que, ao final do dia, vivido no meio dos afãs diários, no nosso lar, na nossa profissão ou ofício, poderemos dizer, ao fazer o nosso exame de consciência: Senhor, não sei o que dizer de mim mesmo; só pensei nos outros, por ti! Que, com palavras de São Paulo, se poderia traduzir: *Vivo autem, iam non ego: vivit vero in me Christus!* (Gl 2, 20). Não é isso ser contemplativos?»[21]

Perguntemo-nos: procuro que a minha meditação seja intensa, sem recortes de tempo nem de atenção? Em que penso ao longo do dia? Permito o monólogo interior ou busco o diálogo com Deus? Afasto imediatamente os pensamentos de soberba, de vaidade, de inveja, de sensualidade, ou deixo que ofusquem os olhos da minha alma? Recorda as palavras do Senhor: *Bem-aventurados os limpos de coração, porque eles verão a Deus*[22]. Esses pensamentos mais ou menos consentidos seriam traições vis, que um coração enamorado e leal não deve admitir. Outra coisa diferente são as tentações, que não constituem obstáculo algum para sermos contemplativos. Já nos advertia o nosso Fundador na homilia *Rumo*

---

(21) São Josemaria, *Instrução*, maio de 1935, 14/09/1950, nota 72.
(22) Mt 5, 8.

à santidade, que recomendo meditar com frequência na oração: «Não pensemos que, nesta senda de contemplação, as paixões ficam definitivamente aplacadas...»[23] E depois nos oferece o remédio: refugiar-nos nas Chagas de Cristo[24], porque aí podemos dizer: Senhor, se te deixaste pregar na Cruz, foi para que vencesses o pecado; por isso, com a tua graça, posso e devo superar decididamente esta tentação e ser fiel a ti. Assim, as próprias provas transformam-se em meios para nos unirmos mais ao Senhor.

O Senhor quer-nos contemplativos na vida cotidiana. O melhor antídoto contra a tentação de procurarmos coisas extraordinárias é cuidar, por amor, da perfeição nas coisas pequenas

1º de agosto de 1993

Aproxima-se a festa da Transfiguração, que a Igreja – sobretudo no Oriente – celebra com grande solenidade. Sobre o Monte Tabor, Jesus Cristo deixa que os olhos dos discípulos contemplem por um instante o esplendor da sua glória. São Pedro encontrava-se tão à vontade que exclamou: *Mestre, que bom estarmos aqui; façamos três tendas*[25], e exprimiu o seu desejo de permanecer ali para sempre. Não eram esses os planos do Senhor. Realizou esse prodígio tão grande para fortalecê-los diante das

---

(23) Josemaria Escrivá, *Amigos de Deus*, n. 303.
(24) Cf. *ibidem*.
(25) Mc 9, 5.

provações que os esperavam, para que não claudicassem perante o escândalo da Cruz. A felicidade do Céu – da qual a glória do Tabor é uma antecipação – viria depois; agora, enquanto caminhamos, vivemos o tempo de estender o reino de Cristo, o momento de ser fiéis, leais à vocação, com uma fidelidade que se cultiva nos combates de cada dia.

Como o nosso Padre o entendeu bem quando, nos primeiros anos da Obra, nos escrevia que ensinássemos às novas vocações que «não vão ao Tabor: vão ao Calvário»[26]! Para nós, estar no Gólgota unidos a Jesus consiste em abraçar a Cruz do dia, amando o sacrifício que se concretiza em acabar bem todas e cada uma das nossas tarefas. Minhas filhas e meus filhos, recordo-o tanto aos que têm dezenas de anos servindo o Senhor na sua Obra como aos que acabaram de receber a luz da vocação. Nunca esqueçam que o nosso caminho de santidade é *o corrente*. Nisso, nas coisas aparentemente mais insignificantes, temos de esforçar-nos por encontrar o sinal de Deus e amá-lo com piedade de filhos.

Portanto, não esperem nada especial ou extraordinário. Ressalto-o com umas palavras do nosso Fundador, tomadas da sua oração pessoal, que nos põem em guarda contra uma possível tentação do demônio: «O que nos é próprio é o corrente, o de cada dia, a prosa! Esta pode ser uma das tentações que se apresentem aos meus filhos, agora e com o passar dos séculos; um dos condicionamentos com os quais o demônio queira sujeitá-los e torná-los estéreis. Nós não vivemos de milagres. O Senhor já

---

(26) São Josemaria, *Instrução*, 09/01/1935, n. 283.

os fez, e continua a realizá-los por meio do nosso trabalho apostólico e na vida pessoal, íntima, de cada um de nós. Satanás não poderá apanhar-nos por aí, mas temos de estar prevenidos»[27].

Não pensem que se trata de uma tentação pouco frequente. Há muitas pessoas – não nos excluamos a nós mesmos, você e eu – que andam sempre em busca de prodígios, de planos incomuns ou chamativos, enquanto abandonam ou realizam mal os deveres próprios do seu ofício ou do seu estado. Na medida em que nós mesmos o praticarmos, ensinemos também as outras almas a retificar, a percorrer o caminho da santidade que está ao alcance de todos e que Deus nos mostra. Por essa razão, temos de exceder-nos sempre – ainda que neste terreno não caiba o *excesso* – em comportar-nos com naturalidade e visão de eternidade na nossa existência cotidiana. Aqui descobriremos toda a riqueza da ascética das coisas pequenas, que o nosso santo Fundador pregou incansavelmente.

Não se descuidem, porque não estamos feitos de uma *massa* diferente da dos outros. A preguiça, o desânimo, a comodidade, os respeitos humanos... assediam-nos sempre, e o demônio sabe aproveitar a fragilidade da nossa natureza para insinuar no nosso coração, de mil maneiras diversas, a tentação de não cumprirmos perfeitamente a obrigação de cada instante. Se não permanecermos vigilantes, podemos facilmente conformar-nos com um trabalho feito pela metade, com uma ação apostólica que não é levada até o fim, com um plano de vida cumprido sem

---

(27) São Josemaria, *Notas de uma meditação*, 03/03/1974 (AGP, biblioteca, P18, pág. 350).

esmero... Certamente, trata-se de *pequenezes*, que, em si, não são uma ofensa grave a Deus. Sim; mas não podemos esquecer que, para nós, essas *coisas pequenas* são... «*a prosa!*», a matéria da nossa santificação, que, com a graça de Deus e a nossa correspondência pessoal, temos de transformar em «*decassílabo, em verso heroico*»[28]. Você sabe ser pontual no seu horário? Vive o minuto heroico nas diversas ocupações? Tem, ou procura ter, em tudo o afã de oferecer a Deus um sacrifício bem acabado?

Ao comentar a cena das tentações de Cristo no deserto, o nosso Fundador exclamava: «Vedes? O diabo tenta condicionar Cristo. Mostra-me que és o Filho de Deus! E também pode sugerir-nos: Mostra-me que és um santo! Põe-te neste perigo, faz uma coisa extraordinária, não te conformes com o trivial...»[29] Não caiamos nessas armadilhas, filhas e filhos da minha alma! Essa vigilância nos diz respeito a todos, ainda que a nossa vocação ao Opus Dei tenha já muitos anos, porque o demônio mostra-se mais retorcido com quem está mais próximo do Senhor. Por isso, se for possível – e sempre o é! –, havemos de esmerar-nos mais na guarda dos sentidos, em fugir das ocasiões perigosas para a alma, nas renúncias e mortificações corporais, que, ainda que sejam de pouca monta, constituem uma excelente defesa diante das tentações do Maligno. O Senhor espera-nos aí, na normalidade – bendita *normalidade*! – da nossa vida cotidiana, que encerra os extraordinários resplendores provenientes do Amor.

---

(28) Josemaria Escrivá, *É Cristo que passa*, n. 50.
(29) São Josemaria, *Notas de uma meditação*, 03/03/1974 (AGP, biblioteca, P18, pág. 350).

Continuo com aquela oração do nosso Padre, para que a façamos nossa na realidade da nossa existência cotidiana: «Senhor, não te pedimos nada fora do trivial, do corrente; porque isso é bastante extraordinário, é um milagre de primeira categoria, se o realizamos com amor. Afinal de contas, essa é a pregação que puseste na minha boca desde há quase cinquenta anos, e essa é a doutrina que todos os meus filhos sabem transmitir. Com essa pregação e com essa doutrina, fizeste o meu coração vibrar, deste luz à minha inteligência e força à minha vontade, e encheste-me de segurança e de consolo»[30].

Não é esse o exemplo maravilhoso que a Virgem Maria nos deu? O nosso Fundador, o Bem-aventurado Josemaria, afirmava ao seu respeito que é «Mestra do sacrifício escondido e silencioso»[31]; e, efetivamente, o seu peregrinar terreno esteve repleto de normalidade. Assim como na vida de Jesus, os momentos de glória que Maria passou nesta terra são uma exceção. Assim se santificou aquela que era Toda Santa por causa da sua Imaculada Conceição. Assim cresceu em sabedoria e em graça aquela que era Trono da Sabedoria. Assim incrementou-se o amor a Deus naquela que era Esposa do Espírito Santo. De claridade em claridade, de uma graça a outra graça maior, sem freios de nenhum tipo, Maria foi progredindo constantemente na sua união com Deus, até que se cumpriu o acontecimento singular e maravilhoso que a Igreja celebra no próximo dia 15: a sua Assunção em corpo e alma à glória do Céu. Ao renovar a Consagração

---

(30) *Ibidem.*
(31) Josemaria Escrivá, *Caminho*, n. 509.

de toda a Obra ao Coração Dulcíssimo e Imaculado de Maria – imagino que você já esteja se preparando para essa festa, neste Ano Mariano –, pede – assim procuro comportar-me – que saibamos ser de Deus e para Deus, que lhe respondamos com um *fiat!* que seja o distintivo que nos caracterize.

Minhas filhas e meus filhos, pensemos que o término da nossa vida terrena será também a glória celestial, se soubermos caminhar por essa senda mestra da santificação da luta cotidiana, que Jesus Senhor Nosso e a sua Mãe bendita nos abriram com os seus anos em Nazaré, e que o nosso amadíssimo e santo Fundador soube imitar com tanta galhardia. Já pensaram alguma vez na entrada triunfal da Virgem no Céu, louvada por toda a corte celestial, recebida por Deus Pai, Deus Filho, Deus Espírito Santo, para estreitá-la num abraço bem forte e coroá-la como Rainha e Senhora de toda a criação? Tento imaginar esse instante e – sou consciente da pobreza das minhas expressões – figuro uma explosão de luz, um cúmulo de gozos, um submergir-se da criatura nesse oceano de bondade e de misericórdia que é Deus.

Toda essa felicidade eterna, que não conseguimos exprimir nem remotamente, derramou-se sobre a nossa Mãe por ter sido fiel, dia após dia, ao plano divino que a Trindade lhe indicava e que, na imensa maioria das ocasiões, esteve tecido de tarefas normais, correntes. Para que você e eu, minha filha, meu filho, nos enchamos de ânimo e caminhemos com garbo sempre novo pelo caminho da nossa vocação. Seguindo estes ensinamentos, examine-se: você tem recorrido mais intensamente a Nossa Senhora neste ano? Recorre a Ela constantemente? Tem procurado que os seus colegas, os seus conhecidos, tenham mais intimidade com Maria?

A graça da vocação facilita-nos o exercício do sacerdócio comum recebido no Batismo. Características da alma sacerdotal

1º de junho de 1989

Aproxima-se outro aniversário da ida do nosso Padre ao Céu, e penso que um bom modo de prepararmos essa data – que suscita tanta dor e tanta alegria nas nossas almas – é pensar na entrega completa do nosso Fundador à Vontade divina, que o levou a cumprir em si mesmo aquilo que escrevera em *Caminho*: «É preciso dar-se de todo, é preciso negar-se de todo: o sacrifício tem que ser holocausto»[32]. No seu afã de identificar-se com Jesus Cristo, Sumo e Eterno Sacerdote, Bom Pastor que deu a vida pelas suas ovelhas[33], o nosso Padre selou, dia após dia, a sua entrega no Sacrifício da Missa, que prolongava ao longo das vinte e quatro horas do dia, e que, por bondade divina, pôde celebrar até o último dia que passou na terra.

Faz parte dos planos de Deus que a mediação sacerdotal do nosso Padre continue vigorosa no Céu, como testemunham milhares e milhares de pessoas no mundo inteiro ao recorrerem com confiança à sua intercessão. Nós temos a certeza e o consolo de saber que se ocupa especialmente das suas filhas e dos seus filhos – o *pusillus*

---

(32) Josemaria Escrivá, *Caminho*, n. 186.
(33) Cf. Jo 10, 15.

grex, o pequeno rebanho, que Deus lhe confiou mais diretamente –, e de tantas almas relacionadas com o Opus Dei de um modo ou de outro.

Na Obra, todos nós somos filhos do sacerdócio do nosso Padre, da sua oração, dos seus sacrifícios, da sua vocação correspondida com generosidade heroica. Aqueles que recebem a ordenação sacerdotal na Prelazia, para servir a vocês e a todas as almas, são filhos do seu sacerdócio por um novo título – e com isso não pretendo fazer uma distinção, mas uma chamada a uma responsabilidade especial –; recordava-o dias atrás aos meus filhos que receberam a ordenação das mãos de Sua Santidade o Papa João Paulo II, em 28 de maio. Esses seus irmãos são mais um elo da corrente que, iniciada com o nosso Padre, continuou a formar-se desde aquele dia 25 de junho de 1944 – vão completar-se agora quarenta e cinco anos –, em que teve lugar a primeira ordenação de membros da Obra. Minhas filhas e meus filhos, ajudem-me na minha ação de graças a Deus por esse dom inestimável do sacerdócio, concedido ao Opus Dei. Como o nosso Padre dispôs para essa data, rezemos e mortifiquemo-nos especialmente, com a petição expressa de «que todos os sacerdotes, mas especialmente os do Opus Dei, sejam muito santos. E para que nunca nos faltem os sacerdotes necessários»[34].

O sacerdócio do nosso Padre foi extraordinariamente fecundo. Por causa da sua resposta sem limites à graça de Deus, já são muitos milhares as filhas e os filhos seus que descobriram esse nosso bendito caminho, e bastantes cen-

---

(34) São Josemaria, *Notas de uma reunião familiar*, 25/02/1973 (AGP, biblioteca, P01, V-1973, pág. 52).

tenas os sacerdotes a serviço da Prelazia, que assim servem a Igreja Santa. Essa incrível riqueza apostólica continuará a resplandecer também numa extraordinária mobilização de homens e de mulheres – iniciada, insisto, pelo nosso Padre –, da qual cada um de nós tem agora a consciência de ser continuador.

Somos – e Deus queira que o número se multiplique – *como as estrelas do céu*[35] até o final dos tempos, cristãos correntes que se esforçam para encarnar e pôr em prática uma doutrina da Igreja que, durante séculos, foi relegada ao esquecimento por muitos: a vida do Verbo encarnado «é participada por todos aqueles que, em Cristo, constituem a Igreja. Todos participam do sacerdócio de Cristo, e esta participação significa que, mediante o Batismo "da água e do Espírito Santo" (cf. Jo 3, 5), já são consagrados para oferecer sacrifícios espirituais em união com o único sacrifício da Redenção, oferecido pelo próprio Cristo. Como o povo messiânico da Nova Aliança, todos transformam-se em "sacerdócio real" (cf. 1 Pe 2, 9) em Jesus Cristo»[36].

Essa participação no sacerdócio de Nosso Senhor oferece a todos os cristãos a possibilidade de ser *hóstia viva, santa, agradável a Deus*[37], e de *oferecer vítimas espirituais*[38] com a sua vida e com o seu trabalho. «Desse modo», recordo--lhes com palavras de um antigo autor eclesiástico, «tens

---

(35) Hb 11, 12.
(36) São João Paulo II, *Carta, aos sacerdotes da Igreja por ocasião da Quinta-feira Santa*, 12/03/1989.
(37) Rm 12, 1.
(38) 1 Pe 2, 5.

um sacerdócio, porque és de linhagem sacerdotal, e por isso deves oferecer a Deus uma hóstia de louvor, de oração, de misericórdia, de pureza, de justiça, de santidade»[39].

No Opus Dei, a graça da nossa vocação específica é um novo impulso para aprofundar na filiação divina – sendo cada um de nós outro Cristo – e exercitar plenamente o sacerdócio comum dos fiéis. Por isso o nosso santo Fundador repetia insistentemente que devemos ter uma «*alma sacerdotal*» que informe toda a nossa existência, como a alma informa o corpo. «Enquanto desenvolveis a vossa atividade nas próprias entranhas da sociedade, participando de todos os afãs nobres e de todos os trabalhos retos dos homens, não deveis perder de vista o profundo sentido sacerdotal que a vossa vida possui: deveis ser mediadores em Cristo Jesus, para levardes todas as coisas a Deus e para que a graça divina vivifique tudo»[40].

Teremos *alma sacerdotal* na medida em que nos identificarmos com Cristo, até fazer verdadeiramente nossos os seus sentimentos, a sua vibração pela salvação de todas as almas. Isso requer esforço, para nos deixarmos modelar pela graça e apresentar à humanidade, por cima das nossas fraquezas pessoais, a figura amabilíssima de Jesus[41]; uma imagem purificada das nossas limitações, sem as arestas do egoísmo, de modo que possa refletir as feições do Salvador.

Minhas filhas e meus filhos, não fiquem em meros desejos, por mais santos que sejam. Examinemos a nossa

---

(39) Orígenes, *Homilias sobre o Levítico*, 9, 1.
(40) São Josemaria, *Carta*, 28/03/1955, n. 4.
(41) Cf. Josemaria Escrivá, *Caminho*, n. 56.

peleja diária para considerar – como o nosso Padre nos pregou com tanta frequência – se de verdade rezamos, falamos, trabalhamos, nos mortificamos como o Mestre o faria se estivesse nas diversas situações nas quais vocês e eu nos encontramos.

Uma dedicada docilidade ao Espírito Santo é o que nos levará a conformar-nos com esse ideal. Saberemos cultivar cada dia melhor – minhas filhas e meus filhos, vocês já o fazem – as virtudes sacerdotais: a oração contínua, de louvor, de ação de graças e de desagravo a Deus, e de petição por todos os homens; o sacrifício silencioso, unido à oblação de Cristo na Cruz, renovada na Santa Missa, que é o centro e a raiz do nosso dia; o serviço aos outros, com uma caridade sem limites...

Meus filhos, vocês devem compreender que uma pessoa que deseja ganhar almas para Deus deve superar-se continuamente; não pode compactuar com o mau caráter, com a impaciência, com os próprios defeitos, mas deve esforçar-se por apresentar aos outros o exemplo real e atraente de Nosso Senhor, que lhes facilite o encontro com a Santíssima Trindade. Movidos pelo amor de Cristo, queremos reproduzir em todos os nossos passos e atitudes os traços que o tornam infinitamente amável: a sua misericórdia sem limites, a sua compreensão para com as fraquezas alheias, o seu zelo ardente pela salvação de todas as almas...

Comentei repetidas vezes com vocês, por exemplo, que devemos controlar o nosso caráter, evitar os caprichos. Não é lógico que alguém, justificando-se com motivos de idade, de doença, de exceção, admita na sua vida manias que não toleraria anos atrás ou que corrigiria nos outros. Além de que a idade ou a fraqueza pessoal jamais são motivos válidos para amar menos a Deus – muito pelo contrário! –, esse tipo de razões levanta-se como desculpa para disfarçar uma conduta aburguesada, como máscara para ocultar a tibieza. O nosso Padre falou com muita força, por exemplo, contra *o tópico do trópico*, quando alguém o mencionava como justificativa para a moleza; não me inventem agora, meus filhos, *o tópico da idade* ou da falsa compreensão para consigo mesmo! Portanto, jovens ou menos jovens, tanto faz, prestem atenção às perguntas que o nosso Padre nos dirige no íntimo do coração: «Meu filho, onde está o Cristo que eu busco em ti? Na tua soberba? Nos teus desejos de impor-te aos outros? Nessas mesquinhezes de caráter que não queres vencer? Nessa caturrice? Nesse apegamento ao próprio juízo, ao critério pessoal? Aí está Cristo?»[42]

Cuidem da fraternidade – para com todos! –, que se manifesta também em não fazer acepção de pessoas. Queremos bem a todos, sem distinção, por um motivo sobrenatural. Mais: ao acolher sinceramente o conselho do nosso Fundador, procuramos que os afetos do nosso coração passem antes «pelo Coração Dulcíssimo de Maria e pelo Coração Sacratíssimo de Jesus, como por um filtro»[43]. Recordemos essas considerações ao celebrar, neste mês, essas duas festas tão íntimas do Senhor e da Virgem.

Nunca se deixem arrastar por simpatias ou antipa-

---

(42) São Josemaria, *Notas de uma meditação*, 06/01/1956 (AGP, biblioteca, P01, II-1966, pág. 34).

(43) São Josemaria, *Notas de uma reunião familiar*, 14/02/1971 (AGP, biblioteca, P01, IV-1971, pág. 7).

tias. Se superarmos os obstáculos do caráter próprio e do alheio, encontraremos razões para estimar sem limites os que nos rodeiam. Exercitem-se nessa *objetividade sobrenatural* que o nosso Padre nos inculcava: «Cada um de nós tem o seu caráter, os seus gostos pessoais, o seu gênio – o seu mau gênio, às vezes – e os seus defeitos. Cada um tem também coisas agradáveis na sua personalidade, e, por isso e por muitas outras razões, é possível querer-lhe bem. A convivência é possível quando todos nós procuramos corrigir as nossas próprias deficiências e procuramos passar por cima das faltas dos outros; isto é, quando há amor, que anula e supera tudo o que falsamente poderia ser motivo de separação ou divergência.

«Se alguém diz que não pode aguentar isto ou aquilo, que lhe é impossível calar, está exagerando para justificar-se. É preciso pedir a Deus a força para sabermos dominar o nosso próprio capricho; a graça para sabermos ter o domínio de nós mesmos. Porque os perigos de uma irritação estão aí: em que se perca o controle e as palavras possam encher-se de amargura, chegando a ofender e, ainda que não se pretenda, a ferir e causar dano.

«É preciso aprender a calar, a esperar, a dizer as coisas de modo positivo, otimista»[44].

A alma sacerdotal resume-se em alimentar os mesmos afãs que embargavam o Coração de Jesus: honrar a Deus, instaurar o seu Reino na terra por meio da graça, difundir a verdade, dirigir as almas para o seu fim último... Vibração apostólica, meus filhos! [...]. No mês que acaba de

---

(44) São Josemaria, *Notas de uma reunião familiar* (AGP, biblioteca, P02, 1972, págs. 820-821).

terminar, como você se empenhou para converter em realidade essas ânsias redentoras do nosso Deus? De quantas pessoas se aproximou, levando com o seu exemplo e com as suas palavras a luz de Cristo e o sal de uma conduta cristã exigente e cordial?

A fé no Amor do Senhor leva-nos a corresponder aos seus dons e torna-se apoio da esperança; a fé e a esperança fazem-nos superar as contrariedades

1º de setembro de 1991

Diante da grandeza dos dons divinos, vem constantemente aos meus lábios esta singela exclamação que tantas vezes ouvi do nosso Fundador: como o Senhor é bom! A bondade de Deus derrama-se em nós mediante o seu Amor infinito e onipotente. Vocês se recordam de como São João, ao resumir de algum modo a grandiosa experiência dos Apóstolos na sua amizade com Jesus Cristo, manifestou: *Nós conhecemos e cremos no amor que Deus nos tem*[45]. Também nós podemos assegurar que, em muitas ocasiões – diria que constantemente –, *conhecemos*, experimentamos esse Amor de Deus de um modo tão palpável que poderíamos afirmar que a fé quase não é necessária para reconhecer que Deus nos ama. Minha filha, meu filho, pense na sua própria vida, pense na história da Obra e de toda a Igreja... Não é verdade que, em inúmeros detalhes, o amor de Deus por você acaba sendo tão patente que pode exclamar com São Paulo, como algo

---

(45) 1 Jo, 4, 16.

quase evidente: o Senhor *dilexit me et tradidit semetipsum pro me*[46] –amou-me e entregou-se por mim?

Mas aquelas palavras de São João têm uma segunda parte: não testificam somente que os Apóstolos *conheceram* o amor de Deus; acrescentam que esse amor divino foi *crido* por eles. Todos nós temos também experiência abundante de como, com muita frequência, os caminhos da Providência divina – os que nos parecem favoráveis e os adversos – superam de tal modo a nossa inteligência que somente com um ato de fé rendida – sem ver nem entender! – percebemos o que são: manifestações de um Amor que tudo sabe e tudo alcança. Minhas filhas e meus filhos, meditemos frequentemente neste ponto essencial do cristianismo – inseparável do sentido da filiação divina –, que o nosso queridíssimo Padre encarnou de um modo impressionante e que o urgia a repetir em qualquer acontecimento humanamente duro: «*omnia in bonum!*» e também «Deus sabe mais!».

O Senhor concedeu ao nosso Fundador, desde quando era muito jovem, uma fé inabalável no amor de Deus, que o levava a considerar como *carícias* divinas tudo aquilo que lhe trazia um sofrimento. Por exemplo, em 24 de janeiro de 1932, rezava assim: «Jesus, sinto muitos desejos de reparação. O meu caminho é amar e sofrer. Mas o amor faz que eu me alegre no sofrimento, até o ponto de parecer-me impossível agora que alguma vez eu possa sofrer. Já o disse: não há quem me dê um desgosto. E acrescento ainda: não há quem me faça sofrer, porque o sofrimento me dá gozo

---

(46) Gl 2, 20.

e paz...»[47] Meus filhos, não pensem que essa fé gigante do nosso Padre eliminava as dores da sua alma e do seu corpo. A contradição e o padecimento estiveram constantemente presentes no seu caminhar terreno, também quando dirigia ao Senhor essa oração que acabo de transcrever. A fé não nos tira o sofrimento, mas concede-nos a capacidade de nos deleitarmos nessa dor, precisamente porque, com a fé, o Senhor nos confere a certeza de que, *também nesses momentos*, somos objeto de uma Providência divina, onipotente e cheia de amor. Como São João Crisóstomo nos ensina, «quem sabe tudo o que sofreis e pode impedi-lo, se não o impede, é evidente que não o impede por providência e cuidado que tem por vós»[48]. E, sobretudo, a fé no amor de Deus por nós nos animará a abraçar a Cruz do Senhor com a alegria íntima, sobrenatural, de nos sabermos corredentores com Ele e nEle.

Tudo é para o bem, porque tudo está nas mãos de quem tudo domina e nos ama com imensa ternura. Meditem nisso, e tomem consciência de que, como explica São Paulo, isso se cumpre naqueles que amam a Deus de verdade: *Diligentibus Deum, omnia cooperantur in bonum*[49]. A fé não nos conduz à passividade de um *providencialismo irresponsável*; pelo contrário, anima-nos a lutar com perseverança para correspondermos ao Amor com o nosso amor; só o pecado – que depende da nossa liberdade – é que, em si mesmo, não coopera para o nosso bem. Mas Deus mostra-se a nós tão grande, tão Pai – um Deus que

---

(47) São Josemaria, 24/01/1932, em *Apontamentos íntimos*, n. 582.
(48) São João Crisóstomo, *Homilias sobre o Evangelho de São Mateus*, 9, 3.
(49) Rm 8, 28.

perdoa! –, que vem sempre ao nosso encontro como o pai do filho pródigo; e se somos humildes e sinceros, se reconhecemos as nossas culpas e deixamo-nos abraçar pela misericórdia divina, o Senhor tira grandes bens das nossas próprias misérias, por meio da penitência.

A nossa fé no Amor de Deus por nós estimula-nos a corresponder a essa divina dádiva e transforma-se no fundamento firme da nossa esperança; dessa *esperança que não defrauda, porque a caridade de Deus foi derramada nos nossos corações por meio do Espírito Santo*[50]. Temos de caminhar sempre com essa segurança que nos anima a trabalhar com alegria – *spe gaudentes*[51] –, com a perseverança do burrico de nora[52], ainda que em alguma ocasião não se vejam os frutos e, pelo contrário, as dificuldades pareçam agigantar-se. Minha filha, meu filho, a esperança é sinônimo de alegria santa, porque contamos com o Senhor, e Ele não perde batalhas. Você se dedica ao seu apostolado com essas disposições? Defende a doutrina da Igreja com essa certeza? Empenha-se em não se render a uma cultura sem Deus, a distrações e espetáculos carentes de moral? Se nos curvamos, se não nos rebelamos santamente contra este mundo sem Deus, se ficamos encerrados nos nossos Centros, na nossa fraternidade, atrevo-me a dizer que não estamos fazendo o Opus Dei que o Senhor exige de nós, o Opus Dei que as almas nos pedem.

Há muitos anos, para prevenir-nos contra um possível desalento no nosso trabalho apostólico, o nosso Pa-

---

(50) Rm 5, 5.
(51) Rm 12, 12.
(52) Cf. Josemaria Escrivá, *Caminho*, n. 998. (N. do E.)

dre deixou-nos indicado: «*Trabalhai, cheios de esperança*: plantai, regai, confiando naquele que dá o incremento, Deus (1 Cor 3, 7). E quando o desalento vier, se o Senhor permitir essa tentação; ante os fatos aparentemente adversos; ao considerardes, em alguns casos, a ineficácia dos vossos trabalhos apostólicos de formação; se alguém, como Tobias pai, vos perguntar *ubi est spes tua?*, "onde está a tua esperança?"..., levantando os vossos olhos sobre a miséria desta vida, que não é o vosso fim, dizei-lhe como aquele varão do Antigo Testamento, forte e esperançado *quoniam memor fuit Domini in toto corde suo* (Tb 1, 13), porque sempre se lembrou do Senhor e o amou com todo o seu coração: *Filii sanctorum sumus, et vitam illam expectamus, quam Deus daturus est his, qui fidem suam nunquam mutant ab eo*; somos filhos de santos, e esperamos aquela vida que Deus há de dar aos que nunca abandonaram a sua fé nEle (Tb 2, 18)»[53].

Filhos de santos! Bem podemos rezar assim, pensando no nosso queridíssimo Padre. A esperança apoia-se em Deus como no seu único fundamento, mas, além disso, junto de Nossa Senhora – *Spes nostra* –, encontramos também no nosso Fundador uma manifestação íntima e bem sólida desse fundamento da nossa esperança. Minha filha, meu filho, quando, nas batalhas da sua alma e do trabalho apostólico, o desalento pretenda insinuar-se, de um modo ou outro, volte os seus olhos para o nosso Padre, para a eficácia que Deus concedeu à sua vida interior e à sua imensa atividade apostólica; recorra à nossa Mãe por intercessão dele... e encha-se de esperança! Com fidelidade renovada,

---

(53) São Josemaria, *Instrução*, 09/01/1935, n. 19.

recomece a pôr em prática os meios bem determinados que o nosso Fundador nos legou para que a Obra de Deus se realize em você mesmo e no mundo.

A nossa fé no Amor de Deus por nós – que, com esperança segura, nos leva a exclamar *«omnia in bonum!»* – não impede que vejamos as dificuldades nem nos poupa do sofrimento deste longo *«tempo de prova»* pelo qual a Igreja passa. Quanto o nosso Padre sofreu! Se toda a sua existência esteve marcada pela Cruz, o último período da sua vida talvez tenha sido o mais doloroso, por causa do seu imenso amor ao Corpo místico de Cristo, tão maltratado na sua doutrina, nos seus sacramentos, na sua disciplina... Mas recordem que, no meio daquela autêntica paixão, o Senhor quis que notasse a sua presença de modo especial; concretamente, no dia 8 de maio de 1970, fez ressoar na alma do nosso Padre uma locução divina precisa: *«Si Deus nobiscum, quis contra nos?»*[54] Era uma confirmação extraordinária da fé em que o Senhor jamais abandona a sua Igreja, e, simultaneamente, da certeza na proteção divina sobre a Obra, precisamente para o serviço da Santa Igreja, que é a única coisa que nos importa. Algum tempo depois, o nosso Fundador referia-se a esse presente do Céu, procurando passar pessoalmente inadvertido: *«Si Deus nobiscum, quis contra nos?*, dizia o Senhor a uma criatura, com uma *locução* que não se faz com ruído de palavras, mas bem precisa. Se Deus está conosco, quem estará contra nós? Por isso, temos de ser otimistas e alegres. A nossa alegria e o nosso otimismo são oração, porque temos a segurança de que ninguém pode prevalecer contra o Senhor. *Si Deus*

---

(54) Cf. Rm 8, 31.

nobiscum, quis contra nos? E atrevo-me a afirmar que *Deus nobiscum*: Deus está conosco»[55].

Assim, minha filha, meu filho, sigamos em frente! E se, em algum momento, você notar que essa esperança segura e alegre se obscurece na sua alma, reze logo *Domine, adauge nobis fidem, spem, caritatem!*, «Senhor, aumenta-nos a fé, a esperança, a caridade»: aumenta em mim, especialmente, a fé no Amor que Tu tens por mim.

A vida cotidiana de Nossa Senhora, vivida com amor, preparou-a para mostrar-se forte e serena junto à Cruz e recorda-nos o valor das coisas pequenas

1º de setembro de 1988

Por ocasião das festas da Natividade de Nossa Senhora e da sua fidelidade junto à Santa Cruz, desejo simplesmente sugerir a vocês que nos preparemos para entrar no novo ano da Obra com uma nova entrega, pela mão de Santa Maria; caminharemos todos unidos por meio dessa resposta pessoal à vocação, que renovaremos com profundo agradecimento a Deus, com ânsias de correspondência fiel, porque Ele nos buscou.

Não nos cansemos de voltar os olhos a Santa Maria; cada dia nosso deve ter esse matiz mariano. Ao comemorarmos a sua Natividade, que a Igreja celebra no dia 8 [de setembro], vemo-la como a criatura nova por excelência: a primícia da Redenção, a filha de Deus cheia de

---

(55) São Josemaria, *Notas de uma reunião familiar*, 31/10/1971 (AGP, biblioteca, P01, 10-1971, pág. 15).

graça, escolhida desde a eternidade. Com o seu *fiat*, vem à humanidade o Redentor Jesus, que se fará Pão de Vida eterna para quem o comer e viver segundo os seus mandamentos, ensinamentos e chamadas: este Cristo, Senhor Nosso, formado em Maria pelo Espírito Santo.

É lógico que pensemos, que participemos da densidade dos acontecimentos que se sucedem desde o nascimento da Virgem Santíssima, até a hora em que a acolhemos – bendito dom da Misericórdia divina –, com João, como Mãe, ao pé da Cruz de Jesus Cristo. Meditemo-lo bem: a Trindade escolheu uma criatura excelsa – mas criatura como nós! – para que se encarnasse nas suas entranhas o Filho de Deus, que vem ao mundo para realizar a Redenção; assim, por meio da resposta de Maria, a plenitude dos tempos chega a todos nós. Nesse punhado de anos, acontecem os dias mais importantes da história humana. E toda essa história riquíssima começa com a pequena semente que Deus lança na terra: através da vida de uma Mulher, primeiro criança, depois adolescente, finalmente mulher cheia de maturidade, que é sempre a obra-prima do Amor Misericordioso de Deus, para que os outros – você e eu – a imitem. «Tudo o que é grande começou por ser pequeno»[56], repetia o nosso queridíssimo Padre. A Santíssima Trindade também quis que a inigualável epopeia da Redenção se amoldasse a essa lei do nosso mundo. Minhas filhas e meus filhos, aprenderemos de uma vez por todas que os passos de Deus transcorrem por essas humildes e grandiosas sendas, e que os seus maiores portentos – os acontecimentos da nossa salvação – tive-

---

(56) Josemaria Escrivá, *Caminho*, n. 821.

ram uma gestação longa, imperceptível a muitos olhares, cresceram na pobreza, arraigaram no que é humilde, que passa inadvertido a muitos que se tem por sábios?

Ao contemplar o nascimento de Santa Maria, peçamos ao Espírito Santo esta grande luz: saber valorizar a grande potência redentora de «muitos poucos», do cotidiano, repetido e humilde, feito por e com amor. Reparem como o que é pouco constitui a trama firme que torna possível a grandeza e o heroísmo. Seria um erro colossal a ideia, o pensamento de que essa senda significa renunciar a horizontes elevados ou conformar-se com a mediocridade. Ao contrário, nesse caminho seguro, *iter tutum*, esconde-se – mas brilha diante de Deus – o grande heroísmo de um apostolado eficaz para esse *mar sem margens* dos nossos sonhos diários. O desprezo daquilo que é pouco impede que os anelos vivos de Redenção se convertam numa realidade incisiva, nesse *quid divinum* [algo divino], próprio de todas as circunstâncias, que, com a graça, afeta e transforma a vida dos homens e das mulheres desta terra. Por isso, peço à Virgem Menina que você e eu entendamos cada vez melhor a profundidade bíblica contida na advertência do nosso Padre: «Erraste o caminho se desprezas as coisas pequenas»[57], porque o próprio Deus buscou, como modelo claro, essa via para redimir-nos. Por isso, o nosso Padre afirma rotundamente: «A perseverança nas pequenas coisas, por Amor, é heroísmo»[58]. Esta é a perseverança grandiosa que contemplamos em Maria, que a conduzirá até o heroísmo de permanecer firme junto à Cruz do seu

---
(57) Josemaria Escrivá, *Caminho*, n. 816.
(58) *Idem*, n. 813.

Filho, para depois reunir ao seu lado os discípulos que se dispersaram na hora amarga, quando tudo parecia perdido, e assim abrir caminho à Igreja que nasce.

Assim, olhem para esta Menina, cuja história vocês conhecem bem; compenetrem-se do seu amor heroico através da sua lealdade cotidiana, nas coisas correntes, ao Senhor; e obterão luz para se verem por dentro e para verem, segundo a medida de Deus, o mundo que nos rodeia e que espera ansiosamente *a revelação dos filhos de Deus*[59]; isto é, que a identidade cristã de vocês se manifeste claramente e sem ambiguidades nas suas obras diárias, também nessas ocupações que ninguém além do Senhor contempla. Filhos, jamais podemos ocultar-nos no anonimato de um plural que elimine a responsabilidade pessoal ou no anonimato de uma situação a que não damos importância. Temos de conservar sempre à flor da pele aquele grito do nosso Padre: «*Meu exemplo!*», com o qual esporeava constantemente – também na hora do cansaço ou da aridez – a sua própria consciência, a fim de dar-se mais e mais generosamente, pensando na santificação daqueles que conviviam com ele.

Eu, que faço? Durante este mês, que fiz para levar a luz de Cristo ao ambiente onde trabalho? Que incidência tem a minha fé cristã nos meus afazeres atuais e nos ambientes que frequento? Minhas filhas e meus filhos, insisto: olhem para Maria, contemplem a admirável grandeza do seu Coração e a transparência da sua alma, e vocês desejarão que se cumpra em cada pessoa, em todas, aquilo que rezamos na Missa de Santa Maria: *servir dig-*

---

(59) Rm 8, 19.

namente – fielmente – *o mistério da nossa Redenção*[60]. Todos nós temos de servir nas realidades concretas de cada dia; difundir a chamada à santidade entre os homens por meio de um apostolado que não tem parênteses, porque ocupa toda a nossa existência, todo o nosso caminhar, sem solução de continuidade. Detenhamo-nos na contemplação da atitude desta Virgem Imaculada, que se aproximará, fiel e firme, até o pé da Cruz, porque, sempre serena, atravessou as horas das grandes alegrias, as das enormes dores e as aparentemente banais.

Assim a veremos na festa de 15 de setembro. Junto à Cruz, na hora da dura prova e da grande dor, Maria mostra-nos a consistência da sua fé e a fidelidade do seu Amor. A firmeza da sua fé e a riqueza do seu amor sem limites fazem-na superar essa prova, assumindo-a na sua alma – transpassada pela espada da dor – como a grande ocasião para cooperar com o seu Filho na consumação da Redenção da humanidade, porque assim o Senhor respondeu nas mais diversas circunstâncias.

Minhas filhas e meus filhos, não afastem os olhos deste exemplo de fidelidade firme e terna. Com Santa Maria, aprendemos a assumir a dor, aquilo que mais pode custar-nos nesta vida, participando nesse horizonte grandioso de Redenção, que, por sua grande força, nos liberta das cadeias e opressões do pecado. Quando chegar a hora da dor – a doença, a incompreensão, a humilhação, o peso dos próprios erros, algo que custe mais que o habitual –, enfrentem esses momentos com firme visão de fé, por-

---

(60) Missal Romano. Comum de Nossa Senhora, Missa n. 1 para qualquer tempo (Oração depois da comunhão).

que Cristo nos espera aí. É Ele que perpetua a sua Paixão nos membros do seu Corpo, para a salvação de muitos. E, como no Gólgota, reajam com a convicção de que Maria está ao nosso lado nessas horas, para oferecermos esse sacrifício pela Redenção dos homens.

Minhas filhas e meus filhos, amem muito a Santa Cruz. No dia 14 [de setembro], quando enfeitarem a cruz com flores, pensem que o melhor adorno para ela é o amor com que compartilhamos esse jugo divino com Cristo. Deixem pesar-lhes nas almas o quanto nosso mundo precisa das graças da Cruz! Quantos ainda a ignoram ou se afadigam para não a pôr sobre os ombros, para não acolhê-la! Você e eu não podemos desanimar diante das grandes ou pequenas debandadas que sempre ocorreram na história humana, e não podemos tolerar que o vigor da alma se entorpeça com lamentos estéreis. Toda a nossa passagem pela terra é tempo para testemunharmos com obras o Amor Misericordioso de Cristo por todos nós; a luz, a paz, a novidade de vida que se inaugura com o mistério da Cruz. Com a ajuda da graça, essas obras devem ser fruto da nossa sede de almas; filhos, não podemos viver tranquilos se não trabalhamos perseverantemente para atear o fogo de Cristo em quem está ao nosso redor, anunciando-lhes que Cristo morreu com o fim de trazer uma nova vida a todos os homens e mulheres. Vamos rezar mais, vamos amar mais, vamos trabalhar mais, para mostrar a grandeza da nossa vocação cristã com fatos, com um *sim* firme e constante aos requerimentos de Deus.

Uma vez mais, peço a Nossa Senhora que nos obtenha fortaleza de fé e firmeza de amor, para trabalharmos com ímpeto sempre jovem, com o amor resoluto de pessoas enamoradas nessa sementeira apostólica, para que possa fertilizar os campos mais variados deste nosso mundo. Os obstáculos que surgem ante qualquer atividade espiritual não podem apequenar o nosso ânimo, pois temos de recordar que o encontro com Cristo passa necessariamente pela Cruz. Recordem que Jesus também padeceu contradição, incompreensões, sofrimentos morais e físicos, mas sabia que para vencer, para dar-nos a verdadeira felicidade, devia entregar toda a sua vida pela nossa salvação. Saboreiem também a certeza de que, depois da Cruz, vem a Ressurreição, a vitória do poder e da misericórdia de Deus sobre as nossas pobres misérias, a alegria e a paz que esta terra não nos pode dar. Filhas e filhos, é hora de que animemos muitos a escolher esta nova vida que tem a sua fonte em Cristo.

Vivemos bem unidos a Deus, cumprindo a sua Vontade a todo momento. O importante não é ter sucesso, mas santificar-se. Recomponhamos a unidade de vida, se alguma vez pareça quebrar-se

1º de setembro de 1990

A ponto de se completarem quinze anos do dia em que o Senhor quis pôr sobre os meus ombros o jugo suave e a carga ligeira de ser o primeiro sucessor do nosso Padre, volto a recordar-lhes que conto com a fortaleza da sua fidelidade cotidiana para cumprir a minha missão de bom pastor como Deus quer; faz-me falta a renovação diária da sua entrega a Deus, e da minha, para levarmos adiante esta empresa divina, que «o céu está empenhado em que se realize»[61] – não o esqueçamos nunca! –, como Deus dispôs desde 1928.

Sim, minhas filhas e meus filhos: para mim, o melhor apoio – diria que o verdadeiro –, a alavanca mais poderosa para *mover* o Coração de Nosso Senhor e *arrancar* dele todos os bens que Ele deseja conceder-nos é que, diante de Deus, aprimoremos a nossa resposta à vocação, no grande e no pequeno. Assim como o nosso queridíssimo Fundador, acrescento que me adorno dessa luta e das virtudes de vocês quando apresento ao Senhor, cada dia, as múltiplas necessidades da Igreja e do seu – do nosso! – Opus Dei. Por isso, tenham presente que a lealdade de cada um e de cada uma às exigências concretas da chamada tem muita transcendência não só para si mesmo, mas para todos nós. «De que tu e eu nos portemos como Deus quer – não o esqueças – dependem muitas coisas grandes»[62].

Como estamos enamorados do Senhor, esse afã de corresponder com delicadeza e determinação à Vontade divina acaba por não ser trabalhoso. É tão belo amar e saber-nos amados! O nosso coração e as nossas potências, todo o nosso ser, estão habitualmente cheios de alegria e de paz, prêmio que o nosso Pai-Deus concede aos seus filhos que são fiéis. «À medida que não estimamos nada desta terra nem de nós mesmos mais do que estimamos o Amor de Deus, somos necessariamente felizes; porque a infelicidade começa quando se coloca na frente o ídolo do eu, da soberba, da ambição, da profissão,

---

(61) São Josemaria, *Instrução*, 19/03/1934, n. 47.
(62) Josemaria Escrivá, *Caminho*, n. 755.

da família, das ideias políticas; da própria visão pessoal, que pode estar equivocada. E nem se diga quando se trata da sensualidade»[63].

Assim o nosso Padre nos advertia numa das suas últimas Cartas, cujos repiques ainda escutamos no fundo da nossa alma. Recordo-lhes com insistência, para que ninguém o esqueça, e especialmente para que salte aos nossos olhos quando chegar o momento – que necessariamente se apresenta na nossa vida, de um modo ou de outro –, que percebamos com mais força o peso da Cruz de Cristo na nossa carne e na nossa alma. Filhos, saibam que é um peso que não esmaga, pois Jesus o carrega conosco; na verdade, se o permitimos, Ele carrega o desagradável, ao mesmo tempo em que deposita nos corações a sua alegria e o seu consolo. Recordemos essa realidade particularmente neste mês [de setembro], ao celebrar a Exaltação da Santa Cruz, no dia 14, e formulemos propósitos de amar a Cruz, sendo homens e mulheres realmente penitentes. Ao caminhar com essa disposição, os nossos passos para seguir Cristo tornam-se para nós fonte das mais límpidas e nobres alegrias.

Às vezes, no entanto, por causa da nossa fraqueza, podemos sentir o lastro das limitações que – voluntariamente ou por negligência – tenhamos interposto na nossa correspondência aos assobios amorosos do Bom Pastor. Então, teria chegado o momento de meditar mais a fundo naquelas outras palavras do nosso Fundador. Falava-nos do *relictis omnibus* do Evangelho[64] e lembrava

---

(63) São Josemaria, *Carta,*, 17/04/1973, n. 8.
(64) Cf. Lc 5, 11.

-nos que, na navegação da nossa vida, quando as paixões se levantam e há o perigo de naufrágio, não cabe outra solução senão «abandonar tudo, o ouro, a prata, os móveis caros, as especiarias preciosas... O que conta é salvar a nave. Padre, dir-me-eis, isso acontece com frequência? Não, minhas filhas e meus filhos. E, além disso, quando o demônio vê que não obtém nada por meio desse procedimento, desiste de atacar desse modo.

«Filhos, humildes, entregues! Aceitai e amai esses condicionamentos e essas limitações, consequência de uma libérrima decisão nossa, que são também graça de Deus e que permitem que aguentemos *o peso do dia e do calor* (Mt 20, 12) enquanto trabalhamos pela Igreja. Por outro lado, ninguém se situa na vida de outro modo: só Deus não tem a sua liberdade condicionada»[65].

Quando, nas intenções e nas obras, sabemos dizer não a tudo o que nos afasta do nosso fim ou àquilo que poderia ser um obstáculo para vivermos muito perto do Senhor, a entrega torna-se mais madura, mais forte e luminosa, mais capaz de contagiar muitas outras pessoas. É então, com a graça, que a nossa liberdade se reafirma, porque ao escolher voluntariamente o que Deus nos pede, rejeitando aquilo que lhe desagrada, identificamo-nos mais e mais com Ele, fonte da verdadeira e única liberdade, que – reparem bem – alcançou para nós na Cruz, mediante o seu Sacrifício. «Por meio dessa liberdade, aceitamos as limitações que qualquer escolha traz consigo. Não existe nenhuma criatura na terra que não esteja condicionada, limitada. Aceitai sempre as limita-

---

(65) São Josemaria, *Carta,*, 17/06/1973, n. 11.

ções que vos mantêm no bom caminho. Não salteis as barreiras, porque do outro lado começa o descaminho, o precipício.

«Lutai, sobretudo, contra a soberba. Quando penseis ter toda a razão e sentis que vos irritais com alguém – especialmente com alguém que cumpre o dever de conduzir a comitiva, o que é mais difícil de acontecer –, abri o coração e pedi muita humildade a Deus! *Não deis lugar ao diabo* (Ef 4, 27)»[66].

Não esqueçamos que temos de viver *endeusados*, bem metidos em Deus. Todo o resto – saúde ou doença, bem-estar ou escassez, sucessos profissionais ou aparentes fracassos... – são apenas circunstâncias relativas, ocasiões e meios para realizar a nossa aspiração mais profunda. Meditem no clamor do nosso Padre: «Filhas e filhos queridíssimos, o que me interessa de vós é a vida sobrenatural da vossa alma; a vossa vida interior e as suas manifestações diretamente apostólicas. Outros sucessos, outras conquistas humanas parecem-me bem se vos levam a Deus, mas a Obra é completamente alheia a isso, que é tarefa vossa, de cada um de vós.

«Se, em algum caso extraordinário, aquela tarefa pessoal se tornasse um obstáculo, se pusesse em perigo a salvação da alma, se se levantasse uma tempestade naquele coração e começasse a preocupar-se mais pela carga que pelo barco..., então teria chegado o momento de ser heroico e lançar tudo pela borda, sem titubear.

«Mas se há vida de piedade, se guardamos os sentidos, se cultivamos habitualmente a humildade, é muito difícil

---

(66) *Idem*, n. 26.

que se apresente uma situação tão extrema. No entanto, convém conservar esta hierarquia de valores bem gravada no coração»[67].

Rogo a Deus, pela intercessão do nosso Padre, que em nenhum dos meus filhos nem em mim se ofusque essa clareza de ideias; o principal é a união com Jesus Cristo, a santidade pessoal, a luta decidida para cumprir a Vontade de Deus em tudo, a lealdade mais completa à nossa pertença ao Senhor no Opus Dei. Se esta ordem não estivesse nítida na nossa consciência – e isso aconteceria se permitíssemos que outros interesses, ainda que aparentemente nobre e retos, ocupassem o primeiro plano das nossas aspirações –, poderia efetivamente apresentar-se o risco contra o qual o nosso Padre nos prevenia.

Minhas filhas e meus filhos, permaneçamos assim vigilantes, a fim de perceber os primeiros sintomas dessa doença – uma falsa liberdade – tão disseminada hoje entre muita gente; descubramos *em tempo* as suas manifestações na nossa própria conduta e na daqueles que estão ao nosso lado, para os ajudarmos de modo oportuno. E recordem que *sempre é tempo* de pôr em prática os remédios que o espírito da Obra nos oferece.

Dirijo-me especialmente agora às minhas filhas e aos meus filhos que estão nos primeiros anos da sua atividade profissional, que talvez encontrem dificuldades para abrir caminho. No meio dos esforços que logicamente vocês devem empreender, não se esqueçam de que o *êxito* não consiste em obterem uma boa co-

---

(67) *Idem*, n. 32.

locação ou em desempenhar um papel brilhante, mas na fidelidade amorosa ao seu compromisso de amor. Trabalhando como quem mais trabalha, devem ter sempre presente que é Deus, Sumo Bem e Suma Beleza, a Quem buscam e a Quem servem. Porque *de que adianta alguém ganhar o mundo inteiro se perde a própria alma?* [68]; de que valeria uma situação profissional ou social brilhante, alcançada à custa de um esfriamento na entrega?

A *unidade de vida* para a qual o espírito da Obra nos conduz é o melhor antídoto para esse perigo. «Pensai nesta unidade de vida quando, com o passar do tempo, vos encontreis absorvidos por completo pela tarefa profissional. Deveis sentir a responsabilidade de quem tem de permanecer mais unido a Deus que ninguém, fazendo da profissão uma contínua ocasião de apostolado. Se, nesses anos de maturidade, a profissão fosse transformando-se como que num espaço isolado, onde os critérios apostólicos dificilmente têm acesso, teríamos de ver nisso um indício evidente de que a unidade de vida está quebrando-se; e seria preciso recompô-la. Seria preciso voltar a vibrar, isto é, seria preciso voltar à piedade, à sinceridade, ao sacrifício – prazeroso ou dificultoso – pelas coisas da Obra, do apostolado, a falar de Deus sem embaraços nem respeitos humanos»[69].

A vibração apostólica e proselitista, o afã de almas é o sinal mais claro de que nos negamos a reduzir a nossa atividade profissional a uma desculpa para perseguir fins

---

(68) Mt 16, 26.
(69) São Josemaria, *Carta,* 14/02/1974, n. 4.

pessoais, a algo que não pomos nas mãos de Deus nem identificamos com os seus planos. Uma vez e outra, aprofundem naquilo que o nosso Padre nos escrevia: «Todos os meus filhos – os jovens e os que já têm idade – podem e devem levar adiante os trabalhos da Obra. Se não sentissem esta responsabilidade, iriam embolorando-se pouco a pouco e converter-se-iam inevitavelmente em instrumentos imprestáveis. Então poderiam perder a vocação com muita facilidade.

«Todos nós temos de ocupar-nos num trabalho profissional sério, em tempo integral; e num trabalho apostólico também muito concreto e constante; além disso, temos de realizar aquele trabalho profissional com afã de almas, de modo que sirva para a própria santificação e para ajudar a santificar a outros»[70].

Minha filha, meu filho, pergunte-se neste momento que rastro apostólico está deixando no seu lugar de trabalho, no seu círculo de amizades, entre as pessoas com quem se relaciona mais de perto. Você faz com que suba a *temperatura espiritual* ao seu redor? No seu apostolado pessoal, mantém vivo o desejo de chegar cada dia mais longe e de ser como a pedra caída no lago, que provoca ondas concêntricas que se propagam em todas as direções?[71] Leva os seus amigos, as suas amigas, a frequentar os sacramentos e a direção espiritual com os seus irmãos sacerdotes? Convida-os a participar dos meios de formação que a Obra lhes oferece? Porque, como o nosso Fundador também nos advertiu, «seria uma triste inge-

---

(70) São Josemaria, *Carta*, 17/VI/1973, n. 32.
(71) Cf. Josemaria Escrivá, *Caminho*, n. 831.

nuidade enganar-nos, chamando de apostolado qualquer capricho pessoal, qualquer ocupação, com a desculpa de que é algo importante, de nível. Almas! Esta é a medida, o critério para sabermos se aquela atividade é verdadeiramente Opus Dei, *operatio Dei*, trabalho de Deus»[72].

Não podemos tirar férias no serviço a Deus; as épocas de descanso devem servir para crescer em amizade com o Senhor e aumentar o nosso apostolado

1º de julho de 1993

Com muita frequência, repito-lhes que o tema constante da minha oração se resume na plena fidelidade de cada uma e de cada um de nós: a perseverança até o último instante da vida no nosso serviço alegre e voluntário a Deus, segundo a vocação específica com que o Senhor nos chamou no seio da Igreja. Com palavras do nosso Padre, gosto de recordar-lhes que «nos espera, filhos, um trabalho imenso [...]. O Senhor não precisa de ninguém e precisa de todos nós, de modo que temos de pedir-lhe – mas de verdade! – que nos faça muito leais e perseverantes no apostolado. Há muita gente boa à nossa volta, e cada um de nós deve procurar não deixar-se arrastar pela corrente, não ficar para atrás: não podemos defraudar essas almas, que, além disso, seria defraudar a Deus»[73].

A fidelidade, a perseverança até o final é uma graça

---

(72) São Josemaria, *Carta*, 17/06/1973, n. 32.
(73) São Josemaria, *Notas de uma reunião familiar*, novembro de 1972 (AGP, biblioteca, P02, IV-1973, págs. 15-16).

que Deus não nega aos que lha suplicam sinceramente e põem da sua parte o *pouquinho* – o *tudo* – que lhes cabe: o esforço para corresponderem ao seu amor, renovado um dia e outro, normalmente nas coisas pequenas do dia. Nunca esqueçamos a «*fórmula de canonização*» – às vezes o nosso Padre se expressava assim – que Jesus Cristo emprega no Evangelho: *Euge, serve bone et fidelis...; muito bem, servo bom e fiel. Porque foste fiel no pouco* – nas coisas pequenas –, *Eu te confiarei o muito* – a glória eterna –: *entra no gozo do teu Senhor*[74].

Minhas filhas e meus filhos, realmente vale a pena esforçarmo-nos cotidianamente no serviço a Deus! *Com os olhos fixos em Jesus, autor e consumador da nossa fé*[75], renovemos cada manhã, com um *serviam!* [servirei] vibrante, o nosso compromisso de amor, os nossos desejos de caminhar a todas as horas bem perto do Senhor, procurando descobri-lo e amá-lo nas Normas, uma a uma, nessa pessoa que passa ao nosso lado, naquela tarefa que temos de encarar no cumprimento do nosso dever. Recordo-lhes mais uma vez no começo desta época, que, nos países do hemisfério norte – ainda que estas considerações valham para todos –, coincide com o verão e que, por essa razão, muita gente dedica em parte às férias. Porque, como dizia o nosso Padre, «é preciso dar fruto em tempo de descanso; trabalhar em outra coisa, mudar de ocupação. Nós não sabemos ficar sem fazer nada»[76].

---

(74) Mt 25, 23.
(75) Hb 12, 2.
(76) São Josemaria, *Notas de uma reunião familiar* (AGP, biblioteca, P01, V-1957, pág. 7).

Confesso-lhes que, com muita frequência, lanço um olhar aos anos da minha convivência com o nosso santo Fundador; ajuda-me muito pensar nas suas reações diárias, nas circunstâncias mais diversas. Havia sempre um afã de ser inteiramente de Deus, alma de oração contínua, filho fiel, transmissor leal, coração contrito, sacerdote que se desvelava por todos. A sua resposta era realmente o reflexo da jaculatória que repetia: *In manibus tuis tempora mea!*[77], todo o seu tempo era para Deus. Ao contemplar essa vida de santidade, penso em mim e penso em vocês. Agimos sempre diante de Deus? Todo o nosso tempo pertence ao Senhor? Procuramos ser mais apostólicos? Procuramos vencer o aburguesamento com uma mortificação contínua, com um espírito de penitência que mantém a alma desperta? Aceitamos as contradições de boa vontade, ainda que custem?

Minhas filhas e meus filhos, sei que sou repetitivo nestas cartas de família, mas faço-o de propósito, para que estas exigências se gravem firmemente nas almas de vocês. Não quero cansar-me de repetir-lhes estes convites, assim como o nosso Padre não se cansou, interrogando-nos em primeiro lugar com o seu exemplo e com a sua entrega ao Senhor, à Igreja, à Obra.

Em muitas ocasiões, o nosso Padre falou-nos da necessidade do descanso indispensável, que – assim como o trabalho – faz parte do plano de Deus para a criação. Com a sua prudência de governante e o seu coração de pai e de mãe, deixou-nos normas muito concretas, que sempre temos de procurar seguir. Ao mesmo tempo, te-

---

(77) Cf. Sl 30, 16.

mos de viver desprendidos também do descanso, plenamente abandonados nas mãos de Deus, que é um Pai que nos ama com loucura.

Entre as recomendações do nosso Fundador, desejo deter-me numa que é fundamental. Refiro-me a que, no serviço a Deus, nunca podemos tirar férias. Quantas vezes o nosso Fundador nos advertiu que o demônio está sempre ativo! Não descansa na sua triste tarefa de afastar as almas de Deus; e, nestes períodos de tempo, consegue o seu objetivo com mais facilidade, infelizmente. Não podemos cair nessa cilada, e temos de esforçar-nos para alertar também os nossos parentes e amigos, a todas as pessoas que estão em contato com o trabalho de formação da Prelazia. Por isso, repitam as palavras do nosso Fundador ao ouvido dos seus amigos e conhecidos, de modo que aproveitem o tempo dedicado ao descanso do melhor modo.

Nestas épocas, cuidem vocês mesmos, em primeiro lugar, de dar um novo ritmo ao seu relacionamento pessoal com Deus e ao seu afã apostólico, de acordo com as circunstâncias concretas nas quais cada um se encontrar, sempre com o anseio de crescer em vida interior. A própria mudança de atividade, típica destas semanas, se for encarada nessa perspectiva, os ajudará a propor-se metas concretas no apostolado, na atenção à família, no aproveitamento do tempo e na necessária formação cultural, que é indispensável para o cumprimento do nosso fim, como nos é recordado no Círculo todas as semanas.

Gostaria de deter-me concretamente numa das possibilidades que as férias nos oferecem: aproveitá-las para intensificar os laços de amizade que nos unem a outras pessoas e para multiplicar o número de amigos, com o objetivo de aproximá-los de Deus e dos meios de formação da Obra. Todos nós podemos e devemos chegar a mais, porque a graça que o Senhor nos concede é muitíssimo abundante. Para tanto, utilizemos o apostolado epistolar – como é fecunda a experiência do nosso Padre! – e todas as ocasiões que se nos apresentem, até aquelas que podem parecer mais insignificantes, como as viagens, para tentar estabelecer um diálogo apostólico com as pessoas com quem coincidimos. Não esqueçam que, nestas épocas, muita gente deixa o Senhor ainda mais de lado. Desagravemos, porque, se não tivéssemos nos encontrado com Deus, nós também poderíamos cair nas mesmas faltas; alimentemos o desejo de recristianizar a diversão; peçamos que as almas saiam do lodaçal e se convertam. Que panorama fascinante se apresenta diante dos nossos olhos para sermos mais fiéis, mais de Deus, mais Opus Dei!

Aos que participam nestes dias de Convívios e Cursos anuais[78], animo-os a que vão «com o entusiasmo da primeira vez», com o desejo de redescobrir o espírito *«sempre velho e sempre novo»* da Obra, e a pô-lo em prática com empenho renovado. Minhas filhas e meus filhos, aproveitem muito bem o esforço realmente grande que a Obra emprega, como boa Mãe, para proporcionar-nos esses dias de formação, descanso e vida em família mais intensa, preocupando-se uns com os outros com caridade vigilante.

Às minhas filhas e aos meus filhos Supernumerários,

---

(78) Trata-se de meios coletivos de formação espiritual e doutrinal, a que os fiéis da Prelazia assistem anualmente durante um período de tempo variável, de acordo com as circunstâncias pessoais. (N. do E.)

e a todos, pergunto-lhes ao ouvido: em que você pensa e como se empenha para elevar o tom cristão do ambiente em que se encontra? Que planos organiza para o período de férias, em que frequentemente há uma mudança de domicílio? Você se propôs levar o espírito da Obra a um novo círculo de pessoas, talvez em conjunto com algumas irmãs ou irmãos seus que se encontram nas mesmas circunstâncias? Como resolve a amável obrigação de frequentar assiduamente os meios de formação também nessas semanas, e até mesmo de ampliar o raio de ação apostólica? Peça luzes ao nosso amadíssimo Padre, insista na oração e verá como as possíveis dificuldades não só se resolvem, mas se transformam no início de uma nova onda expansiva, que levará o nosso espírito – o espírito da Obra – mais longe do que pensávamos.

Em meados do mês [de julho], no dia 16, celebraremos a festa de Nossa Senhora do Carmo. Em muitos lugares, é Padroeira do povo do mar, à qual recorrem em todas as suas necessidades, especialmente nos perigos e tempestades. A nossa vida também é uma longa navegação, na qual – como lhes recordava ao princípio – o que realmente importa é chegarmos ao porto seguro da vida eterna, à glória do Céu. Como nesta viagem não faltam tempestades, é lógico que recorramos com muita confiança a Nossa Senhora *Stella Maris*, a estrela que ilumina as noites da nossa existência, que indica a rota segura nos momentos de escuridão que possamos atravessar. Confiem à sua intercessão maternal e eficacíssima – Ela é a *Onipotência Suplicante*, que obtém de Deus tudo o que lhe implora – a perseverança até o fim, até a vida eterna, de todos e de cada um dos membros da nossa família sobrenatural.

Aproveitemos o tempo para melhorar a nossa formação cultural e profissional, mas vivendo sempre as medidas de prudência cristã

1º de julho de 1990

Há poucos dias, comemoramos um novo aniversário da ida do nosso Padre ao Céu. Com que agradecimento oferecemos o Santo Sacrifício em louvor e glória da Santíssima Trindade pelos inumeráveis dons naturais e sobrenaturais com que cumulou o nosso Fundador e pelos constantes favores e graças que nos dispensa mediante a sua intercessão! Vamos renovar essa gratidão, que, como sempre lhes recordo, deve ser *operativa*: deve traduzir-se no esforço constante para fazermos carne da nossa carne, vida da nossa vida, todos e cada um dos elementos que configuram o nosso espírito.

O espírito do Opus Dei estimula-nos a valorizar tudo o que há de nobre, grande e verdadeiro nesta nossa terra. Como o nosso Padre afirmava, amamos o mundo «*apaixonadamente*», e nenhuma conquista humana – nenhum bem digno do homem – nos é alheia; assumimos sinceramente como nossas as penas e as alegrias, os êxitos e os fracassos desta humanidade a que pertencemos e na qual contribuímos – cada um no seu próprio ambiente – para desenvolver as excelentes potencialidades que o Criador depositou na natureza humana.

Essa consideração traz-me à memória a atitude permanente do nosso Padre, que sempre rezava a Deus pelas pessoas destes recantos de Roma e de qualquer lugar onde se encontrasse, trabalhando e servindo a todos com fome de ajudar todas as almas. Nenhuma criatura humana, nenhum acontecimento o deixava indiferente; lutava para impregnar todas as circunstâncias de sentido sobrenatural. E confesso-lhes que, às vezes, me pergunto: os seus filhos – você e eu – seguem esse mesmo modo de proceder?

Além disso, por causa da nossa vocação ao Opus Dei, o Senhor espera de nós que – sem hesitações, com clareza, com respeito pelos outros, mas com valentia – façamos campear a sua insígnia – a Santa Cruz – no cume de todas as realidades nobres. Esse divino encargo move-nos a estar mais abertos a tudo o que há de bom nesta sociedade em que estamos bem inseridos e a melhorar constantemente a nossa preparação profissional no trabalho específico que cada um desempenha. Além disso, recordemos que cada semana somos convidados a examinar como nos esforçamos para melhorar a nossa formação cultural e profissional, meio indispensável para o cumprimento do fim que Deus nos confiou ao chamar-nos à sua Obra.

Vem espontaneamente à minha memória de novo a figura do nosso queridíssimo Fundador, que também nesse campo – assim como em todos – apresenta-se a nós como exemplo que ilumina. Desde pequeno, o nosso Padre preocupou-se em adquirir e desenvolver uma profunda formação intelectual e humana. Sempre teve um grande apreço pelas obras mais eminentes do pensamento e uma grande atração pela boa literatura, pela arte, pela ciência. Nesse acervo cultural que se transmite de geração em geração, fruto da engenhosidade e do trabalho dos homens, o nosso Fundador reconhecia os valores genuinamente humanos e sabia identificar os vestígios de Deus, que nos criou à sua imagem e semelhança e nos elevou à dignidade de filhos seus. Assim como o nosso Padre, nós também enchemo-

-nos de entusiasmo por todas as realizações humanas nobres e procuramos aumentar a nossa cultura humana, a fim de sermos melhores instrumentos de Deus e, do lugar onde estamos, oferecer-lhe também as realizações nobres dos homens, ainda que os interessados não se proponham a isso.

Minhas filhas e meus filhos, com afã de aprofundar na sua formação, aproveitem muito bem os períodos de férias, as horas de folga, os tempos de descanso, para melhorar a sua preparação e trabalhar sempre com anseio de serviço. É questão de fazer render o tempo; com ordem, conseguirão tempo para ler – há tantos livros que valem a pena! –, de modo que irão adquirindo e aumentando a sua preparação intelectual ou manual, que lhes tornará mais fácil introduzir a doutrina de Cristo em qualquer ambiente, com *dom de línguas*.

No entanto, essa abertura de mente e de coração, conatural ao nosso espírito, não deve levar-nos a esquecer que nem tudo é bom trigo no grande campo do mundo. Também a palha é abundante, e até mesmo, infelizmente, a cizânia que o inimigo de Deus se encarregou de semear a mãos cheias[79]. Neste nosso caminhar, ombro a ombro com os outros, não tem cabimento uma atitude ingênua; nem podemos permitir que, sob a aparência de grão de qualidade, alguém pretendesse fornecer-nos semente ruim, tanto no âmbito profissional como no cultural.

Como o nosso Padre já nos advertiu com clareza, essa semeadura desgraçada é obra permanente do demônio, que, nestes anos, continua o seu trabalho per-

---

(79) Cf. Mt 13, 24 ss.

nicioso descaradamente. «*Satanás se transfigura em anjo de luz* (2 Cor 11, 14) [...]. E para a formação da inteligência dos apóstolos, propõe ideias que, na verdade, a deformam. Não nos deixemos enganar. Para curar doentes, basta ser médico, não é preciso contrair a mesma doença. Procuramos e procuraremos sempre melhorar a nossa preparação intelectual, mas isso não quer dizer que tenhamos de ingerir todas as beberagens envenenadas que se fabricam, ainda que muitos as fabriquem e muitos as bebam»[80].

Aquelas últimas *badaladas* do nosso Fundador, tão maternas e tão paternas, orientavam-se a pôr-nos em guarda frente ao indiscriminado anseio de provar todas as novidades que se produzem no campo da filosofia, da teologia, da literatura, da história... Com luz de Deus, com grande prudência e fortaleza, o nosso Padre tomou uma série de precauções que se mostraram eficacíssimas, e pelas quais lhe devemos redobrado reconhecimento, pois contribuíram decisivamente para *vacinar-nos* contra os germes que pululam por tantas partes; ao mesmo tempo, sabemos que somos homens e mulheres débeis, capazes de todos os erros e de todos os horrores, se nos soltamos da mão do Senhor.

Vocês sabem – esta é a minha vontade – que continuam de pé todas as disposições que, depois de meditar as coisas na presença de Deus, o nosso Fundador nos deu no exercício da sua missão de bom pastor: normas bem precisas em relação às leituras, à assistência a espetáculos

---

(80) São Josemaria, *Carta*, 17/06/1973, n. 14.

etc.[81] Não pensemos que já passaram as circunstâncias que levaram o nosso Padre a comportar-se desse modo, porque nos enganaríamos de maneira muito infeliz; as insídias contra a fé levantam-se constantemente, agravadas, além disso, por um clima de relativismo e até mesmo de rejeição do Magistério da Igreja, em favor de um falso conceito de liberdade.

A *vacinação* e *revacinação* contra as doenças mais habituais do espírito são simplesmente questão de fidelidade a Deus, que traz consigo a eficácia sobrenatural. Todos nós experimentamos as consequências do pecado original, «uma certa inclinação para o mal e para o erro. Por outro lado», escrevia o nosso Padre, «existem os nossos pecados pessoais, as misérias que cada um de nós quis contrair. Esses bacilos esperam apenas uma debilitação do organismo, que as próprias defesas diminuam, especialmente se o ambiente que devemos frequentar é insalubre.

«O nosso organismo debilita-se e a doença faz dele presa sua, se descuidamos da vida interior, da oração e da mortificação; se não procuramos receber convenientemente a graça santificante nos sacramentos da Penitência e da Sagrada Comunhão; se nos afastamos da proteção maternal de Nossa Senhora; se não nos esforçamos no exercício das virtudes sobrenaturais, que são como que as faculdades desse organismo; se deixamos de pôr *todos* os

---

(81) Pedir conselho e assessoramento para leituras que possam pôr em perigo a fé, e seguir as normas que orientam o ensino da teologia segundo o Magistério eclesiástico, continuam a ser determinações vigentes para toda a Igreja Católica (cf., por exemplo, Código de Direito Canônico, cân. 827). Dom Álvaro se refere nesta passagem a algumas concretizações, feitas por São Josemaria ou por ele mesmo, dessas indicações mais gerais para que fossem seguidas no exercício da própria liberdade. (N. do E.)

meios sobrenaturais que as nossas Normas nos proporcionam. Num clima contaminado, um homem débil já é praticamente um doente»[82].

No espírito da Obra, graças a Deus, «temos toda a farmacopeia»[83], o antídoto conveniente e os remédios precisos para manter e aumentar a nossa saúde espiritual no meio de qualquer situação em que nos encontremos, sempre que não nos ponhamos voluntária e desnecessariamente em perigo de nos afastarmos do Senhor. O nosso espírito de filhos de Deus, de contemplativos no meio do mundo, vivido em plenitude, implica tudo aquilo de que necessitamos para corresponder em cada instante como fiéis apóstolos de Cristo Jesus. Mas é preciso que sejamos *dociliíssimos* às indicações que nos dão na direção espiritual – coletiva ou pessoal, minhas filhas e meus filhos –, sem nos deixarmos enganar por falsas desculpas de naturalidade, de eficácia apostólica, de exigências profissionais ou familiares..., que, às vezes, podem ser vistas como circunstâncias que nos eximem das normas que o nosso Fundador indicou e que eu, como sucessor dele e Padre de vocês, confirmei desde o primeiro instante. As palavras que escreveu numa das suas últimas Cartas, a propósito da grande tempestade que castigava a nave de Pedro, mantém pleníssima atualidade: «Podemos estar muito sossegados e muito serenos, porque a tempestade passará. Basta que nos mantenhamos bem unidos, basta que nos mantenhamos fiéis e obedientes no pequeno.

«O pequeno é não ler livros de pessoas *que se chamam*

---
(82) São Josemaria, *Carta,* 17/04/1973, n. 15.
(83) São Josemaria, *Carta,* 24/03/1931, n. 14.

teólogos – porque se autodenominam assim – e que atacam a fé. O pequeno é guardar os sentidos, não ir por aí esparramados; sem esquisitices, com fortaleza, com naturalidade, mas sem concessões. O pequeno é pôr o sal e a graça de uma mortificação minúscula, que passa inadvertida, em cada ação, com amor»[84].

Levanto o meu coração cheio de agradecimento a Deus pela obediência e pela fidelidade com que essas normas foram e são seguidas na Obra, fruto da caridade pastoral do nosso Padre. Quis recordá-las para que vocês aprimorem sempre o modo de cumpri-las. «Assimilai bem e transmiti esses critérios e esses conteúdos doutrinais, que aumentam a nossa capacidade de discernimento nestes momentos de confusão. Ao mesmo tempo em que são como uma poderosa fortificação para defesa do dom precioso da fé e para a integridade da vida cristã, também são uma ocasião de catequese, de sólido apostolado. Este é um trabalho colossal que nunca devemos descuidar: robustecer as convicções vacilantes de tantas almas, fortalecer a sã doutrina»[85].

A devoção aos Anjos da Guarda faz que nos relacionemos com eles com confiança, que peçamos a sua ajuda na nossa luta interior e no apostolado, e que contemos com a sua colaboração na tarefa da nova evangelização da sociedade

2 de outubro de 1988

---

(84) São Josemaria, *Carta,* 17/06/1973, n. 22.
(85) São Josemaria, *Carta,* 28/03/1973, n. 17

Entre os dons que o Semeador divino infundiu na alma do nosso Padre, naquele dia 2 de outubro de 1928, inclui-se a veneração aos Anjos da Guarda. Essa devoção cristã ficou tão profundamente gravada na alma do nosso Fundador, que nos confiava muitos anos depois: «Não posso esquecer facilmente aquele dobrar de sinos, em 2 de outubro de 1928; os sinos [da igreja] de Nossa Senhora dos Anjos. Meus filhos, no vosso trabalho, na vossa luta interior, no vosso caminhar por esse caminho ladeira acima e com dificuldades, sabei que não estais sozinhos. Tendes a graça do Senhor, tendes a ajuda da nossa Mãe, a Virgem Santíssima, e tendes os Santos Anjos da Guarda»[86].

A devoção, aliás, a relação de amizade, confiante, com os Anjos da Guarda é um dos pontos característicos da fisionomia espiritual que Deus determinou para a sua Obra. Por isso, desde os começos da nossa vocação, e antes até, cada um de nós foi saboreando a descoberta desta realidade: junto à assistência maternal de Nossa Senhora, todas as pessoas contam com um poderoso amigo – nada menos que um Príncipe do Céu! – a quem o Senhor encarregou a missão de ajudar-nos no nosso caminhar rumo à vida eterna. Com efeito, a Igreja aplica aos Anjos da Guarda as palavras que Deus dirigiu a Moisés: *Vou enviar um anjo adiante de ti para te proteger no caminho e para te conduzir ao lugar que te preparei*[87].

A ajuda do Anjo da Guarda demonstra-se sempre po-

---

(86) São Josemaria, *Notas de uma meditação*, 02/10/1956 (AGP, biblioteca, P01, V-1962, pág. 86).
(87) Ex 23, 20.

derosa para vencer nas batalhas da vida interior, grandes ou pequenas. Tenho-lhes repetido com frequência, fazendo eco ao nosso Padre, que o demônio não tira férias na sua triste tarefa de tentar as almas. Por isso, minha filha, meu filho, você e eu temos de permanecer em vigilância constante, como um soldado que está de sentinela na primeira linha da frente de batalha. O nosso Anjo da Guarda não dorme durante essa vigilância de cada um de nós; com a alegria de assistir-nos, prevê as armadilhas do demônio e muitas vezes as desbarata; põe-nos em alerta quando é preciso e oferece-nos a sua fortaleza por meio das moções com que, por vontade divina, nos dirige para o bem, respeitando sempre a nossa liberdade. Portanto, não cessemos de invocá-lo com aquela oração antiga da Igreja que rezamos nas nossas Preces: *Sancti Angeli Custodes nostri, defendite nos in proelio ut non pereamus in tremendo iudicio*, «Santos Anjos da Guarda, defendei-nos na batalha, para que não pereçamos no dia do juízo».

Esses servidores fidelíssimos de Deus preparam as nossas almas para receber as graças que nos acompanham pelo caminho do cumprimento da Vontade de Deus. Eles também se encarregam de levar os nossos desejos de fidelidade, a nossa contrição e os nossos propósitos à presença do Senhor, «essa boa vontade que a graça fez germinar na nossa miséria, como um lírio nascido numa esterqueira»[88]. Captaremos com mais facilidade essa ajuda habitual que nos prestam se cada um de nós se empenha em cultivar um relacionamento frequente, profundo e amistoso com o seu Anjo da Guarda. «Não se cumpri-

---

(88) Josemaria Escrivá, *É Cristo que passa*, n. 63.

mentam e se tratam com cordialidade todas as pessoas queridas? – Pois bem, vamos tu e eu», escreve o nosso Padre, «cumprimentar – muitas vezes ao dia – Jesus, Maria e José, e o nosso Anjo da Guarda»[89].

Esse relacionamento, insisto, tem de transcorrer sempre pelos condutos de uma verdadeira amizade pessoal. Como acontece entre amigos, a confiança no Anjo da Guarda – se essa amizade existe, se é real – levar-nos-á muitas vezes a pedir-lhe favores materiais e espirituais, que ele certamente está em condições de alcançar para nós. Essa é uma doutrina claramente contida na Tradição viva da Igreja e na prática do povo cristão desde a antiguidade mais remota. Como o nosso Padre gostava de considerá-lo! «Bebe na fonte límpida dos "Atos dos Apóstolos": no capítulo XII, Pedro, libertado da prisão por intervenção dos Anjos, encaminha-se para a casa da mãe de Marcos. – Não querem acreditar na empregadinha que afirma que Pedro está à porta. "Angelus eius est!" – deve ser o seu Anjo!, diziam.

«– Olha a confiança com que os primeiros cristãos tratavam os seus Anjos.

«– E tu?»[90]

Minha filha, meu filho, não tenha receio de recorrer ao seu Anjo da Guarda sempre que for necessário, até mesmo para os assuntos mais corriqueiros e materiais. Você vai maravilhar-se com os resultados!

Também no cumprimento dos nossos deveres cotidianos, a ajuda do Anjo da Guarda mostra-se decisiva em

---

(89) Josemaria Escrivá, *Sulco*, n. 690.
(90) Josemaria Escrivá, *Caminho*, n. 570.

muitos momentos, se recorremos ao seu auxílio com espírito de fé. «Era assim que um sacerdote desejava dedicar-se à oração, enquanto recitava o Ofício divino: "Terei por norma dizer no começo: 'Quero rezar como rezam os santos', e depois convidarei o meu Anjo da Guarda a cantar, comigo, os louvores ao Senhor".

«Experimenta este caminho para a tua oração vocal e para fomentares a presença de Deus no teu trabalho»[91].

No apostolado, o recurso aos Santos Anjos da Guarda é especialmente frutuoso. Na superação das dificuldades do ambiente, na vitória sobre o pessimismo, na preparação do terreno antes de uma ação apostólica e na atração de outras almas ao seguimento de Cristo, os Anjos da Guarda sempre se destacaram na Obra como os melhores «aliados, especialmente no trabalho de proselitismo»[92]. O nosso Padre, bem fundamentado na sua experiência, aconselhava-nos que *conquistássemos* o Anjo da Guarda da pessoa concreta que queremos introduzir nos caminhos da amizade com Deus e do apostolado.

Minhas filhas e meus filhos, não esqueçam que para a missão colossal que nos foi confiada, a de colaborar na recristianização da sociedade, é indescritivelmente valiosa a ação dos Santos Anjos encarregados por Deus da guarda de cada homem, de cada mulher e de cada povo ou nação, conforme uma piedosa crença da Igreja, fundamentada na Sagrada Escritura[93]. Portanto, atualizemos com vigor essas alianças

---

(91) Josemaria Escrivá, *Forja*, n. 747.
(92) São Josemaria, *Notas de uma meditação*, 02/03/1952 (AGP, biblioteca, P01, VIII-1967, pág. 75).
(93) Cf. Dn 10, 13; 12, 1.

espirituais que Deus, na sua Sabedoria e Bondade, previu para ajudar os seus filhos na luta contra as forças do mal.

No dia 29 de setembro, celebramos a festa dos Santos Arcanjos Miguel, Gabriel e Rafael, aos quais o nosso Padre – dócil a uma claríssima inspiração divina – confiou de modo especial as diversas tarefas apostólicas dos fiéis da Prelazia. Filhos, consideremos em que medida somos leais a esse querer divino e como a união com estes Santos Padroeiros incide no nosso dia, a fim de que os nossos trabalhos de formação e de apostolado deem frutos mais abundantes nas almas.

Importunemos de modo especial o Arcanjo São Rafael; peçam-lhe que, assim como acompanhou o jovem Tobias na sua longa viagem, livrando-o dos perigos e obtendo para ele todo tipo de bens, do mesmo modo acompanhe as moças e os rapazes que se aproximam do calor da Obra, bem como os jovens do mundo inteiro. Rogo a Deus que alimente cotidianamente em cada um de nós – em qualquer idade ou situação – as ânsias de participar de algum modo do trabalho apostólico com a juventude, que é um dos apostolados mais amados por nós; «*a menina dos olhos*», segundo a expressão que o nosso Padre usava.

Não me alongo mais. Com estas linhas, interessa-me reforçar o seu otimismo e a sua confiança sobrenaturais, trazendo à consideração de vocês a maravilhosa realidade dos Santos Anjos da Guarda e da sua poderosa atuação. É uma devoção sólida e bem fundada teologicamente, antiga como a piedade dos cristãos, que o Senhor quis fazer brilhar com novo esplendor por meio do Opus Dei.

Invocamos a Santíssima Virgem como *Regina Operis Dei*, Rainha do Opus Dei. Recorremos a Ela com total confiança sempre, e de modo especial neste dia, pedindo-lhe que continue protegendo sob o seu manto esta pequena família, que quis tomar debaixo de sua maternal proteção em 2 de outubro de 1928. E que os Santos Anjos da Guarda, de quem Santa Maria é Rainha e Senhora, continuem a ser – como o foram até agora – nossos amigos, nossos defensores, nossos aliados nesta batalha pela implantação do Reino de Deus no mundo, luta na qual todos nós estamos empenhados.

Direção geral
Renata Ferlin Sugai

Direção editorial
Hugo Langone

Produção editorial
Juliana Amato
Gabriela Haeitmann
Ronaldo Vasconcelos
Roberto Martins

Capa
Gabriela Haeitmann

Diagramação
Sérgio Ramalho

ESTE LIVRO ACABOU DE SE IMPRIMIR
A 11 DE FEVEREIRO DE 2024,
EM PAPEL IVORY SLIM 65 g/m^2.